서정시학 신서 67

한국문인의 유산遺産과 가족 이야기

서정시학

김태완

1970년 대구에서 태어났다. 경북대 사범대학 교육학과와 연세대 교육대학원을 졸업했다. 경북대신문사 문예공모 시(詩)부문 당선, 대구일보 신춘문예인 '대일(大日)문학상'을 수상했다.

시인의 꿈을 꾸다 기자가 됐다. 초년병 기자 시절엔 국회의사당을 오가며 정치 기사를 주로 썼으나 이후 교육과 문학·예술 관련 심층기사를 발굴해 왔다. 저서로『공부, 피할 수 없다면 즐겨라』(2009),『백점백승 논술구술』(2011) 등이 있다. 현재『월간조선』기자로 재직 중이다.

저자는 김동인·염상섭·채만식·이상·정지용 등 일제 식민지와 좌우 이념대립, 전쟁·분단·이산(離散)으로 점철된 한국 문인들의 삶을 추적하고 이들의 잊힌 작품을 발굴하는 작업을 수년째 진행하고 있다.

서정시학 신서 67
한국문인의 유산(遺産)과 가족 이야기

2016년 10월 28일 초판 1쇄 발행

지 은 이 · 김태완
펴 낸 이 · 최단아
펴 낸 곳 · 서정시학
편집교정 · 최진자
인 쇄 소 · 서정인쇄

주　　소 · 서울시 성북구 성북로 4길 52 106동 1505호
전　　화 · 02-928-7016
팩　　스 · 02-922-7017
이 메 일 · poemq@dreamwiz.com
출판등록 · 209-92-62771

ISBN 979-11-86667-45-3　　03810

계좌번호: 국민은행 070101-04-072847 최단아(서정시학)

값　23,000원

* 잘못된 책은 바꾸어 드립니다.

서 정 시 학 신 서

067

김태완

한국문인의
유산遺産과
가족 이야기

서정시학

이 도서의 국립중앙도서관 출판예정도서목록(CIP)은 서지정보유통지원시스템 홈페이지(http://seoji.nl.go.kr)와 국가자료공동목록시스템(http://www.nl.go.kr/kolisnet)에서 이용하실 수 있습니다.(CIP제어번호 : CIP2016024090)

머리말

1

 전 세계를 둘러봐도 20세기 초 한국의 문인들만큼 치열하게 산 이가 또 있을까. 나라를 잃었고 문자를 빼앗겼으며 이념의 소용돌이와 전쟁의 극한(極限), 동족상잔과 이산(離散)·분단을 모두 체험했다. 인류역사상 그만한 실존적 체험을 강요받은 민족이, 작가가 또 있을까.
 우리가 아는 시인과 소설가 중에 더러는 항일문학으로, 더러는 친일문학으로 나갔으며 고비고비의 격랑 속에서 순수와 이념의 문학 갈래가 충돌하는 곡절을 겪었으나 누구도 이들의 선택을 재단하기 어렵다. 모두들 시와 소설로 혹독하고 난해한 삶과 부딪혔기 때문이다.
 대표적인 작가를 꼽자면, 염상섭·이상·김동인·김유정·나도향·서정주·채만식·박태원·이육사·이상화·현진건·신석정·정지용·박인환·변영로·심훈·김소월 등이다. 이들은 불우했을망정 자신들의 글이 세상에 미치는 힘을 믿었으며, 암울한 세상과 타협하지 않았다. 지금은 모두 세상을 떠났으나 신산스러웠던 삶과 작품의 산고(産苦)를 곁에서 목도한 가족·후손들은 어떤 생각을 가질까.

파란만장했던 문인들의 삶을 가족과 후손들의 회고를 통해 조명한다. 불행히도 1세대 후손 상당수가 고령이거나 와병, 혹은 사망한 상태다. 더 늦기 전에 이들의 기억을 기록으로 남겨야 한다.

사실, 문인 가족들에 대한 전기적(傳記的) 고찰은 그동안 빈약했다. 제대로 된 사료(자료)가 거의 없다 해도 지나친 말이 아니다. 문학작품에 대한 이해는, 그 작품을 쓴 작가가 누구이며, 그가 어떻게 살았고, 무엇 때문에, 왜 그런 작품을 쓰게 되었는가를 더듬을 수밖에 없으며 그 과정에서 문인가족의 증언은 작품이해의 열쇠가 된다. 모든 작가론과 작품론 연구의 시작은 문인의 전기적 삶이 바탕이라는 점에서 문인가족들의 회고와 증언을 가벼이 여길 수 없다.

2

일제 강점기와 해방공간, 한국전쟁 당시 대부분의 시인과 소설가들은 생계를 위해 크고 작은 매체에 가리지 않고 원고를 기고했다. 이들이 생계를 꾸리며 목숨을 지탱한 유일한 수단이 글쓰기였다. 당시 문인들은 유일한 밥줄인 고료를 받기 위해 닥치는 대로, 죽기살기로, 혹은 양심과 죽음 앞에 글을 써야 했다. 다 쓴 글은 기약 없이 신문사와 잡지사로 보내졌다.

그러나 그렇게 보내진 작품들은 매체의 (강제)폐간, 전쟁으로 인한 소실, 망각 등으로 잊힌 경우가 부지기수다.

또 월북 작가의 경우 이념적 행로(行路)를 둘러싼 논란 탓에 작품발굴이 중단됐었다. 1988년 해금(解禁) 이후 작품을 찾으려는 노력이 있었으나 성과를 이루지 못했다. 망각·소실·의도적 외면 등으로 문인들의 작품들이 생전 혹은 사후 간행된 작품 전집(全集)에 실리지 않은 사례가 많다. 공연예술 연구가 김종욱(金鍾旭) 선생의 도움으로 많은 작품을 발굴, 소개할 수 있었다. 필자에게 스승과 다름없는 분이다. 이 자리를 빌려 감사드린다.

3

책을 준비하며 대구 복현동 대학시절이 떠올랐다. 밤새워 시를 쓰고 문학을 공부했으며 아내와 사랑을 나눴던, 그러나 지금은 사라진 문학서클 '복현문우회'를 잊을 수 없다.

어쩌면 내 인생에 가장 슬프고 아름다웠던 시절이었다. 아내와 두 딸 수현·민주, 시골에 홀로 계신 아버지, 하늘나라에 먼저 가신 어머니, 출판의 기회를 준 방일영문화재단 관계자에게도 감사함을 전한다.

2016년 9월 11일

김태완

* 이 책은 방일영문화재단의 지원을 받아 저술 출판 되었습니다

차 례

머리말 / 5

1부 문인의 유산들

〈삼대(三代)〉의 염상섭 후손들
"말년의 횡보, 선술집 지게꾼을 통해 세상을 관찰하다" ………… 15

〈날개〉의 이상 후손들
"'박제된 천재'의 난해한 생애" ………… 31

〈배따라기〉의 김동인 후손들
"오만한 천재였던 아버지의 최후" ………… 51

〈동백꽃〉의 김유정 후손들
이상이 김유정에게 "같이 죽어 버립시다" ………… 65

〈벙어리 삼룡이〉의 나도향 후손들
"1926년 초여름, 게다짝에 거지꼴로 문 두드려" ………… 85

〈자화상〉의 서정주 후손들
"시를 안 쓸 수 없는 운명을 타고났어" ………… 97

〈탁류〉의 채만식 후손들
"도도한 작가의 가족들이 끌어안은 '불덩이'" ………… 117

〈천변풍경〉의 박태원 후손들
"한때 아버지 구보의 이름은 박○원이나 박태×" ………… 135

〈절정〉의 이육사 후손들
"아버지는 위대한 시인이었으나 우리집은 몰락해" ………… 157

〈빼앗긴 들에도 봄은 오는가〉의 이상화 후손들
"시인으로 일찍 돌아가신 것이 '안타까운 행복'" ………… 169

〈빈처〉〈금삼의 피〉의 현진건·박종화 후손들
"아! 빙허 월탄 두 분의 내 아버지" ………… 181

〈그 먼 나라를 알으십니까〉의 신석정 후손들
"한의(韓醫)와 불전(佛典) 버리고 시의 길 열어" ………… 195

〈향수〉의 정지용 후손들
"더는 납북·월북에 매달리지 않았으면" ·········· 215

〈목마와 숙녀〉의 박인환 후손들
"문학이 아버지를 죽였지만 불행한 시인은 아니었다" ·········· 229

〈논개〉의 변영만·영태·영로 후손들
"청렴한 변씨삼절, 후손들은 후광 업지 못해" ·········· 245

〈상록수〉의 심훈 후손들
"상록수 정신이 한국 근대화 이끌어" ·········· 261

〈진달래꽃〉의 김소월 후손들
"어떤 분은 소월을 만난 것 같다며 손잡고 울어" ·········· 279

2부 미발굴 시와 소설 작품

신문학 운동의 회고와 전망 - 조선문학을 어떻게 추진할까?(김동인·염상섭·
　백철) ············ 295
채만식의 유언장 ············ 308
Monern Life(채만식) ············ 311
생명을 실감하자(나도향) ············ 315
이상 김해경 추억(서정주) ············ 319
고향이야기(서정주) ············ 324
글의 길(一名 아내의 길, 김동인) ············ 335
월하명적(月下明笛)(김동인) ············ 339
대하(大河)(박인환) ············ 352
가을(심훈) ············ 354
작가 유정(裕貞)론-그 1주기를 당하여(안회남) ············ 356
노동-사(死)-질병(이상화 역) ············ 363
사장(沙)의 순간(신석정) ············ 368

1부 문인의 유산들

〈삼대(三代)〉의 염상섭 후손들
〈날개〉의 이상 후손들
〈배따라기〉의 김동인 후손들
〈동백꽃〉의 김유정 후손들
〈벙어리 삼룡이〉의 나도향 후손들
〈자화상〉의 서정주 후손들
〈탁류〉의 채만식 후손들
〈천변풍경〉의 박태원 후손들
〈절정〉의 이육사 후손들
〈빼앗긴 들에도 봄은 오는가〉의 이상화 후손들
〈빈처〉〈금삼의 피〉의 현진건·박종화 후손들
〈그 먼 나라를 알으십니까〉의 신석정 후손들
〈향수〉의 정지용 후손들
〈목마와 숙녀〉의 박인환 후손들
〈논개〉의 변영만·영태·영로 후손들
〈상록수〉의 심훈 후손들
〈진달래꽃〉의 김소월 후손들

〈삼대(三代)〉의 염상섭 후손들

"말년의 횡보, 선술집 지게꾼을 통해 세상을 관찰하다"

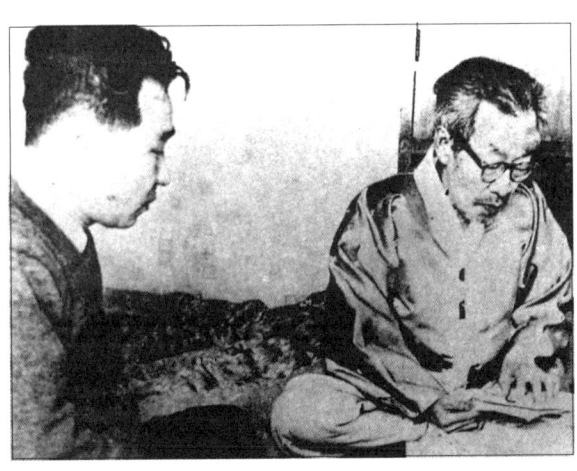

작고하기 1년 전 장남 염재용과 함께 신문을 읽고 있는 염상섭 선생.

서울 본토박이 염상섭은 서울 어디에도 자기 집 한 칸이 없었다. 염상섭이 돈과 권력으로부터 초연했다는 것은 그만큼 자유롭게 살았음을 말한다. 자유인 염상섭은 모든 유혹을 물리칠 수 있었다.

소설가 염상섭(廉想涉·1897~1963)의 본명은 상섭(尙燮)이다. 상섭(想涉)은 필명이다. 그가 소설을 썼던 일제 식민지 시절은 한국역사에서 가장 불행한 시기였다. 그는 난세의 시대를 신문기자로, 소설가로 치열하게 건넜다.

춘원(春園) 이광수(李光洙)가 ≪무정≫으로 대표되는 한국 장편소설의 처녀지를 개척했다면, 또 금동(琴童) 김동인(金東仁)이 단편다운 소설(<배따라기>, <감자>)을 썼다면, 횡보(橫步) 염상섭은 중편소설(<만세전>, <남충서>, <미해결>, <두 출발>)로 한국소설의 근간을 세웠다. 춘원·금동과 함께 횡보는 한국 근대문학의 세 갈래 뿌리 중 하나로 꼽힌다.

염상섭의 조부(廉仁湜)는 대한제국 시대 중추원 참의, 부친(廉圭恒)은 한일병탄 전까지 전주·가평·의성 군수, 맏형(廉昌燮)은 일본 육사를 나와 육군 대위로 예편할 정도로 구한말 세도가였다. 그러나 염상섭 문학 연구자들은 그의 문학 근간이 항일(抗日)감정에서 비롯됐다고 평가한다. 부친이 군수 자리에서 물러나면서 반일(反日)의식이 자라나 작품 속 중요 모티브로 작용했다는 것이다. 여기다 식민지 신문기자로 당대 암울한 현실을 깊이 체험했다는 점 또한 염상섭 문학의 배경으로 작용한다.

염상섭은 1918년 일본 게이오(慶應)대 예과에 입학했으나 자퇴하고 이듬해 창간된 ≪동아일보≫ 정경부 기자가 되었다. 이후 육당(六堂) 최남선(崔南善) 선생이 창간한 ≪동명(東明)≫의 기자로 자리를 옮겼고, 부인 김영옥(金英玉)과 결혼하던 해인 1929년 ≪조선일보≫ 학예부장이 되었다. 1931년 ≪매일신보≫ 정치부장, 1936년 만주로 건너가 ≪만선일보≫ 초대 편집국장, 해방 후 귀국해서는 ≪경향신문≫ 초대 편집국장(1946년 10월 창간)이 됐다. 그는 기자와 소설가의 길을 함께 걸었다.

염상섭은 김영옥과 결혼해 2남 3녀를 낳았다. 둘째 딸 희정(廉喜貞)은 100

1935년 서울에서의 가족사진. 부인 김영옥 여사, 장남 재용(당시 4살), 장녀 희경(2살)

일 만에 사망했다고 전해진다. ≪경향신문≫과 ≪동양통신≫ 기자를 지낸 장남 염재용(廉在瑢)은 이미 사망했다. 그는 "아버지 횡보를 닮아 말술이었고 성격이 대쪽 같았다"고 전해진다. 아들 둘을 낳았다. 둘째 희경(廉喜瓊)은 ≪서울신문≫ 기자인 김재형(金載亨)과 결혼해 1남 2녀를 두었다. 셋째 희영(廉喜英)은 독신으로 오래 독일에 머무르다 귀국해 현재 경기도 일산에 살고 있다. 서울대 경영학과를 나온 막내 재현(廉在鉉)은 일산의 한 침례교회 목사로 사역 중이라고 전해진다.

자료조사를 해보니, 횡보 자녀가 아버지를 회고한 인터뷰를 한 적이 없었다. 소설가협회와 출판사 측에 문의하니, 횡보를 추억하는 행사에 유족이 거의 나타나지 않는데, 간혹 셋째 딸(염희영)이 얼굴을 비친다는 얘기를 들었다.

2년 전 기자는 어렵게 연락처를 구해 후손을 찾아갔지만 "제발 조용히 살게 내버려달라"는 하소연을 듣고 발길을 돌려야 했다. 말년의 횡보 선생 역시 문단교유가 전혀 없었다고 한다. 동료 문인과 어울리는 것을 달가워하지 않았고, 심지어 집안 내에 물건 부딪는 소리가 나도 상을 찌푸렸다고 전해진다.

기자는 그동안 틈틈이 횡보의 작품을 한 편씩 읽어갔다. 그가 해방 전에 쓴 소설은 별로 재미가 없었고 난삽했으며 유난히 길었다. 그러나 힘들게 한 편을 읽으며 느낀 기쁨은 오래 남았다. 해방 후에 발표된 소설은 해방공간의 이념과 이산(離散)의 혼란 탓인지 드라마틱했고 사회에 대한 풍자와 조소가 가득했다. 기자는 한국전쟁 당시 《조선일보》에 연재한 장편 《취우》를 읽으며 혹독했던 시절의 사랑을 떠올려 보았다. 단편 <임종>, <두 파산>, <일대의 유업>을 읽으며 인간에 대한 횡보의 냉혹한 탐구정신을 들여다보았다.

"술 한 잔 마시면 가족들과 밤새 이야기하는 것을 즐겨"

기자는 예고 없이 작년 1월초 고교에서 문학을 가르치는 아내를 앞세워

다시 후손을 찾아갔다. 당황하던 그는 불청객을 내쫓지 않았다. "인터뷰는 안 하겠다"면서도 오래 익은 선친에 대한 추억을 들려주었다.

몇 시간이 흘렀을까. 해가 뉘엿뉘엿 지고 있었고 후손의 목소리는 갈라져 탁해졌다. 그러나 대화 도중에도 여러 차례 "만약 기사가 나가면 각오하라. 당신 회사를 들었다 놨다 하겠다"는 이야기를 들어야 했다.

며칠 뒤 다시 전화를 걸어 정식 인터뷰 요청을 했다. 그러나 누그러졌을 것이란 예상과 달리 완강했다. 그는 "다신 전화도 하지 말라"며 냉정하게 수화기를 내려놓았다. 이후 더는 만남을 못 가졌지만 그의 말을 수첩 속에 메모해 두었었다. 그의 말을 복원하기란 불가능하지만 기자의 배경지식 위에 메모를 녹이는 작업을 진행해 보았다. 이후 횡보의 방계 친척 몇 분을 만나 보았다. 익명을 전제로, 집안에서 전해진 선생의 이야기를 들었다.

해방 후 집 한 채도 소유한 적이 없다는 횡보는 "한 개비의 성냥, 한 장의 종이도 헤프게 쓰지 말라"고 가족들에게 가르쳤다고 한다. 소설 속 인물의 갈등구조를 파헤치고 심리를 관조하는 정신은 이런 근검생활에서 나온 것인지 모른다. "한 개비의 성냥을 만드는 데에 들어간 수많은 사람들의 공을 생각해 보라고 했다"는 것이다. 당대 손꼽히는 문인으로, 그 많은 인세를 어디다 썼는지 알 수 없지만 "하루 한 끼 먹고 배를 곯을망정 집 장만할 생각은 티끌만치도 없었다"고 한다.

횡보 선생은 남과 대화하기 싫어했고 다방 같은 시끄러운 분위기를 피했지만 술을 한잔 마시면 가족들과 밤새 이야기하는 것을 즐겨했다. 그러나 고집불통이었다. 한번 생각이 굳어지면 자신의 생각을 뒤집는 법이 없었다. 그런 꼿꼿한 붓대로 평생 글을 쓴 것이다. 기자와 만났던 A 후손 이야기다.

"문예지 ≪현대문학≫에 계신 분들이 우리 집에 다니셨다. 오영수·조연현·황순원씨가 오셨고, 김동리씨는 개인적으로 찾아오셨다. 당시 ≪현대문학≫에서 아버지의 원고를 받으러 오셨던 분이 시인 박재삼씨였는데 그때가

1950년대니까 시인이 아주 젊었을 때다."

그는 이런 말도 했다.

"그 시절, 연말이면 각 신문사 신춘문예 최종심에 오른 소설 두 편을 가지고 기자들이 찾아왔다. 아버지가 낙점을 하셨다. 그렇다고 사례를 받으신 일이 없으셨다. 사례는 신문을 1년간 공짜 구독하는 것으로 대신했다. 당선된 어느 문인이 인사차 선물을 들고 찾아온 일이 있었다. 그러나 그 선물을 들고 집을 나서야 했다. 뇌물 같은 답례는 전혀 받지 않으셨으니까.

신문연재 소설을 쓸 때 기자들이 원고를 받으러 찾아왔다. 아버지가 원고 대신 약주를 권하시면 원고가 하루 이틀 더 늦어졌다. 결국 신문사 사장이 찾아왔다. 한번은 아버지께 '1주일치 원고는 (신문사에) 줘야 하지 않느냐'고 말씀드렸더니 저를 쳐다보고 웃으셨다."

−말년의 모습은 어떠셨나.

"아버지는 당신 식구와 집, 동네, 그 다음에 아현동 시장밖에 모르셨다. 시장 선술집에 가서 허름한 지게꾼들과 만나 담소하시는 것을 즐기셨다. 그곳에서 세상 사람들 살아가는 모습을 보고 듣는 것이었다. 괜찮은 선술집이 아니라 드럼통 앞에 막걸리를 서서 마시는 공간이었다. 막걸리를 한 잔하시고 웃고 얘기하다 돌아오시는 일이 아버지의 낙이셨다.

또 산책하시며 남의 집 문패를 바라보시곤 하셨는데 글 쓸 때 등장인물의 이름 때문이었다. 그 시절엔 이름의 항렬이 중요했다. 이름 지으실 때 메모하고 다니시던 기억이 난다.

−고집이 세셨지만 자상하셨다고 들었다.

"아버지가 글 쓰실 때 (가족들은) 집안에서 소리를 못 냈다. 방 문고리 잡아당기는 것도 몰랐을 정도다. 아버지가 (자식들) 방에 들어오시면 두 다리

뻗고 있는 것을 상상할 수 없다. 딱 무릎 꿇고 방석 위에 앉아야 했다. 집안에서도 맨발로 있을 수 없었다. 누가 선물로 무언가를 줘도 어머니가 '받아라'고 허락하시면 받아야 했다.

하지만 아버지는 자상하셨다. 글을 쓰시다가 혹은 약주 드시다가도 라디오에서 어머니가 좋아하셨던 '송민도'라는 뽕짝 가수가 나오면, 어머니를 부르셨다. 듣고 일하라는 뜻이셨다.

제가 밖에 나갈 때 신발이고 양말까지 한눈에 점검하셨다. 이상이 있으면 제게 말씀은 안 하시고, 어머니를 부르셔서 '애 구두는 안 닦아 놓았냐'고 하셨다. 저희를 평생 끌어안고 사셔서 우리 형제들은 세상 어려운 줄 몰랐다. 우리 형제들은 수영을 못 배웠다. 물에 빠질까봐 걱정이 돼 수영장에 보낼 수 없었을 것이다. 아버지가 어머니를 참 많이 위하셨다. 아버지가 늦게 결혼해서 그런가 보다."

염상섭은 선천적으로 사교적인 성격이 아니었다고 한다. 생활이 가난하다 보니 마음 놓고 누군가와 사귀어 보거나 넉넉하게 돈을 써보지 못했다. 그의 유유자적한 생활은 취중(醉中) 뿐이었다(그러나 만주에서 《만선일보》 편집국장을 할 때, 신문사를 그만두고 만주 '대동항건설주식회사' 홍보담당 촉탁으로 일할 때는 상당히 부유했다. 해방 이후 38선을 넘어 서울로 돌아오면서 재산을 사리원에 맡겨 두었지만 분단으로 영영 못 찾았다고 한다).

"멀리 떨어진 곳에 있으니 외로워서…"

A 후손의 계속된 말이다.

"이기붕씨가 서대문에 살 때였는데 파티나 송년회가 열리면 우리 집에 수시로 왔다. 아버지는 한 번도 가신 적이 없으셨다. 무슨 작가협회 회장 뽑는다는 자리도 마찬가지셨다. 가서 옆 사람 불편하게 만들지 않으셨고 중립을 지키셨다. 저쪽에서 회장이 되면 이쪽 사람을 어렵게 만드니까…. 원고는 ≪자유문학≫, ≪현대문학≫에다 똑같이 쓰셨지만 (양쪽 진영에) 나가시진 않으셨다. 외출을 해서 작가를 만나는 일도 없었고 젊은 후배를 만나는 일도 드물었다. 아버지가 외로웠던 이유는 대학교수가 아니셨기 때문인지 모른다. 교수였다면 따르는 제자가 많았을 테지만 혼자 글만 쓰셨다."

소설가 박용구(朴容九)가 몇몇 문인과 함께 말년의 횡보를 찾아간 일이 있다. 횡보가 작고한 직후 횡보 특집으로 제작된 ≪현대문학≫(1963년 5월호)에 그 사연이 실렸다.

"집이 아담하군…."
"이것 선생님 댁인가?"

일행은 잠시 대문 밖에서 이런 말을 주고받았다.

횡보 선생께서 워낙 청빈하게 사신다는 것을 알고 있기에 하는 말들이었다. 후에 들으니 이 집은 횡보 선생의 소유가 아니라고 하였고, 새삼 가슴이 무거워졌다. 일생을 문학에 바쳤어도 집 하나 제대로 소유할 수 없는 이 나라의 풍토가 원망스럽고 한심하기만 하였기 때문이었다.

예고 없이 우르르 몰려든 일행이었으나 횡보 선생께서는 무척이나 반가워하여 주셨다.

"멀리 떨어진 곳에 있으니 외로워서…"

횡보 선생은 몇 번이고 외롭다는 말씀을 되풀이 하셨고, 시종 웃음을 띠우시고 이야기를 그칠 줄 모르셨다.

— ≪현대문학≫ 1963년 5월호, pp.54~55

A 후손 이야기다.

"기억으로 작가 조경희씨와 소설가 박경리씨 같은 분들이 집에 온 적이 있는데, 그 시절만 해도 선배 작가를 대하는 태도가 달랐다. 예의를 지키며 무릎을 꿇고 아버지를 만나거나 인터뷰했다. 묻고 싶은 질문만 하고 조용히 물러났다. 그 외에 우리 집에 출입하는 이가 없었다."

횡보는 때론 저녁거리가 없어 쪼들렸을망정 자기 세계와 관찰에 대한 확신은 오만하리만큼 드셌다. "붓만 드시면 세상 아무런 잡념도 사라지는 성싶게 몰입했다"고 후손은 전한다.

횡보의 친척인 B씨가 전하는 말이다.

"횡보선생은 마음에 드는 작품을 탈고하면 거나하게 취해서 자녀들에게 젊은 시절 이야기를 곧잘 들려주었다고 한다. 일본 교토(京都)부립 제2중에 다닐 때 작문수업 시간이었다. 당시 작문은 교장선생이 가르쳤는데 작문 시제가 '복조리 장사 소리로 시작되는 고향의 설날 풍경'이었다. 선생이 쓴 글을 교장이 감탄했고 전교생 800명 앞에서 읽히게 했다. 그의 글 솜씨 때문인지 학교 수위도 횡보를 볼 때마다 '렌상, 렌상'하면서 경례를 부쳤다고 전해진다."

횡보는 1919년 3월 19일 재(在)오사카 조선노동당 일동 대표명의로 오사카 덴노우찌공원에서 자신이 쓴 '독립선언서'를 낭독하며 시위를 도모했다. 그 결과 오사카지방법원에서 금고형 10월 판결을 받았다. 그러나 그해 6월 6일 2심에서 무죄판결을 받고 석방됐다.

횡보는 당시 경험담을 자녀들에게 곧잘 들려주었다고 한다. B씨의 전언이다.

"오사카 덴노우찌공원에서 집결상황을 살피다 불심검문에 걸렸으나 횡보는 정확한 '동경 표준어'로 형사를 속였다고 한다. 횡보는 또 법정에서 스물셋의 나이에 늙은 재판장을 변호사도 대지 않고 자기변론으로 울린 이야기를 자녀들에게 곧잘 했다고 전한다. 재판장이 그에게 '법학을 배우라'고 권했을 정도였다. 횡보는 술이 거나해지면 '문학이 아닌 법학을 했어야 했다'는 말을 했었다."

횡보의 장남 재용씨와 기자생활을 같이했던 이민호(李旻鎬)씨는 이런 말을 했다.

"염재용씨가 선친 얘기를 들려준 일이 있다. 횡보가 1920년 2월 독감에 걸려 하숙집에서 누워 있는데 ≪동아일보≫ 기자임명장이 전신환과 함께 도착했다. 빨리 몸을 추스르고 취재에 나서, 조선총독으로 부임하는 사이토 미노루(齊藤寬)를 어렵게 만나 인터뷰 했다. 당시 일본 정계의 거물로 통하던 오자키 유키오(尾崎行雄)를 메이지대학 강연회장의 문전에서 붙들고 늘어져 기어코 회견한 일도 있었다고 자랑하곤 했다."

≪동아일보≫ 창간호 절반을 채운 염상섭의 기사는 일본의 저명 정치가, 학자, 경제인, 현직 고위관리의 축하 휘호와 축사, 인터뷰였다.

―기자시절 선생의 자부심이 대단했던 모양이다.

"장남 염재용씨에 따르면, 어느 날 횡보선생이 외출을 하고 와서 화를 내면서 '조병옥 박사의 회갑연에 기자들이 몰려와 거마비를 달라고 옥신각신 하더라'는 얘기를 하더란다. 그러면서 선생은 자신의 추억을 떠올리며 '총독부 출입기자 시절, 일본경찰이 서랍에다 돈 뭉치를 넣어두었지만 거들떠도 안 봤다'고 말했다는 것이다."

A 후손은 한 가지 희미한 기억을 들려주었다.

"아버지가 병환으로 고생하실 때 고려대 대학원생이 찾아왔다. 직접 아버지를 뵙고 여러 얘기를 듣고 갔는데, 그분 이름이…가물가물하다. 아버지 장례식 때의 일이다. 하관할 때 묘가 무너지지 않게 흙을 다지는 작업을 하는데, 일꾼들에게 술도 사주고 뭘 해줘야 하는 것을 우리 가족이 몰랐었다. 그

김종균
한국외대 명예교수

런데 그 대학원생이 끝까지 남아 일꾼들 막걸리를 사주면서 묘소 주변을 다졌다고 한다. 참 고마운 분이다."

후손이 말한 22살의 젊은 고려대 대학원생은 현재 여든의 나이가 됐다. 그가 바로 염상섭 연구의 권위자인 한국외대 김종균(金鍾均) 명예교수다. 한동안 그를 수소문하느라 시간을 허비했다. 그러나 만날 운명은 만나고야 마는 법이다. 서울 종로에서 김 교수를 만나 횡보와의 옛 추억을 더듬었다.

"염상섭 소설은 누워 심심파적으로 읽는 소설이 아니었다. 즐기면서 염상섭 소설을 읽지 못했다. 많은 작품이 단행본으로 출판되지 않아 옛 신문이나 잡지를 뒤져 읽어야 했다. 나는 그의 작품을 통해 내가 이 세상을 어떻게 살아갈 것인가를 많이 생각하게 됐다. 횡보는 26편의 장편소설과 150편의 중단편 소설, 100여 편의 문학비평문, 수필 기타잡문을 더해 총 470여 편의 작품을 남겼다. 나는 횡보선생의 작품을 한 편도 빼놓지 않고 다 읽었다.

그런 노력으로 만들어진 책이 ≪염상섭연구≫(고려대 출판부, 1974년 刊)다. 전체 570쪽으로 당시엔 한 작가에 대해 이렇게 방대한 분량으로 쓴 연구서가 없었다."

김 교수는 "나 스스로 생각해도 대견한 일이다. 제자들이 나보고 '염종균'이라고 불렀고, 어떤 친구는 내 얼굴이 염상섭과 닮아간다고 놀렸지만 그 말이 싫지 않았다. 그만큼 나는 작가 염상섭을 좋아했다"고 회고했다.

-어떻게 염상섭을 찾아갔나.

"1962년 4월 21일 처음 찾아갔다(김 교수는 날짜를 기억하는 이유를 평생 일기를 써왔기 때문이라고 설명했다). 서울 삼양동 783-13번지로 찾아가는데, 봄날의 진흙을 밟으며 논두렁, 밭머리를 지나야 했다. 선생의 댁 앞에서 대문을 두드려도 인기척이 없었다. 적막하기 그지없었다. 우두커니 서 있자니 한 젊은 청년이 나와서 용건을 물었다. '선생님을 뵈러왔다'고 하니 '계시기는 하지만 편찮으셔서 아무런 말씀을 못하신다'는 답을 들었다. 뒤돌아서려는데 고통에 찬 외마디소리가 대문 밖까지 들렸다."

-다시 찾아간 때는 언제인가.

"그해 5월 21일이었다. 그 사이 이사를 다시 가셔서 성북동 145-52번지로 찾아갔다. 찾아온 이유를 설명하니 '어디 내가 논문감이 되나'고 하셨다. 선생을 따라 안방에 들어서는데 방안엔 아무런 치장이 없었다. 논문을 준비하며 궁금했던 질문을 여쭈었다. 선생은 친히 연필로 메모도 해주시고 틀린 부분을 지적도 하셨다. 주로 출생과 성장, 학창시절, 교토에서의 생활을 중심으로 말씀하셨다.

점심을 선생과 겸상하여 먹었는데, 나를 위해 마련한 밥상은 아니었겠지만 정갈했다. 선생은 그때도 반주를 드셨다. 감사하다는 인사말과 함께 일어서자, 선생이 벽장문을 여시더니 주섬주섬 몇 권의 책을 주셨다. ≪모란꽃 필 때≫, ≪이심≫, ≪삼대≫, ≪취우≫, 그리고 신문 연재분 중 보관하셨던 원고, 자필이력서, 자필 작품 연보, 족보 초록 등이었다."

22살의 '대학원 1학년 김종균'은 한 달 뒤인 6월 5일 다시 성북동을 찾았다. "지금 생각하면 분명 염치없는 짓이었다"고 했다.

"선생은 오사카에서의 독립시위 당시를 말씀하실 때는 매우 신기가 좋아 보였다. 노동자들을 상대로 격문을 써 배포하던 일, 헌 책방에서 오스카 와일드의 <옥중기>를 샀던 일 등을 떠올리셨다."

그 다음 횡보 선생을 찾아간 것은 그해 10월 16일이었다. 인터뷰 형식으로 질문을 하면 답변을 들었다. 김 교수는 "당시 병중이셨지만 자상하고 친절하게 일러주시고 격려도 해 주셨다. 그의 부인은 늘 함께 계셨고 집안은 조용했다"고 기억했다.

김 교수는 이후 도서관에 파묻혀 본격적인 염상섭 작품 읽기에 빠져들었다. 신문과 잡지 창간호부터 폐간호까지 차례로 읽으며 횡보가 남긴 글을 더듬어갔다. 요즘처럼 복사기가 보급되기 전이라 일일이 그 자리에서 작품을 찾아 읽어야 했다. "마치 신대륙을 찾아 나선 탐험가의 기분이었다"고 했다. 책장을 넘기다 '염상섭'이란 활자가 눈에 띄면 "가슴에 어떤 충격을 느꼈다. 마치 합격자 명단에 내 이름이 있을 때의 기쁨과 같았다"고 했다.

"서고 안에서 신문 연재 장편소설을 읽는 일은 쉽지 않았다. 좀약 냄새가 코를 찌르고 여름에는 통풍이 안 되어 한증막 같으며, 겨울이면 서고 안에 난로가 없어 한기가 감돌았다. 등불마저 희미해 나중에는 골머리가 아파왔다. 젊은 시절이었지만 참으로 견디기 어려웠다. 하지만 새 작품을 찾게 되면 그렇게 기쁠 수가 없었다.

이보다 어려운 일은 각 도서관에 없는 잡지를 구해보는 일이었다. 당시 개인으로 많은 잡지를 소장하셨던 김근수(金根洙) 선생과 백순재(白淳在) 선생이다. 하지만 이분들은 잡지를 그 자리에서 보여주기는 했어도 빌려주지 않았다. 야속하다는 생각이 들었다. 한 편의 소설을 다 읽기 위해 하루는 김

2014년 4월 1일 '횡보 염상섭 상(조각가 김영중 作)'을 광화문 교보생명빌딩 종로 출입구로 이전했다. 제막식에 도종환 시인(왼쪽부터), 염희영 유족대표, 신창재 교보생명 회장, 유종호 대한민국예술원회장, 조현재 문화부 차관, 김영종 종로구청장이 참석했다.

선생댁, 이튿날은 백 선생댁, 다음날은 중앙대도서관이나 연세대도서관을 찾아야 했던 일이 떠오른다."

그러던 중 1963년 3월 14일 조간을 펴는 순간 깜짝 놀랐다. 횡보 선생이 타개했다는 부고기사였다.

"나는 3월 18일 오전 10시에 거행된 문단장(文壇葬)에 참석하고 그 길로 창동 천주교 묘지까지 갔다. 봄날이라 흙이 질었다. 영구차에서 내려진 관에는 흰 광목 띠가 있었고, 양쪽에서 관을 들 수 있는 손잡이가 있었다. 나도 그 한끝을 차지하여 묘지까지 관을 들고 갔다. 거리는 멀지 않았지만 길은 미끄러웠다. 오후 4시쯤 장례식이 끝이 났다. 하늘은 낮게 드리워 있고 날씨는 포근했다. 나는 다시 한 번 고인의 명복을 빌었다."

–염상섭 문학을 어떻게 평가하는가.

"서울 본토박이 염상섭은 서울 어디에도 자기 집 한 칸이 없었다. 염상섭이 돈과 권력으로부터 초연했다는 것은 그만큼 자유롭게 살았음을 말한다. 자유인 염상섭은 모든 유혹을 물리칠 수 있었다. 문인 중에서 유일하게 친일의 오점을 남기지 않은 것도 돈과 권력의 유혹으로부터 벗어나 있었기 때문이다. 염상섭은 결코 가난을 부끄러워하지 않았다. 그만큼 그는 당당하게 한 세상을 살았다. 그야말로 그는 한 점 부끄럼 없이 살았다고 말할 수 있다."

소박스

횡보와 술

"고개를 모로 젖혀 술을 마시다"

기자는 7년 전 '사직골 대머리집'(서울경찰청 맞은편. 서울 종로구 사직동 89번지) 외상장부를 취재한 일이 있다. 1960년대 전후, 대머리집은 가난한 인텔리와 기자, 문인, 예술인이 즐겨 찾던, 그야말로 외상술이 가능했던 대폿집이었다. 정식 옥호는 명월옥(明月屋). 하지만 별호(別號)인 대머리집으로 널리 불렸다.

외상장부 작성 시기는 1950년대 말부터 1962년까지로 장부에는 소속 기

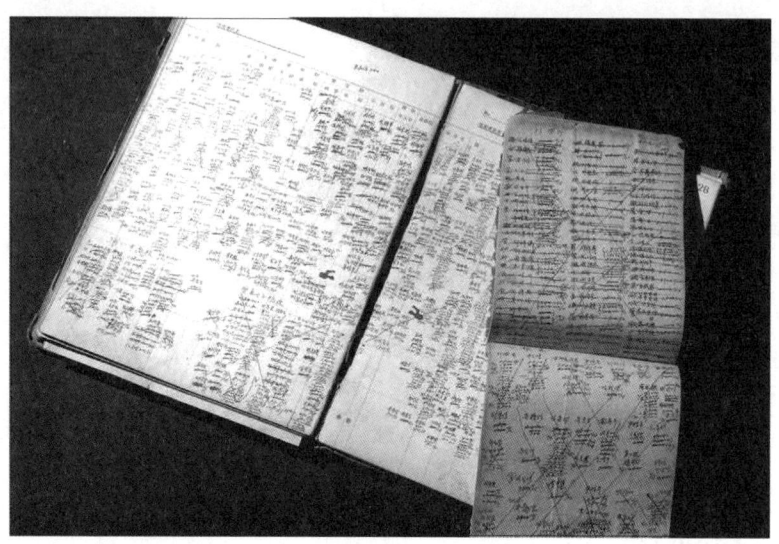

2009년 서울역사박물관이 공개한 사직동 '대머리집' 외상장부. 장부에는 염상섭을 비롯해 수백 명의 문인과 예술가 이름이 깨알같이 적혀 있다.

관·이름·외상값이 깨알같이 적혀 있었다. 출근도장 찍듯 찾아왔던 문인 중에는 하근찬·오상원·박재삼·정현종·최일남 등이 있었고 그 중에서 횡보와 수주(樹州) 변영로(卞榮魯) 선생의 이름도 있었다. 횡보와 수주 모두 당대 주호(酒豪)들이었다. 두 사람은 즐겨 단짝이 돼 부어라 마셔라, 자주 대머리집에 드나들었다고 전해진다.

언젠가는 횡보는 만취가 되어 집 근처의 돌계단에 넘어져 아랫입술에 구멍이 날만큼 많이 다쳤다. 당분간 술을 끊어야 했지만 그래도 술이 먹고파 마셨더니, 아랫입술 구멍으로 술이 새어나왔다. 할 수 없이 횡보는 고개를 모로 젖혀 술을 마셨다. 문우들이 그를 보고 "횡보의 횡음(橫飮)"이라 놀렸다.

횡보(橫步)라는 아호도 술을 마신 뒤 걸음걸이가 남다르다고 해서 붙여졌다고 전해진다.

〈날개〉의 이상 후손들

"'박제된 천재'의 난해難解한 생애"

혹자는 이상(李箱·본명 金海卿)의 작품보다 그의 생애가 더 난해하다고 말할지 모른다. 이상의 친구인 화가 문종혁(文鍾爀·1910~?)은 산문 〈심심산천에 묻어주오〉에서 '그(이상)는 재기 있는 사람이었고 조숙한 사람이었으므로 그의 개성은 이미 그의 10대에 뚜렷이 나타났고

시인 이상.

이상의 소설 <지주회시> 속에, 계속 잠으로 세월을 보내며 게으름을 피우는 '나'와 말없이 출분했다가 또 소리 없이 돌아오곤 하는 '아내'가 사는 서울 종로구 통인동 154번지 집. 이상은 이 집에서 그의 백부와 함께 유년시절을 보냈다. 이 사진은 ≪문학사상≫ 1973년 2월호에 실렸다.

그의 내면세계는 이미 전개되었지만, 그 속을 들여다보고 이해할 만한 사람은 거의 없었다고 해도 과언이 아니다'고 했다.

스물여덟 짧은 생애 동안 이상(1910~1937)은 기괴하고 낯설며 창조적인 글쓰기로 당대 문단을 거꾸러뜨렸다. 1934년 이태준·박태원·정인택 등이 결성한 구인회(九人會)에 가입한 뒤 <날개> <종생기> <봉별기> 등의 소설과 <오감도> <위독> 등의 시, 그리고 <권태> <산촌여정> 등의 수필을 남겼다. 이상의 출현 이전 이후에도 이상처럼 글을 쓰는 문인은 없었다. 시인 김기림은 이상을 '주피터'라 불렀고, 이어령은 '이카루스'라 칭했다.

이상은 1936년 이화여전 출신의 변동림(卞東琳·후에 김향안)과 결혼했으

이상의 가족. 가운데가 어머니 박세창, 왼쪽이 이상의 남동생 김운경, 오른쪽이 누이 김옥희.

말년의 문병준 김옥희 부부.

나 자식이 없었다. 이상이 이듬해 4월 17일 도쿄에서 폐결핵으로 숨지자 변동림(1916~2004)은 7년 뒤 화가 김환기(金煥基·1913~1974)와 재혼했다.

사실, 이상의 혼인 사실은 호적에서 찾을 수 없다. 혼인신고를 안 했기 때문이다.

이상에게 후손이 없으니 기자는 방계를 찾아보았다. 이상의 할아버지 김병복(金秉福)은 독자다. 김병복은 형제를 낳았는데 장남이 김연필(金演弼·1883~1932), 차남이 김영창(金永昌·?~1937)이다. 이상의 아버지 김영창은 궁내부 인쇄소에서 직공으로 일하다 사고로 손가락을 잃은 후 이발사로 생계를 꾸렸던 것으로 알려져 있다. 이상은 가끔 친구들에게 아버지를 '도코야(이발사)'라고 소개했다고 전한다.

김영창은 아내 박세창(朴世昌·1887~1979) 사이에 2남 1녀를 낳았다. 이상(金海卿)과 운경(金雲卿·1913~?)과 옥희(金玉姬·1916~2008)는 세 살 터울이다. 해방공간 통신사 기자로 알려진 김운경은 1950년 6·25 직후 납북,

혹은 월북했다는 설이 있다. 2008년 호적이 말소됐다.

이상의 여동생 김옥희는 평안북도 선천군 심천면(深川面) 출신인 문병준(文炳俊·1913~1990)과 결혼했다. 이상보다 세 살 아래인 문병준은 이상의 집에 놀러갔다가 김옥희를 처음 만나 연애 결혼한 것으로 전해진다. 말년의 그녀는 치매로 고생하다 2008년 12월 9일 사망했다.

문병준·김옥희 부부는 슬하에 4남 1녀를 뒀는데 장남 완성(文完成)은 1982년 사망했다. 기자는 서울 창동에 살고 있는 차남 유성(文有成)씨를 만났다.

문유성(74)씨는 한국무역협회에 28세에 입사해 정년퇴직했다. 아내 박영분(朴榮分·71)씨는 1989년부터 서울 도봉구 창동에서 메밀전문식당 '감나무 집'을 운영하고 있다.

이상의 여동생 김옥희는 2008년 사망

차남 문유성씨에게 물었다. "직장 동료들이 어머니가 이상의 여동생이란 사실을 아느냐"고. 그는 "모른다. 얘기를 거의 안 했다"고 했다.

―왜요?
"굳이 얘기할 필요가 있나요."
좀 심드렁한 말투다. 곁에 있던 아내 박영분씨가 말을 보탰다.
"이 양반만 그런 게 아니에요. 시어머니(김옥희)도 그러셨어요. 언젠가 식당 벽에 이상 사진이랑 시를 써 붙여놨더니 싫어하셨어요."

남편 문씨의 말이다.

"어머니가 '그거 다른 사람이 알면 뭐가 좋으냐. 네가 (이상을) 알 것도 없다' 하셔서 사진이랑 떼버렸어요. 아버지(문병준)도 처남 얘기는 잘 안 하셨어요. 다들 말씀하시길 피하셨어요."

박씨는 "만약 떼지 않았다면 손님들이 더 많이 찾아왔을지 모른다"고 혼잣말을 했다.

―그럼, 언제 이상이란 존재를 알게 됐나요.

며느리 박씨는 이렇게 말했다.

"1972년 시집와서 시댁 작은아버지(문병혁)댁에 인사드리러 간 일이 있어요. 그때 '이상 시인을 알고 시집왔느냐. 대단한 시어머니시니 잘 모시라'고 하셔서 깜짝 놀랐어요. 속으로 '이 집안에 시집온 것이 영광이구나'고 생각했죠."

―어머니 김옥희 여사의 성격은 어땠나요?

문씨는 잠시 생각에 잠기더니 "너그럽지 못하고, 보통사람처럼 온화한 성격은 아니었다"고 말했다. 그는 아내 박씨에게 "어머니 성격이 어땠어?"라고 되레 물었다. 그녀는 다소 신중하게 이렇게 설명했다.

"착하면서 성격이 날카로우셨어요. 자기 주관이 뚜렷했습니다. 좀 까다로우셨어요. 베푸셔야 했는데, 시아버님과 안 맞는 이유가 그거예요."

―남편(문병준)과 갈등이 있었나 보네요.

"…네. 왜냐하면 어머니가 조금… 자기만 옳다고 생각하셨어요."

어쩌면 김옥희는 오빠 이상의 성격을 빼닮았는지 모른다. 이상을 두고 그의 문우(文友)들은 한결같이 "이상은 고고(孤高)했다"고 평한다. 이상은 뜻이 안 맞는 사람과는 말 한마디 안 할 정도로 낯을 가렸다. 자신의 신변에 대해 아무리 친한 벗이라도 일절 말하는 바가 없었다. 심지어 "언동(言動)이 젊은 이답지 못하고 노인같이 조용하다"(문종혁)고 말할 정도다.

이상의 성격을 짐작하기 위해 출생과정과 유년시절을 더듬을 필요가 있다.

이상의 백부 김연필은 조선총독부 하급직 관리로 재직하다 사업에 성공, 상당한 재력을 지녔으나 후사가 없었다. 할 수 없이 동생의 맏아들 이상을 양자로 데려다 길렀다.

이후 김연필은 애 딸린 여성인 김영숙을 후취로 삼았는데 그녀가 데려온 사내가 김문경(金汶卿)이다. 이상의 이복동생이 되는 셈인데, 그의 존재는 지금까지 알려진 게 없다.

문씨의 말이다.

"어머니가 예전에 쓰신 <오빠 이상>이란 글에 이런 구절이 나옵니다. '오빠의 성격을 서막부터 어두운 것으로 채운 사람은 우리의 큰어머니(김영숙)였다고 집안에서는 다 그렇게 생각한다. 김연필씨는 슬하에 자식이 없었기에 큰오빠를 양자 삼아 데려다 길렀다. 그런데 자식을 보겠다고 안간힘을 쓰시던 큰어머니께 큰오빠 존재가 마땅치 않은 것은 너무도 당연한 일'이라고요."

이상은 어쩌면 아버지가 2명인지 모른다. 이발사인 가난한 아버지(김영창)와 총독부 관리인 아버지(백부 김연필)를 오가며 서로 다른 아들 노릇을 했는지 모른다. 그의 시 <오감도(烏瞰圖) 제2호(第二號)>에 아버지에 대한 내면의 읊조림이 나온다. 전문을 그대로 인용한다.

나의아버지가나의곁에서졸적에나는나의아버지가되고또나는나의아버지의아버지가되고그런데도나의아버지는나의아버지대로나의아버지인데어쩌자고나는자

꾸나의아버지의아버지의아버지의… 아버지가되느냐나는왜나의아버지를껑충뛰어넘어야하는지나는왜드디어나와나의아버지와나의아버지의아버지와나의아버지의아버지의아버지노릇을한꺼번에하면서살아야하는것이냐

김옥희와 김문경, 그리고 '여동생'

이상은 백부의 양자로 유년시절을 보내며 냉랭한 서(庶)백모 김영숙과 대립했을 개연성이 있다. 이 과정에서 심리적 좌절을 겪었을 것으로 보인다. 이상과 5년 동안 자취생활을 같이한 화가 문종혁은 산문 <심심산천에 묻어주오>에서 이상의 서백모를 이렇게 묘사했다.

> 상의 백모님은 이북 분이었다. 미모의 여인이었다. 어느 편이냐 하면 좀 독기가 서린 것 같은 얼굴이시다. 깔끔하고 다루기에 조심되는 성격이셨다.
> 그러나 이 어른도 남편에게는 물론이요 시어머니나 조카 상(이상)에 대해 간섭하거나 대립하는 것을 본 일이 없다. 다만 그의 아들 문경이를 나무랄 때 보면 옆에서 보고 듣기에도 따끔하시다.
> ― ≪여원(女苑)≫ 1969년 4월호, p.233

―혹시 이상의 서백모 김영숙에 대해 이야기를 들은 적은 없나요?
문유성씨는 "전혀 알지 못한다"고 말했다.
그는 이상의 이복동생으로 알려진 김문경에 대해 이렇게 회상했다.
"서울 제기동에 살 때 어느 분이 찾아오셨어요. 그분이 어머니에게 막 대

하더군요. '밥 해 달라'고 하고… 그러면 어머니는 '밥도 못 먹고 다니느냐'고 하셨어요. 그분이 누군지 물어보지 않았지만, 그 계통의 혈육이 아닌가 싶어요. 짐작건대 김문경이 아닌가 추측합니다.

그분이 외할머니(이상의 어머니 박세창)에게는 예의를 지키더군요. 한번은 그분의 여동생도 온 일이 있는데 그 여성도 어머니에게 막 대해요. '막 대한다'는 편하게 대한다는 의미입니다."

—김문경의 여동생 말인가요?

"친동생인지, 사촌동생인지 몰라도 여성분이 오셨는데 어머니(김옥희)가 '걔는 왜 안 오냐'고 물었던 기억이 납니다. 한번은 어머니가 그 여성과 말다툼을 벌인 일이 있어요. 제가 가만히 귀기울여보니 그 여성이 외할머니를 어디서 나쁘게 평했던가 봐요. 그래서 어머니가 '왜 그렇게 말했느냐'고 따지더군요. 그 후로 (그 여성을) 보지 못한 것 같아요."

문유성씨의 기억에 김문경과 그의 여동생으로 추정되는 인물이 이상의 어머니 김옥희를 가끔 찾아왔다는 것이다.

이상의 백부 김연필이 1932년 5월 나이 쉰에 사망하자 그해 8월 서백모 김영숙이 데려온 김문경이 호주를 상속했다고 한다. 이상이 양자로 갔다면 호주상속은 이상의 몫이지만, 이복동생 김문경이 호주가 됐다. 당시 어떤 변고가 있었던 것일까.

이상이 1936년 ≪여성≫ 12월호에 쓴 소설 <봉별기>의 첫 구절은 이렇게 시작한다. 봉별기(逢別記)란 '만남과 헤어짐에 관한 기록'이란 의미다.

    스물세 살이오—3월이오—각혈이다. 여섯 달 잘 기른 수염을 하루 면도날로 다듬어 코밑에 다만 나비만큼 남겨 가지고 약 한 제 지어 들고 B라는 신개지 한적한 온천으로 갔다. 게서 나는 죽어도 좋았다.(이하 중략)

나이 스물셋과 스물넷 사이, 이상은 백부가 살던 서울 통인동 154번지 집을 정리한 뒤 그때부터 효자동에 집을 얻어 친부모와 함께 살게 된다. 그러나 건강상의 이유로 조선총독부 건축기사를 그만둔다. 그리고 결핵 치료와 요양을 위해 황해도 배천온천을 찾았고 그곳에서 기생 금홍과 만났다고 전해진다.

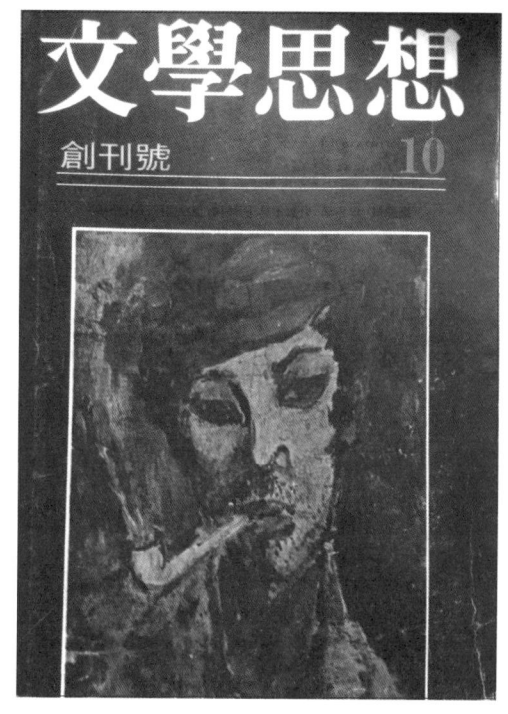

≪문학사상≫ 창간호에 표지인물로 실린 이상의 초상화.

―여동생 김옥희가 바라보는 큰오빠 이상의 여성관이 궁금합니다.
며느리 박영분씨의 말이다.
"시어머님(김옥희)이 옷 심부름을 다녔대요. 이상이 혼자 사니까 빨래를 박세창 할머니에게 부탁했나 봐요. 저기, 성수대교 넘어가기 전 황학동인가? 그쪽 어디에 이상이 살았대요.
세탁한 옷을 들고 큰오빠 집에 가면 여성의 직감으로, 동거하는 여성이 있거나 그런 여성이 오간 흔적이나 느낌이 없었대요. 호사가들이 '복잡한 여자관계'를 얘기하지만 시어머님이 보시기에 전혀 그렇지 않았답니다. 온천 가서도 휴양을 겸해서 글을 쓰셨는데 왜 글은 그렇게 썼을까요?"

한때 이상의 아내였던 변동림은 1986년 ≪문학사상≫ 4월호부터 이듬해 1월호까지 연재한 글에서 "이상의 소설 <날개>의 금홍이는 이상이 창조한 인물이다. <종생기> <동해>도 같은 경우다. 나는 이상과 방풍림을 걸으며, 많은 소재를 이상에게 제공했다"고 회고했다.

그러나 금홍이란 여성이 허구적 인물은 아니었던 모양이다. 이상은 백부에게 받은 유산으로 종로1가에 카페 '제비'를 열었고 금홍이란 여인과 동서(同棲)생활을 한 것으로 전해진다.

김옥희는 1985년 ≪레이디경향≫ 11월호와의 인터뷰에서 이렇게 말했다.

제가 카페 '제비'에 가면 큰오빠는 홀에서 친구들하고 이야기를 나누고 있고 금홍이는 주로 뒷방에서 자고 있곤 했어요. 저는 주로 큰오빠의 빨랫감만 받아서 곧 돌아오곤 했기 때문에 별로 이야기를 나눈 적이 없었지만 굉장히 살결이 곱고 예쁜 여자였어요. 그에 비해서 변동림이라는 여자는 얼굴은 금홍이만 못했죠.

이상의 어머니 박세창의 恨

─이상의 어머니 박세창은 어떤 분이었나요?

문유성·박영분 부부는 이상의 어머니 박세창을 평생 모시고 살았다.

"외할머니(박세창)는 가끔 '외삼촌(이상)이 살았으면 너희를 좋아했을 텐데…'라고 말씀하시곤 하셨어요."(문유성)

"그분은 94세에 돌아가셨어요. 1979년 4월생인 우리 딸 도희(文度嬉)가 태어나고 일주일 뒤였어요. 화장을 해서 도봉산에 뿌렸습니다. 평소 말씀이 없으셨고 안경도 안 쓰시고 온종일 방에 앉아 책만 보셨어요. 성경책을 열심히 읽으셨던 기억이 나요. 그런데 사위(문병준)를 무서워하셨어요."(박영분)

문씨는 "아버지가 잘못이야. 장모가 책 읽는 것을 싫어했다"고 말했다.

―(박세창은) 맏아들 이상에 대해 어떤 말씀을 하던가요.

문씨의 계속된 말이다.

"외할머니(박세창)는 이상이 숨진 그해(1937년) 상(喪)을 3번 치렀다고 합니다. 그해 4월에 남편(김영창)이 병으로 세상을 떠났고 시어머니(박씨)도 너무 놀라 세상을 떠났습니다. 외할머니는 남편과 시어머니를 잃고 두 시신을 한꺼번에 화장하고 돌아오니 이번에는 맏아들의 객사(客死)를 알리는 전보가 와 있더란 겁니다."

≪조선일보≫ 1965년 5월 16일자 5면에 박세창의 인터뷰가 실렸다. 기사 제목은 '남편·시모·아들을 동시에 잃고 궁핍과 인종의 28년'이다.

사진 속 그녀의 얼굴은 주름살투성이다. '(이상 사후) 28년이란 세월이 지난 지금도 아들 얘기만 하면 어머니의 깊은 가슴의 묵은 상처는 쓰라리고 다시 목이 메인다'고 썼다. 기사 일부를 인용하면 이렇다.

> … 6·25 때 둘째 아들이 소식도 없이 월북해 버리고, 하나밖에 없는 딸자식은 해방 전 '스스로 택한' 남편과 만주로 떠나갔었고… 그러나 요절한 천재 아들을 생각하면 고생도 눈물도 달아나고 '내 아들에 부끄럽지 않은' 어머니가 되겠다는 투지가 솟았다고 한다.
>
> (중략)
>
> 그러나 말도 없고 우울하고, 여인과의 동서(同棲)생활을 위해 훌쩍 어머니를

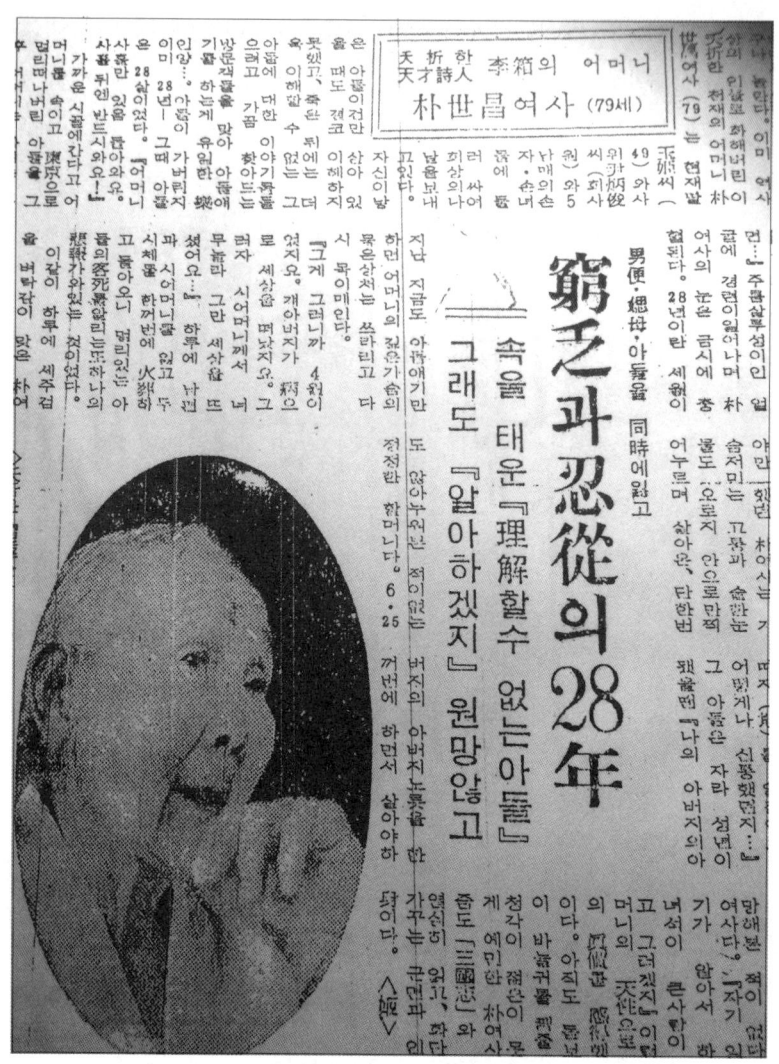

1965년 5월 16일자 『조선일보』에 실린 이상의 어머니 박세창의 인터뷰 기사.

떠나버리기도 하는 무정한 아들을 한 번도 원망해 본 적이 없다는 박 여사다. "자기 일을 자기가 알아서 하겠지. 녀석이 큰사람이 되려고 그러겠지" 하고 어머니의 천성(天性)으로 아들의 진가를 감득(感得)했던 것이다. 아직도 돋보기 없이 바늘귀를 꿸 줄 알고, 청각이 젊은이 못지않게 예민한 박 여사는 요즘도 ≪삼국지≫와 야담(野談)을 열심히 읽고 있다.

―신문 기사에 이상의 동생 김운경이 월북했다고 합니다.
문유성씨의 말이다.
"부모님을 따라 1947년인가 48년인가 평북 심천에서 개성을 거쳐 서울에 온 적이 있어요. 당시 서울에서 어머니(김옥희)가 어떤 젊은 부부와 만났던 기억이 나요. 당시 어머니에게 '누구냐'고 물으니 '이상의 동생'이라고 하셨어요. 치마저고리를 입었던 여성이 아주 미인이었는데 김운경의 아내가 아니었을까요? 하지만 어머니는 생전에 작은오빠에 대해 전혀 말씀하시지 않으셨어요. 외할머니(박세창)도 '사상적으로…'라며 말끝을 흐려 더는 말씀을 않으셨어요."

이상이 말수가 적고 책을 즐겨 읽었던 것은 어머니 박세창의 영향이 컸던 것일까. 말년의 박세창은 말없이 온종일 책만 읽었다고 전한다. 친구 문종혁의 산문 <심심산천에 묻어주오>에 이런 글이 나온다.

그는 벌써 책을 골라 읽기 시작한다. 이상은 서서 읽고 있다.
글을 수직으로 읽는 것이 아니라 사선으로 읽는다는 말이 있다. 정말 사선으로 읽는 것 같다. 왜냐하면 그의 책장은 쉴 새 없이 넘어가니 말이다. 밤이 늦어서야 둘이는 귀로에 접어든다. 그는 돌아오면서 지금 읽은 책을 이야기한다. 지명, 인명, 연대, 하나도 거침없이 나온다. 금방 읽었다 하지만 제 집 번지, 제 이름, 제 생년월일 외듯 거침없이 이야기한다. 그의 기억력은 참으로 놀랍다.(p.232, ≪여원≫ 1969년 4월호)

이상의 여동생 김옥희는 1964년 ≪신동아≫ 12월호에 기고한 글에서 큰 오빠 김해경이 '이상'으로 불린 경위를 이렇게 적었다. '그러니까 1932년의 일이다. 건축공사장에서 있었던 일로 오빠가 김해경이고 보면 '긴상'이라야 되는 것을 인부들이 '이상'으로 부른 데서 이상이라 자칭했다'는 것이다.

김해경이 이상이란 필명으로 처음 발표한 시가 <건축무한육면각체>이다. 이 시는 1932년 ≪조선과 건축≫ 7월호에 실렸는데 첫 행과 둘째 행은 이렇게 시작한다.

四角形의內部의四角形의內部의四角形의內部의四角形의內部의四角形.
四角이난圓運動의四角이난圓運動의四角이난圓.(이하 생략)

총독부 건축기사 시절의 이상. ×표가 이상이다.

총독부 기사(技士) 시절, '식민지 천재' 이상은 자신의 답답하고 절박한 마음을 '사각형 속의 사각형 속의 사각형'으로 묘사한 것은 아닐까.

"어머니는 큰오빠 이상의 묘를 못 찾아 평생 한(恨)으로 여겼어요."

―문병준과 김옥희, 두 분은 어떻게 만났나요.
박영분씨 얘기다.
"어렴풋하게 떠오르는데 시아버님(문병준) 말씀이 '이상 집에 왔다가 네 어머니를 만났다'는 거예요. 두 분이 좋아하셔서 결혼한 것은 사실입니다. 가끔 시아버님이 '네 어머니가 이러이러했다, 저러저러했다' 그러셨거든요. 옛날 사진을 보면, 시아버님이 옷을 잘 입으셨어요. 시어머님도 맵시 있는 차림이셨고요. 이북(평북 선천군)에서 잘사셨나 봐요."

―이상과 문병준은 어떤 사이였나요?
"잘 알지 못합니다."(박영분)

―문병준은 무슨 일을 하셨나요?
"아버지는 1960~70년대 을지로 3가에서 '한국유리 대리점'을 하셨어요. 사업이 안 되는 바람에 제기동에서 창동으로 이사를 오게 됐어요. 6·25가 나기 전 대구에 살 때는 서문시장에서 신발가게를 했는데 상호가 '태평고무'였어요.

처음엔 장사가 잘됐는데 6·25가 터지면서 접고 말았어요. 수금이 안 됐어요. 수금 사원을 보내면 돈을 받아 도망치거나 못 받았다고 시치미를 떼니 어쩔 도리가 없었죠.

아버지에게 남동생이 한 분 계셨는데 6·25 때 소식이 끊어졌다가 제주도 미군부대에서 일하다 자살했다는 연락을 받고 놀랐던 기억이 납니다.

아버지는 머리가 좋으셨어요. 온갖 전화번호, 주소를 다 기억하셨어요. 물론 어머니도 보통 넘으셨고요. 두 분은 만주에서 형(문완성)을 낳고 고향인 평북 선천에서 저와 제 동생(文昌星·1947~)을 낳았어요. 여동생 미성(文美星·1951~), 막내 내성(文來星)은 각각 대구와 서울에서 태어났어요. 형은 서울사대를 나올 정도로 똑똑했는데 술로 건강이 악화돼 1982년에 숨겼고 막내도 2012년 사망했어요."(문유성)

"말년에 시부모 두 분 사이가 좋지 않았어요. 저희는 박세창 할머니와 아버님을 모셨고, 어머님은 시동생(文昌星) 내외가 모시기도 하고, 막내 시동생(文來星)과 어머님이 잠원동, 압구정동 등지에 따로 사셨어요.

집에 이상과 관련한 스크랩 자료가 꽤 많았는데 어디로 사라졌는지 없어졌어요. (두 손을 어깨 너비만큼 벌리며) 이만큼 자료가 있었어요."(박영분)

김옥희는 산문 <오빠 이상>에서 '오빠가 돌아가신 후 임이 언니(변동림)는 오빠가 살던 방에서 장서와 원고뭉치, 그리고 그림 등을 손수레로 하나 가득 싣고 나갔다는데, 그 행방이 아직도 묘연하다'고 적었다. 변동림의 후손들은 혹시 이상의 유품을 가지고 있을까.

―김옥희 여사는 큰오빠 이상에 대해 평소 어떤 생각을 가졌나요?

문씨는 "한번은 어머니께 미아리 공동묘지에 안장됐다는 이상의 묘에 대해 물은 적이 있다"며 이렇게 말했다. 당시 종암동, 장위동, 돈암동이 갈라지는 미아사거리 일대는 온통 공동묘지였다고 한다. 1950년대 후반부터 미아리 공동묘지는 경기도 광주로 옮겨졌다.

"안 될 얘기지만 일본에서 유해를 모셔다가 미아리 공동묘지에 묻고 이따금씩 찾아가 술도 한잔씩 부어놓곤 했는데 6·25를 거치며 (이상의) 묘를 찾지 못했다고 합니다. 폭격을 맞아서인지 유실돼 흔적이 없어졌고 이후 온통 집들이 들어서 버렸답니다. 어머니는 큰오빠 묘를 못 찾아 평생 한(恨)으로 여기셨어요."(문유성)

"시어머니(김옥희)가 아들보고 '오빠, 오빠' 그러셨거든요"

―김옥희 여사는 어떻게 돌아가셨나요.
문씨는 "치매를 2~3년 앓으셨나?… 더 앓으신 것도 같고…"라고 말했다. 아내 박씨는 이런 말을 보탰다.
"치매 앓으실 때 가끔 이 양반(문유성)보고 '오빠, 오빠' 그러셨거든요. 오빠에 대한 유년의 추억이 무척 컸나 봐요. 어떤 때는 한참 뭐라고 중얼대시다가 '오빠, 오빠 왔어?' 하며 말하는데 그 다음 말은 뜻을 짐작 못하는 혼잣말이었어요."

―치매 증상은 어떻게 아셨나요.
"어머니가 한번은 '막내 동생이 때리면서 돈을 뺏어간다'는 거예요. 그래서 동생을 불러다가 혼을 냈어요. 동생이 억울해하며 '안 그랬다'는 겁니다. 반복해서 몇 번 어머니가 그러니까 치매인 줄 알게 됐어요."(문유성)
"2008년 12월 9일 시어머님이 돌아가시자 식구들이 수목장 하자는 걸 제가 말렸어요. 왜냐면 그때 막내 시동생이 아팠고 먼저 돌아가신 시아버님 묘가 양수리 무궁화공원에 있는데 수목장할 이유가 없잖아요."(박영분)

―현재 문씨 집안에 예술가가 있나요?

제 딸 도희(文度熹 · 37)가 서울대 음대를 나와 미국 미시간주립대에서 석 · 박사 학위(작곡 전공)를 받았어요. 스탠퍼드대 '컴퓨터음악음향연구소'(CCRMA)에서 초빙연구원으로 근무하다 독일 청년을 만나 결혼해 지금 독일에서 잘 살아요. CCRMA에서 연구원을 뽑을 당시, 기계공학, 건축, 약학, 컴퓨터 전문가 등 전 세계 내로라하는 소리 전문가가 다 모였는데 예술 전공자는 도희밖에 없었대요. 도희가 그림도 그리는데 그림이 기가 막힙니다."(박영분)

CCRMA는 MIT 미디어랩과 더불어 세계 컴퓨터음악의 가장 중요한 산실로 꼽힌다. 5년 전인 2011년 6월 서울 예술의전당에서 아이패드와 현악4중주단과의 협연이 세계 처음으로 서울에서 열렸는데 당시 문도희 박사가 'i21'이란 곡을 만들었다. 박씨의 말이다.

"i21은 현악4중주와 전자음향을 위해 쓴 곡입니다. 전자음악 부문은 스탠퍼드 CCRMA에서 아이패드(ipad)로 실시간 연주해 한국으로 보내면, 한국의 현악4중주단 '콰르텟21'이 연주를 받아 협연, 실시간으로 다른 두 공간에서 리얼타임(Real time) 연주가 가능하게 했어요."

문 박사의 창작곡은 지금까지 웨스턴 미시간 오케스트라(Western Michigan Orchestra), 노빌리스 트리오(the Nobilis Trio), 피아니스트 엄의경 등이 연주했다고 한다. 문 박사의 오빠 진호(文辰皓 · 39)씨는 현재 개인 사업을 준비 중이다.

문병준 · 김옥희 부부는 슬하에 4남 1녀를 뒀는데 장남 문완성의 아들 재호(文宰皓 · 40)는 현재 인테리어 사업을 하고 있다고 한다. 셋째 문창성은 아들 형제를 뒀는데 회사원으로 일하고 있다. 넷째 문미성은 자매를 뒀으나 예술 관련 종사자는 없다고 한다.

―이상의 방계 후손으로 무엇을 하고 싶은가요?

문씨 부부의 말이다.

"과거에는 이상 여동생 집안이란 사실을 감추려 했어요. 그러나 부모님이 다 돌아가시고, 이젠 그럴 필요가 없어요. 여기 식당 한쪽에 이상의 사진이나 자료들을 전시할까 해요. 어머니(김옥희)는 '오빠 시비(詩碑) 하나라도 세웠으면' 하고 염원하셨지만 그 꿈을 이루진 못했죠. 어머니 한을 풀어드릴 수 있는 일을 찾고 싶어요."

생전 이상은 백부 김연필의 석비 앞에 '주과(酒果) 없는 석상(石床)이 보기에 한없이 쓸쓸하다'고 읊조렸다고 한다. 정작 요절한 이상은 석상이나 석비는커녕 무덤의 자취마저 없다. 자취가 없기에 그의 이름이, 그의 모습이, 그의 문학이 더 그리운 것일까.

소박스

김해경이 李箱으로 불린 까닭

'보고도 모르는 것을 폭로시켜라! 李箱'

이상은 당시 조선인이 좀처럼 입학하기 어렵다는 3년제 전문학교인 경성고등공업학교에 전체 63명 중에 23등으로 입학했다. 그러나 건축과에서는 졸업할 때까지 3년 내내 1등을 놓치지 않았다. 권영민 서울대 명예교수는

"이상이 조선총독부 내무국 건축과에 취직하게 된 것은 1929년도 경성고공 건축과 수석 졸업자였기 때문에 가능한 일"이라고 설명했다.

경기고공의 졸업 사진첩 말미에 학생들이 '남기고 싶은 말'을 적었는데 이상의 글도 남아 있다고 한다.

'보고도 모르는 것을 폭로시켜라! 그것은 발명보다도 발견! 거기에도 노력은 필요하다. 이상(李箱).'

권영민 교수는 "도안체 글씨로 석 줄이나 차지하게 쓴 이 글귀의 끝에 '이상'이라는 이름이 표시돼 있다"며 "김해경이 '이상'이라는 필명을 이미 경성고공 시절부터 사용하고 있었음을 말해주는 중요한 근거"라고 말했다.

지금까지 알려진 바는 조선총독부 건축기사 시절, 이상이란 이름을 처음 썼다는 것이다. 김해경이 연초(煙草) 전매국(당시 서대문과 서울역 사이에 있었다.) 신축 현장감독으로 있을 때 한 인부가 "이상~" 하고 그를 불렀다. '상'이란 말은 씨(氏)나 미스터처럼 성씨 다음에 붙이는 일본 존칭어다. 그 인부는 그를 이(李)씨로 알았던 모양이다. 그런데 그는 아무렇지도 않게 자신이 이씨인양 대답했다고 한다.

〈배따라기〉의 김동인 후손들

"오만한 천재였던 아버지 김동인의 최후"

한국 근대문학 개척기에 소설가 김동인(金東仁·1900~1951)의 족적은 화려하다. 〈감자〉〈배따라기〉〈운현궁의 봄〉 등 수많은 작품을 남긴 그는, 춘원(春園) 이광수(李光洙)와 함께 한국 소설의 요람기를 이루었다.

지금까지 밝혀진 아호 내지 필명은 금동인(琴童人), 금동(琴童), '시어딤(시어짐),' 춘사(春士), 만덕(萬德) 등 여럿이다. 그가 신문·잡지 등에 발표한 글이

소설가 김동인.

지금까지 꾸준히 발굴될 정도로 필력이 대단했다.

얼마나 빨리 썼는지, "신문에 2회 분씩 쓰는 것도 30분 이내로 쓴다. 글을 쓸 적에 원고지 다음 장을 넘기는 소리가 마치 글을 읽을 때 책장 넘기듯 했다"(부인 金瓊愛 회고)고 한다. 또 "파지 한 장 없었다. 쓸 분량만큼 원고지를 미리 책으로 만들어 쪽수까지 매긴 후에는 수정을 하지 않고 단번에 써 내려 갔다"(차남 金光明 회고)는 증언도 나온다.

그러나 광복 이후 동인의 건강은 좋지 않았다. 1949년 5월 이후부터는 글을 전혀 쓸 수 없었다고 한다. 결국 그에게 문학이란, 생명의 진을 하나둘 뽑아 먹는 작업이었던 셈이다.

평양 부호의 아들로 태어난 김동인은 1918년 평양의 수산물 도매상의 딸인 김혜인과 결혼해 1남 1녀(日煥·玉煥)를 낳았다. 엄청난 유산을 물려받았으나 관개(灌漑)사업을 벌였다가 재산을 절반 까먹고 동생(金東平)과 영화사업에 나섰으나 파산했다. 향락과 사치도 심했다고 한다. 견디다 못한 아내마저 떠나고 말았다.

1931년 최초의 문학동인지 ≪창조≫에 가담했던 문우(文友) 전영택(田榮澤)의 소개로 11살 아래인 김경애와 재혼, 딸 셋(유환·姸煥·銀煥)과 아들 둘(光明·天明)을 낳았다(김경애는 전영택이 재직하던 숭의고녀의 제자였다고 한다).

현재 7남매 중 3남매가 생존해 있다. 1935년생인 연환씨는 경기여고와 서울대를 나와 고교 교사로 정년퇴임했다. 1943년생인 광명씨는 경복고와 연세대 의대를 졸업, 33년간 한양대 의대 교수로 재직하다 정년퇴임했다. 1948년생인 천명씨는 경복고와 서울 공대를 졸업하고 IMF 시절 ㈜대우 전무이사에서 물러났다.

김동인의 차남 광명씨는 아버지가 마지막을 지냈던 서울 성동구 하왕십리 110-65번지(現 홍익동 35-3)에 살고 있다. 이 집은 전형적인 일본식 가옥이

김동인과 아내 김경애 여사. ≪동아일보≫ 1931년 4월 19일자에 동인의 재혼 소식을 전할 정도로 그의 사생활은 전국적인 관심사였다.

었으나 광명씨가 1983년 3층 양옥집으로 개축했다. 현재 1, 2층은 세를 주고 3층은 광명씨 가족이 살고 있다.

한양대 의대 명예교수인 김광명(73)씨는 신경외과 의사다. 신경외과는 말년의 아버지가 앓던 중풍과 관련이 깊은 분야다. 어린 시절, 몸져누워 꼼짝도 못했던 아버지를 곁에서 지켜봤던 그는 신경외과를 전공할 수밖에 없었

젊은 시절, 군 복무 중인 김광명씨와 김경애 여사. 뒷배경의 집이 김동인이 마지막을 보냈던 왕십리 집이다.

다.

"아버지의 발병부터 그 후의 경과를 비교적 상세히 알고 있기 때문에 아버지의 병명과 사인을 추정할 수 있어요. 왼쪽 뇌에 뇌경색이 발병, 점차 악화되어 혼수상태에 빠졌고 (아버지는) 삼키는 기능도 마비되어 식사를 못하게 되셨어요.

아버지의 발병은 1949년 6월경으로 기억합니다. 어느 날 전차 운전사가 아버지를 업고 왔어요. 당시 우리 집에 오려면 종점인 왕십리역에서 한 정거장 전인 하왕십리역에서 내려야 하는데, 운전사 얘기가 '종점인데도 안 내리고 자꾸 못 알아듣는 다른 말만 하더라'는 겁니다. 운전사가 주머니를 뒤져 주소를 확인한 후 집으로 모셔 왔어요. 이때부터 아버지의 회복 불가능한 병이 시작된 것 같아요."

김 교수는 "처음 몇 달 동안은 멀쩡하셨으나 외출하는 빈도가 완연히 줄면서 가끔 뜻 모를 말씀과 행동을 하셨다"고 기억했다.

"그해(1949년) 말이 되자 말씀도 어눌해지고 오른쪽 팔·다리를 잘 쓰지 못하게 되어 완전히 방에 눕게 되셨고, 식사를 비롯해 대소변까지 모든 생활을 가족들이 도와야 했어요. 일제 말엽, 누나들에게 한글을 가르치면서 그렇게 기뻐하셨다던 분이 제가 초등학교 1학년 전반기에 우등상장을 받아 보여 드려도 못 알아보셨어요."

―발병하기 전 아버지의 어떤 모습이 기억납니까.

"해방 이후 아버지는 글을 많이 쓰셨는데 좌익을 비난하는 글을 많이 쓰셨어요. 그리고 한편으론 야심적인 시도를 하셨어요. 위촉오의 중국 ≪삼국지≫보다 스케일이 크고 웅장한 '우리 민족의 삼국지'를 쓰시겠다고 사료를 모으셨습니다. 그렇게 해서 나온 작품이 ≪을지문덕(乙支文德)≫인데, 책 분량으로 30쪽 정도 쓰시다가 결국 정신이 저거(혼미)하시니까 마무리를 못 지었어요."

≪을지문덕≫은 동인의 사실상 미완(未完)의 마지막 작품이다. 이 작품은 중국 만주와 북방을 개척하던 고구려의 웅장한 스케일을 담고 있다.

가족 앞에서 동인은 자상하고 곧잘 농담도 하고 장난도 쳤다고 한다. 김 교수의 계속된 말이다.

"아버지는 누나들에게 주워 온 아이라고 약을 올리고, 건포도를 염소 똥이라고 농(弄)을 치시기도 했어요. 집에 있을 때는 목말을 태워 주셨어요. 한번은 아버지가 외출하셨다가 오시는 소리를 듣고 나갔더니 '나, 요술 부린다' 시며 군밤이나 다른 먹을 것을 옷 속에 감추었다가 양복 소매 사이나 바짓가랑이로 흘려 떨어뜨리시던 생각도 납니다. 또 집에 조그마한 축대가 있었는데 어느 날 그 축대로 뱀이 기어 들어왔어요. 단장으로 잡겠다고 하셨는데 뱀이 도망을 간 기억이 나요.

제 기억에는 없지만 어머니와 누나의 말에 따르면, 아버지는 눈에 낀 저

김동인 문학비 앞에 선 김경애 여사. 오른쪽이 아들 광명씨, 왼쪽은 광명씨의 생질 홍범기씨.

의 눈곱을 혀로 핥아 떼어 주곤 하셨답니다."

중풍이 점점 심해지던 1950년 6·25가 터지고 말았다. 6월 27일, 비가 추적추적 종일 내렸다. 그리고 대포 소리도 덩달아 크게 울렸다. 동네 사람들이 하나둘 피란을 떠나기 시작했다. 동인의 가족도 서둘렀다.

"6월 27일 오후 아버지 모시고 집을 나섰어요. 아버지와 어머니, 15살과 11살 된 누나, 7살의 나, 2살짜리 겨우 걷는 동생, 이렇게 여섯 식구가 피란을 떠난 겁니다. 당시 아버지는 부축을 하면 걸으실 수 있었어요. 그야말로 앉았다가 일어났다가 하시며 걸었어요. 그날 왕십리에서 응봉동 고개를 넘어 한강까지 가서 밤을 꼬박 새워 줄을 섰습니다. 이튿날 아침 나룻배를 타려고요.

다행히 나룻배에 가족 모두가 올랐는데 아버지가 몸을 못 가누어 배가 흔들렸어요. 뱃사공이 배가 뒤집힌다며 내리라는 겁니다. 할 수 없이 다 내릴 수밖에 없었어요. 그래서 다시 아버지를 모시고 왕십리 집으로 돌아왔는데 며칠 안 돼 붉은 완장 찬 사람들이 아버지를 잡으러 찾아왔어요. 아버지가 빨갱이를 욕한 신문 기고문을 스크랩까지 했더군요. 아버지가 몸조차 못 가누시는 것을 보고, 데려갈 가치가 없다고 판단했던지 9·28 서울수복 전까지 4번이나 찾아왔지만 안 잡아갔어요. 이름난 작가들은 다 잡아갔는데 잡아갈 가치가 없었던 것이죠. 말씀도 헛소리를 가끔 하실 때니까 안 잡아간 것이죠. 그래서 6·25를 서울서 났습니다.

—만약 나룻배를 타고 한강을 건넜다면 어땠을까요.

"건넜어도 막막했을 겁니다. 2km 남짓한 왕십리~응봉동까지 걷는데도 오후 내내 걸렸으니까요. 피란을 제대로 못 갔을 겁니다. 여담이지만, 우리 집에 왔던 인민군들은 점잖고 착했어요. 험한 얘기도 안 하고 아버지를 곁에서 지켜보기만 하다가 갔어요."

서울수복 이후 10월 말부터 북에서 내려온 피란민 수가 늘더니 11월이 되면서 더욱 증가했다고 한다. 그즈음 후퇴했던 북한 인민군이 다시 내려온다는 소문이 돌기 시작했다. 동인의 아내 김경애도 이번에는 일찌감치 피란 준비를 했다. 남편을 태울 리어카를 구하려 백방으로 뛰어다녔다.

"어머니는 매일 아침 나갔다가 저녁때가 되어 힘없이 돌아오는 일을 반복했어요. 그러나 결국 리어카를 못 구하셨어요. 12월 초가 되면서 아버지 병세는 더욱 악화됐어요. 음식을 입에 넣어 드리면 씹어 삼키거나 마셨는데 그즈음에는 반 이상 흘리시면서 몸이 바짝 말라 가고 가래 양도 증가하기 시작했어요. 등을 벽에 기대고 앉아 있는 것도 불가능해졌어요."

—병원에는 가 보았나요.

"나중 어머니에게 물어보니 세브란스병원에 모시고 가셨다고 해요. 그런데 의사가 '뇌에 무슨 문제가 있기는 한데 무엇인지 모르겠고 치료방법도 모르겠다'는 겁니다. 그 후 침을 여러 번 맞아 보았으나 아무런 차도가 없이 악화됐다는 겁니다. 그 당시 의료 수준으론 어쩔 수 없었다고 봅니다."

12월 말 왕십리집 뜰의 언 땅을 파고 동인의 원고뭉치와 고급 소장품, 그릇 따위를 파묻었다. 김 교수는 "누님이 언 땅을 깊이 팔 수도 없었다. 흙더미로 덮어 놓았다는 표현이 맞을 것 같다"고 했다.

동인의 몸은 더욱 나빠졌다. 움직임이 거의 없어지고 가래 섞인 숨소리는 점점 약해져 갔으며 고열 상태였다고 한다.

"어머니 생각에, 6·25 때는 어찌어찌해서 서울에서 살아남을 수 있었지만 이번에는 다를 것이라 느끼셨나 봐요. 어머니는 결단을 내리셨어요. 온 가족이 남아 인민군 손에 모두 죽을 바에야 아버지를 집에 두고 피란을 떠나자고…."

1951년 1월 3일의 일이다. 김 교수는 이 대목에서 숨을 가다듬었다.

"어머니(2008년 5월 15일 사망)는 아버지의 임종을 지키지 못했다는 죄책감에 가능하면 아버지 이야기를 하지 않으려고 하셨어요. 그것은 결코 어머니의 잘못이 아닙니다. 자식들을 안전한 곳으로 피신시켜 놓고 몇 시간 후에 돌아와 남편의 임종을 지키려고 잠시 떠난 것이 계획대로 안 됐을 뿐입니다. 심사숙고 끝에 내린 결단이었지만 그때 상황이 어머니에게는 끝까지 멍에로 남아 있었어요."

―당시 상황을 좀 더 구체적으로 설명해 주세요.

"강 건너 흑석동에 누님(玉煥)이 출가해 사셨어요. 어머니 생각에 누님도 피란을 떠나 빈집일 것이고 우리가 그 집에 가 있으면 누구인지 모를 터이니 목숨은 건질 수 있다고 판단하셨다고 봅니다. 그리고 자식들을 두고 어머니는 다시 왕십리 집으로 돌아가 아버지 임종을 지킬 생각이었던 것이죠.

소설가 김동인의 장남
김광명 교수

　어머니 생각에 하루 이틀만 더 버티면 아버지가 임종할 것 같았어요. 그래서 임종하시는 걸 보고 피란 가려고 왕십리 집에서 버티셨거든요. 제가 의사가 되고 보니, 아버지가 그런 몸 상태로 며칠을 못 사셨을 겁니다. 저는 어머니 판단이 옳았구나 하는 생각이 들더라고요. 상황이 급박히 돌아가고 이웃들도 피란을 떠나 동네가 텅 비게 되자 1월 3일 피란을 결행한 겁니다."
　그러나 김 교수는 "당시 피란 상황이 흑석동에 갈 수도 없었고, 어머니 혼자 왕십리 집으로 되돌아갈 수도 없었다"고 했다.
　"신당동, 약수동을 거쳐 한남동 쪽을 향하다 보니 피란민 수가 상당히 많았어요. 길 양쪽으로 국군이 새끼줄을 쳐 놓아 새끼줄을 넘어 흑석동으로 갈 수도 없었고 밀려드는 인파 탓에 뒤돌아 서울로 되돌아갈 수 있는 상황도 안 됐어요. 그렇게 새끼줄 안으로 걸어 첫날 도착한 곳이 경기도 수원이었습니다. 우리는 국군과 인민군 사이에서 떠밀려간 것이었어요.
　저는 배낭에다 설탕 한 봉지랑 은수저 20벌을 넣고 걸었는데, 가다가 눈에다 설탕을 뿌려 먹었던 기억이 납니다. 그렇게 오산까지 갔는데 저녁밥을 해 먹고 피란민 사이를 돌아다니니까 '오늘 밤 오산을 잇는 강다리가 끊어진다'고 해요. 그래서 그날 밤 다리를 건너 천안까지 갔어요. 우리는 흑석동에서 숨어 살 생각에 피란 살림을 거의 챙기지 못해 수저 외에는 밥을 해 먹을 준비가 전혀 안 됐어요. 거처할 방이나 식기까지도 주인집 신세를 져야 했습니다. 어느 집 행랑에서 며칠 지내는데 집 주인이 다음해 농사지으려고 말려 놓은 건옥수수를 제가 구워 먹었어요. 집 주인이 화를 내자 어머니가 옷감을 주어 무마했어요. 다른 집에 가서는 동치미를 훔쳐 먹기도 했어요."

어느 날 어머니가 "온양에 피란민 수용소가 생겼으니 그리로 가자"고 했다고 한다. 온양의 초등학교 근처에 천막이 약 20동(棟) 있었는데 광명씨 가족은 그 중 한 칸에 입주해 어렵사리 배급을 받을 수 있게 됐다.

"국군들이 피란민 신원을 조사하는 과정에서 아버지 이름이 나오고 어머니도 신분증을 제시하면서 형편이 달라지기 시작했어요. 전쟁 전 어머니는 '대한부인회 서울 성동지부 회장'이셨거든요. 국군이 어머니에게 '고아원을 해 보라'고 권해 천막 한 동을 불하받았습니다."

1951년 8월 초순, 어머니가 광명씨에게 서울에 갔다 오자고 했다. 두 사람은 무턱대고 온양에서 기차를 탔다. 기차 안은 대부분 군인들이었고 민간인은 극소수에 불과했다. 한참을 달리더니 기차가 멈춰 섰고 어머니는 의자 밑에 어린 광명씨를 숨겼다. 어머니는 도강증이 있었지만 그는 없었던 것이다. 당시 서울은 국군에 의해 재탈환됐으나 민간인 출입이 엄격히 통제되고 있었다고 한다.

"서울역에서 내려 걸어 왕십리 집으로 갔어요. 집에 도착하니 아버지 방이 텅 비어 있었어요. 집 안을 다 돌아다녀 봐도 아버지 흔적은 없었고요. 아버지 원고뭉치나 그릇 등을 숨겨 놓은 구덩이엔 물이 고여 있었고 누가 가져갔는지 아무 것도 없었습니다. 뜰엔 잡초가 어찌나 무성했던지요. 집 문짝도 없었어요.

아버지는 전혀 거동을 못하셨으니 누가 아버지를 피란시켰다고 생각할 수도 없었어요. 아버지는 집에서 약 20m 떨어진 밭고랑에 잠옷 입은 채로 계셨어요. 몸이 상당히 부패해 있어 형체를 알아볼 수 없었고 아버지가 잠옷 위에 입으셨던 가운으로 시신을 확인할 수 있었습니다."

김 교수는 "한동안 망연자실해 있던 어머니는 어디서 삽을 구해 와서 밭의 흙을 파서 아버지의 시신을 덮었다"고 기억했다. 시대의 천재를 자부했던 아버지, 오만한 문명(文名)을 세상에 떨쳤던 아버지의 비극적 죽음을 확인한 순간이었다.

"온양으로 다시 돌아온 어머니는 군 당국에다 '더 이상 고아원을 하지 않겠다'며 온 식구를 서울로 데려갔어요. 그때가 9월 중순경입니다. 두 번을 갈아탄 군인 부식 수송차량은 우리 가족을 덕소 근처의 수심이 얕은 한강 남쪽에 내려놓았습니다. 밤에는 숲속에 숨어 있다가 날이 밝자 걸어서 한강을 건너 왕십리 집으로 돌아왔어요."

그해 11월 하순경. 집 앞에 빨간색, 초록색으로 단장한 차가 서 있는 것을 보고 어린 광명씨는 무척 놀랐다고 한다. 차 안에는 어머니와 누나가 앉아 있는데 그도 타고 싶었지만 어머니가 못 타게 해서 야속한 생각이 들었다.

"그 차에 아버지 유해를 홍제동 화장터로 모셨던 겁니다. 저는 그 사실을 나중에 알았어요. 어머니 말씀이, 화장터에 도착해 보니 전방에서 온 군인 사체가 하도 많아 민간인을 화장해 줄 수 없다며 그냥 가라고 윽박질렀다는 겁니다. 할 수 없이 군인 사체 20여 구와 아버지 유해를 같이 화장했다고 합니다. 이렇게 누구의 뼈인지도 모를 유골 일부를 받아 어머니는 한강에 아버지를 뿌렸습니다."

김동인의 후배 문인 정비석(鄭飛石·1911~1991)이 1962년 12월호 ≪현대문학≫지에 <동인선생회고기>를 쓴 일이 있다(≪월간조선≫ 2012년 4월호 참조). 이 글을 읽다 보면 정비석이 마치 동인의 시신을 직접 목도한 것처럼 표현한 대목이 나온다.

> (1952년 1월초 정비석이 김동인의) 안방에 들어갔더니, 노인 한 분이 누워 있었다. 안경 쓰고 수염은 덥수룩하고 홑이불 덮고 있어서 김동인인지 몰랐다. 앉아서 가만히 내려다보니 그였다. 놀라서 코밑에 손을 대니 온기가 없었고 손으로 일으켜 세우려 하니 장작개비처럼 뻣뻣했다. 죽은 지가 족히 1년은 됐을 텐데 죽은 지 얼마 안 된 것처럼 느껴졌다. (후략)

김 교수는 "정비석씨가 왜 그런 '소설'을 썼을까 화가 나고 섭섭하다"고 했다.

"그분은 아버지의 장례식을 치른 이후 1~2년인가 후에 처음 우리집에 오셨어요. 왜 그런 '소설'을 썼을까 화가 나고 섭섭했습니다. 다만 어머니는 1952년 봄인가, 외삼촌이 계신 부산에 가서서 당시 피란 와 있던 백철, 주요한씨 등과 함께 정비석씨를 만난 적은 있다고 합니다. 그때 아버지의 임종을 그분들에게 말씀하셨는데 (정비석씨가) 그 얘기를 마치 자기가 본 것처럼 엉뚱한 소리를 하셨어요. 바로잡아 주세요."

―어머니께서 특히 마음이 편치 않았겠네요.
"생전 어머니는 여러 번 인터뷰 요청을 받았지만 대부분 거절하셨고 그때 상황에 대해 절대로 함구하셨습니다. 상황을 설명하고 당당하게 말씀하시라 권해 보았지만 '그런 상황을 직접 겪어 보지 못한 사람은 이해를 못한다. 아마 너희들도 내 심정을 완전히 이해할 수 없을 것'이라고 하시면서 끝내 멍에를 안고 가셨어요. 그 결과 추측성 문헌이 많이 생겼어요."

―6・25 이후 어머니는 생계를 어떻게 꾸렸나요.

"시장에서 호떡장사도 하시고 나중에는 외삼촌이랑 동대문에서 냉면장사도 하셨어요. 그 다음에는 군인 하숙을 쳤어요. 왕십리 집은 개축하기 전 방이 4개였는데 우리 식구는 한 방에 모여 살고 나머지 방 3개와 광을 방으로 고쳐서 세(貰)를 놨어요. 그리고 1982년까지 아버지 작품에 대한 인세(印稅)로 학비를 마련할 수 있었어요."

―의대에 진학한 특별한 이유라도 있습니까?

"학교 다닐 때 도시락 못 싼 기억이 많아요. 당시 경복고에는 문과 4개 반, 이과 5개 반이 있었는데 처음엔 문과반을 택했어요. 어느 날 선생님께서 저를 부르시더니 이렇게 묻는 겁니다. '너, 선생님 존경하느냐'고요. 솔직히 아니라고 말했습니다. 선생님께서 '내가 봐도 그렇게 보인다. 그런데 왜 문과에 가니. 가봐야 선생밖에 더 하겠느냐. 너희 아버지는 그래도 돈이 모자라지 않았는데 너는 겨우 학비를 내는 형편이지 않느냐'고 해요. 집에 돌아와 곰곰이 생각해 보니 선생님 말씀이 맞아요. 그래서 이과에 진학했죠.

아버지도 처음 일본 동경에 유학가실 때 변호사와 의사가 될 꿈을 꾸셨다고 합니다. 아버지의 꿈을 제가 이룬 것이라 생각해요. 문학의 꿈은 누구나 조금씩 꾸면서 살잖아요. 그러나 문학 근처에 괜히 얼쩡거렸다가는 아버지를 망신시킨다고 생각했어요."

―몇 년 전 '민족문제연구소'에서 김동인을 친일 작가로 규정한 일이 있지요.

"아버지가 황군위문단에 들어 만주에 가고 일제의 조선문인보국회에 가담했다는 기록이 있지만 징용을 면하려는 목적이었다고 봅니다. 또 황국위문단에 다녀온 보고서를 쓰라는 독촉을 받고도 '문자 상실증'에 걸렸다거나 '기억나는 것도 없고, 혼절했다'는 식으로 피했다고 봅니다. 일제 말엽 아버지가 정신착란 증세를 보였다는 설도 결국 친일을 피하려는 칭병(稱病)이었다고 봐요."

―그래서 소송을 제기한 적이 있지요?
"'친일반민족행위 진상규명위원회'라는 국가위원회에서 재심을 한다고 해서 엄상익 변호사를 통해 이의신청을 하고 소(訴)도 넣었어요. 주위에서 엄 변호사 대신 저쪽(민변 쪽을 지칭?)에 (사건을) 주라고 권해요. 그러면 '저희들끼리 우물주물해서 (친일명단에서) 빼 준다'는 겁니다. 저는 그렇게는 못하겠더라고요. 돈 주고 사는 것 같아서….

저는 지금도 아버지의 글을 보면서 친일은 하지 않았다고 생각합니다. 민족문제연구소에서 문제 제기를 한 것은 친일로 볼 수 있는 글 몇 개보다도, 해방 후에 쓴 좌파에 대한 맹렬한 비난 글들이 그들의 비위를 건드렸다고 봅니다. 아버지를 단순히 글 몇 개로 평가하기보다 인생 전체를 봐야 하지 않을까요?"

광명씨는 "앞으로 아버지가 남기신 작품들을 모두 모아 제대로 된 전집을 펴내고 싶다"고 밝혔다.

"아버지는 한국문단의 역사로 남아 있습니다. 당신은 항상 우리말과 민족을 사랑하셨고 우리말로 소설을 쓰는 소설가라는 자부심으로 평생을 살다 가신 분이셨습니다. 그 아버지의 아들이란 것이 자랑스럽습니다. 그래서 아버지 흔적이 남은 왕십리 집터를 아직도 못 떠나고 있어요."

〈동백꽃〉의 김유정 후손들

(이상이 김유정에게) "같이 죽어 버립시다"

"스물아홉 꽃다운 나이에 숨진 소설가 김유정(金裕貞·1908~1937)은 1930년대 한국 문단에 독특한 작가였다. 이태준, 정지용, 김기림, 이상, 박태원 등이 참여한 문학동인 구인회(九人會)의 후기(後期) 동인으로 참여하며 인상 깊은 작품을 남겼다. 모더니즘에 바탕 둔 구인회 작가들과 달리 토속적인 한국인, 가난하고 무력한 인간에 대한 이해

소설가 김유정.

와 해학을 담은 작품이 다수였다. 대표작으로 꼽히는 〈동백꽃〉〈봄봄〉〈만무방〉〈금(金)따는 콩밭〉과 1935년 《조선일보》 신춘문예 당선작인 〈소낙비〉, 같은 해 《조선중앙일보》 당선작인 〈노다지〉 등이 있다.

집안의 몰락과 실연(失戀)을 겪은 김유정은 만성적인 늑막염과 치질, 폐결핵으로 괴로워했으나 생의 마지막 안간힘으로 소설을 썼다. 정신적 육체적 비극이 오히려 창작의 불씨가 됐다고 할까. 서울 변두리 셋방과 경기도 하남(당시의 행정구역은 광주군 중부면 상산곡리 100번지)의 다섯째 누이 집을 오가며 소설에 매달렸다.

김유정은 죽기 직전 친구 안회남(安懷南)에게 이런 편지를 썼다. 당시 치질과 결핵으로 사경을 헤맬 때다.

… 나는 참말로 일어나고 싶다. 지금 나는 병마와 최후의 담판이다. 내가 돈 백 원을 만들어 볼 작정이다. (중략) 탐정소설을 번역해 보고 싶다. 그 외에는 다른 길이 없다. 네가 보던 책 중 아주 대중화되고 흥미 있는 걸로 두어 권 보내 주기 바란다. 그러면 내 50일 이내로 역하여, 너의 손으로 가게 하여 주마. 그 돈이 되면 우선 닭을 30마리 고아 먹겠다. 그리고 땅꾼을 들여 살모사, 구렁이를 십여 뭇 먹어 보겠다.

이 편지는 1937년 3월 18일 부쳐졌으나 11일 뒤 경기 하남의 누이 집에서 병사하고 만다. 사인은 폐결핵. 김유정의 조카 김영수(金永壽·1914~2002)가 삼촌의 시신을 화장해 한강에다 뿌렸다고 한다.

2남 6녀의 일곱째인 김유정은 맏형 유근(金裕近·1893~?)의 아들 영수와 무척 가까웠다. 여섯 살 아래인 조카 영수는 삼촌을 "마치 신(神)처럼 극진하게 대했다"고 한다. 두 사람은 김유정의 고향이자 생가가 있는 강원도 춘천시 신동면에서 함께 야학을 하기도 했다. 생전에 조카는 김유정을 "슬프고

23살 무렵의 김유정(왼쪽). 가운데가 둘째 누나 김유영, 오른쪽이 조카 김영수.

괴로웠을망정 누구보다 깨끗한 생애를 살다 갔다"고 평했다. 무엇이 김유정을 슬프고 괴롭게 했을까.

기자는 김유정의 생가가 있는 강원도 춘천을 찾아갔다. 그곳에서 조카 김영수의 아들 진웅(金辰雄·76)씨를 만났다. 요절한 김유정은 아내도 자식도 없다. 진웅씨는 작은할아버지인 김유정을 기억하며 집안 이야기를 들려주었다.

김유정의 고향인 강원도 춘천 신동면 증리, 속칭 실레마을의 1960년대 정경. 멀리 보이는 산이 금병산이다. 김유정은 훗날 실레마을에서 야학당을 열었는데 나중 금병의숙으로 이름이 바뀌었다.

강원도 춘천 신동면 김유정 생가.

김유정은 춘천의 부잣집 둘째아들이자 2남 6녀의 일곱째로 태어났다. 출생지가 서울이냐 춘천이냐를 두고 논란이 있지만 서울(종로구 운니동. 속칭 진골)과 춘천(신동면 증리 417번지)을 오가며 유년을 보낸 것으로 추정한다. 김진웅씨의 말이다.

"아버지(김영수)의 회고에 따르면, 작은할아버지 김유정은 춘천에서 나셨다고 합니다. 물론 서울에 아흔아홉 칸이나 되는 집이 있으니 춘천과 서울, 두 패로 왕래하며 지냈을 거라고 생각돼요. 아버지와 고모(金珍壽·1920~2013) 모두 춘천에서 나셨어요. 집안은 소위 천석집안의 지주였어요. 제 할아버지(김유근) 다음으로 딸을 연거푸 다섯을 낳은 뒤에 태어난 유정 어른을 온 집안 식구들이 애지중지 키웠다고 합니다.

운니동에서 살다가 관철동, 동대문 밖 숭인동에서도 사셨는데, 유정 어른이 살던 숭인동 집 동편은 손병희(孫秉熙) 선생의 저택인 '상춘원'이었고, 남서편은 박영효(朴泳孝)의 저택이었다고 해요. 이 세 집이 나란히 마주보고 있었는데 모두 아흔아홉 칸이라더군요."

"방탕했던 형 유근"

김유정이 주소를 여기저기 옮겨 다닌 것은 그의 부모가 일찍 사망한 뒤 유산을 물려받은 형 유근이 주색에 빠져 재산을 탕진했기 때문이라고 한다. 유정의 나이 일곱 살 때 어머니 청송 심씨, 아홉 살 때 아버지 김춘식(金春植·1873~1916)이 각각 사망했다.

김유정 선생의 종손자
진웅씨와 아내 손기순씨.

부모가 살아 있을 때부터 방탕했던 형 유근은 이후 대놓고 난봉을 피웠다고 한다. 조실부모의 상실감과 형의 음주벽이 김유정의 성격을 내성적으로 만들었는지 모른다. 김진웅씨의 말이다.

"할아버지가 그 많은 재산을 다 술로 탕진했다고 하는데, 전부는 아닙니다. 당시 일제가 재산을 뜯어먹고, 독립군 쪽에서도 손을 내밀던 시절 아닙니까. 할아버지는 양쪽으로 고통을 당하셨다고 해요. 또, 몰래 독립군 자금을 대려면 흥청망청 돈쓰는 시늉을 해야 일제가 의심을 안 했을 것 아닙니까. 물론 할아버지의 당시 행적을 실증할 순 없지만 우리 문중(靑風金氏)에서는 그렇게 판단합니다."

형의 낭비로 집을 서울 숭인동에서 관훈동, 청진동으로 옮기더니 살림도 아흔아홉 칸 집에서 삼십 칸으로 줄어들었고 결국 파산하고 말았다. 유정의 형은 1928년 춘천으로 낙향할 수밖에 없었다. 유정과 조카 영수는 삼촌 김정식(金正植)의 집에 맡겨졌다.

휘문고보 2학년 무렵의
김유정.

"아버지(김영수) 회고에 따르면, 할아버지가 주야로 음주하는 가운데서 취담일지언정 '우리 유정이~' 하면서 조실부모한 그를 측은히 여겼다고 합니다. 어리나 점잖고 재주 있는 것을 자랑했고요. 아무리 가족을 들볶아도 그분만은 털끝 하나 건들지 않았다고 합니다. 동생이 원하는 것이 있으면 동생 입에서 말이 떨어지기 무섭게 운동기구나 책, 옷, 영화표를 사 주고, 거역하는 일이 없었대요."

김유정의 가장 가까운 벗이자 휘문고보 동창이던 안회남은 중편소설 <겸허-김유정전(傳)>을 통해 실명(實名)으로 유정의 형을 파락호(破落戶)라 묘사한다.

… 그(김유근)의 집에는 유정이 아주머니라고 부르는 여인네가 수없이 많은 것 같아, 나는 그의 형수인 '정말 아주머니'를 알아내기까지 사실 오래 걸렸다. (중략) 경향 각지의 딴 곳에도 첩이 있었는지 그것은 내 알지 못했고, 또 알아 무 삼하리오 마는, 하여간 이 한 집안에도 그 외 백씨의 요샛말로 제이부인 제삼부

인이 득실득실했었다. 한때는 돈을 끼얹다시피 하고, 취하여 십 원짜리 따위로 코를 풀어 버리면 옆에서 시중을 들고 섰던 기생들이 집어넣고, 집어넣고 했다는 소문까지 있는데… (이하 생략)

— ≪文章≫, 1939년 11월호

안회남은 개화기 지식인이자 신소설 ≪금수회의록≫을 쓴 안국선(安國善)의 외아들이다. 안회남도 소설을 썼는데, 김유정보다 앞선 1931년 ≪조선일보≫ 신춘문예에 ≪발(髮)≫이 입선하면서 문단에 나왔다. 안회남의 소설 속 김유근의 모습이 사실인지 알 수 없지만, 관찰자 입장에서 형과 동생을 상당히 대조적인 인물로 보았을 것으로 추측된다. 김유근의 친손자인 진웅씨는 조심스럽게 말했다.

"조선 현종(顯宗)의 장인 청풍부원군의 후손이 되다 보니 재산을 많이 하사받아 부자가 됐는데 그 시절엔, 있는 집에서 첩 두셋 두는 걸, 흉으로 안 봤잖아요. 작은할머니가 들어와서 행패를 부리고 자기가 큰마님 노릇을 하다 보니, 싸움이 나서…."

곁에 있던 진웅씨의 아내인 손기순(孫基順·71)씨의 말이다.

"시할아버님이 서울 성북구 고려대학교 근처의 개운사도 지어 기증했고 옛날엔 그분 이름이 절 문설주에 새겨져 있었는데 6·25 때 총탄에 '유' 자가 지워졌다고 합니다. 안회남이 집안 사정을 잘 모르고 썼을 겁니다. 가끔 집에 오다가다 봤던 것이지 실제 집안내용은 모르는 것이죠."

곁에 있던 진웅씨는 "소설을 소설로만 봐야 하는데, 그걸 진실로 바라보니 안타깝다. 다 지난 일을 이제 와 밝힐 수도 없고… 문중에서도 얘기가 있지만…"이라고 말했다.

—할아버지 김유근은 이후 어떻게 됐나요.

"제가 어렸을 때 군속이셨던 아버지를 따라 강릉에 살았는데 할아버지가 한번 찾아오셨던 걸로 기억합니다. 집안이 망한 뒤 할아버지는 혼자 떠돌이 생활을 하시다가 6·25 사변 때 소식이 끊겼어요. 제가 1980년대에 사망신고를 했고요.

저는 이런 생각을 해요. 작은할아버지(김유정)가 안 태어나신 게 본인에겐 더 좋지 않았을까 하고 말이죠. 그렇게 상속을 많이 받았는데, 왜 할아버지는 동생 몫으로 재산을 남겨주지 않았을까요? 물론 그 시절엔 장남에게 (재산을) 다 줬었잖아요."

김유정의 누이들은 어떻게 살았을까. 유정보다 나이가 많은 5명의 누이들은 요절하거나 불행한 삶을 산 이가 많다고 전한다. 시집갈 당시 돈을 요구하는 사돈들 때문에 각각 연수(年收) 300석씩 나누어 주었다는 증언도 있다. 익명을 요구한 한 집안 관계자의 말이다.

"유정의 첫째 누이(김유달)는 김치에 깨소금을 넣었다고 하여 시집에서 쫓겨나 일찍 사망했다고 합니다. 둘째 누이(김유형)는 아이를 못 낳아 소박을 맞고, 혼자 피복 공장에 다녔는데 서울 동작동에서 살았다고 합니다. 그러다 정인이 생겼는데 그 정인이 처가의 돈을 탐냈다고 해요. 넷째 누이(김유관)는 정승댁 집안으로 시집갔는데, '재산을 떼어 오라'는 시모(媤母)의 구박을 받다가 병들어 친정에서 죽었다고 전합니다. 오빠 김유근이 병든 넷째 동생이 불쌍해 등에 업고 마당을 서성였다고 해요. 다섯째 누이(김유홍)는 시골(경기 하남)로 시집가서 고생을 한다고 하여 김유근이 가슴 아파했다고 합니다.

인물이 좋고 똑똑했던 유정의 또 다른 누이동생은 숙명학교 재학 중 그녀에 대한 이야기가 신문에 실리자, 남학생들이 편지를 보내고 집까지 따라다녀 김유근이 꾸중을 했더니 그때부터 말을 하지 않더라는 겁니다. 이후 강제로 머리를 깎여 우물에 빠져 죽었다는 이야기, 나중 수녀가 되었다는 이야기도 있어요."

운명 같은 사랑, 그리고 비극

1929년 휘문고보를 졸업하고 그해 4월 연희전문 문과에 입학한 가을 어느 날, 김유정에게 운명 같은 일이 벌어졌다. 김진웅씨는 유정에 대한 부친의 회고를 들려주었다.

김유정이 비누와 수건을 손에 들고 '목간통집'으로 막 들어가던 참이었다. 그때 저쪽에서 여탕 문이 열리면서 젊은 여인과 눈이 마주쳤다. 스물대여섯 되어 보였던 그 여인은 상기된 얼굴에 머리칼은 아무렇게나 틀어 올리고 있었다. 유정은 한동안 멍하니 그녀를 쳐다보았다. 첫눈에 반한 것이다.

그 다음 날에도 '목간통집' 근처를 서성대다 그녀를 발견하고 뒤를 밟았다. 그녀가 바로 기생 박록주(朴綠珠·1905~1976)다. 박록주는 동편제 '흥보가'의 인간문화재. 열두 살 때 박기홍(朴基洪)에게 판소리의 기본을 배운 뒤 1926년 11월 10일 일동축음기주식회사가 조선극장에서 개최한 명창대회를 시작으로 1969년 10월 15일 명동국립극장에서 은퇴 공연까지 수많은 판소리와 창극을 공연한 인물이다(참고 《한국향토문화전자대전》). 김진웅씨의 말이다.

"아버지의 회고에 따르면, 유정 어른의 구애는 일방적인 것이었다고 합니다. 훗날 유정 어른도 자신의 문장이 아름다워진 것은 이때(실연)의 영향이었다고 가끔 말씀하셨다고 합니다. 그러나 유정 어른의 술은 이때부터 시작됐다고 해요. 그녀를 만나기 위해 술을 마셔야 했고, 가만히 그냥 있을 수 없어 술을 더 먹어야 했다는 겁니다."

박록주에 대한 사랑과 실연이 술을 탐닉하게 만들었고 결국 폐결핵으로

강원도 춘천 김유정문학촌 한쪽에 있는 명창 박록주의 젊은 시절 모습.
김유정은 그녀를 일방적으로 구애했으나 사랑이 이뤄지진 못했다.

이어졌을 것으로 추측된다. 김진웅씨의 아내 손씨의 말이다.

"언젠가 청풍김씨 문중에서 영혼 혼례식을 올려 두 분 사이에 연을 맺으려 한 적이 있어요. 제가 반대했어요. 그 분(박록주)은 결혼해서 자식과 남편이 있는데 유정 어른과 맺어질 수 있나요? 기분이 상하더라고요. 박록주는 결혼을 두세 번 했던 사람입니다. 어떻게 총각하고 과부하고…."

1부 문인의 유산들 75

그때 좀 유정 어른에게 따뜻하게 대했더라면 더 오래 사셨을지 모르잖아요."

―더 사셨을지는 몰라도 김유정 선생은 더 이상 소설을 못 썼을 겁니다.
"맞아요. 그럼 문학이 안 됐을 거예요. 따뜻하게 받아 줬더라면 유정 어른이 방탕하지도, 일찍 돌아가시지도 않았을 거라 생각했는데 말씀 듣고 보니, 문학이 안 됐을 수도 있었겠네요."
곁에 있던 진웅씨가 말했다.
"야멸차게 잘 보내셨어요. (사귀셨다면) 이 글도 안 나왔을 겁니다."
요절한 김유정은 결혼도, 자식도 없다는 것이 정설이다. 그런데 당시 사회 분위기로 보면 스물아홉까지 결혼하지 않은 것은 흔한 일이 아니다. 집안이 몰락하기 전까지 천석 갑부였음을 감안하면, 사방에서 사윗감으로 탐을 냈을 것이다.

한국 신문삽화(挿畫)의 선구자이자 《조선일보》 학예부장 출신의 안석주(安碩柱) 선생은 김유정을 일컬어 '문인 중에 제일의 미남자였고 나중에는 폐가했을망정, 그래도 명문이요 거부의 대갓집 도련님이었으며, 후에는 문명(文名)을 날린 재인이기도 한데, 무슨 때문에 일생을 통해 그의 연애가 그렇게 비참하게만 마쳤는지 모를 일'이라고 썼다.

손씨의 말이다.
"집안끼리 얘기해서, 유정 어른과 연안김씨 집안의 한 여성이 혼인을 맺었다고 들었어요. 저는 그 여성 집안과 가까운 분에게 들은 얘기입니다. 정식 혼례인지는 모르나 유정 어른이 첫날밤도 안 보내고 여성을 돌려보냈다고 합니다. 왜 그랬을까요?

전해 오는 얘기로는 '내 몸이 병들고 능력이 없는데, 남의 처녀를 망칠 수 없다'고 거절했다고 합니다. 당시도 몸이 안 좋으셨나 봅니다.

―연안김씨 그 여성은 훗날 어떻게 됐다고 합니까.

"그분도 흠이 생긴 거잖아요. 정식 혼례든 아니든, 한번 소박맞은 여성이 시집가기 쉬웠겠어요? 그러니 그쪽 집안이 청풍김씨 집안을 아주 안 좋게 생각했답니다. 그런데 유정 어른의 마음은 그게 아니었던 거죠. 그 여성을 불행하게 만들기 싫으셨던 겁니다."

안회남의 <겸허>에는 이런 문장도 들어 있다.

> … 유정이 총각으로만 있다가 죽은 줄 알았는데 나중에 그가 결혼했다는 것이 발견되었다. 나도 까맣게 모르고 있다가, 그가 작고한 후에야 영수 군에게서 들어 알았다. 그러면 어째서 유정이 나에게까지 그것을 감추었는지 내가 결혼한 날의 유정 일기를 보면, 그는 나를 퍽 행복스러운 사람이라고 말한 후, 자기는 도저히 그런 행복을 꿈꿀 수 없다고 하고,
>
> '나는 영원히 결혼하지 않으리라. 나는 문학과 함께 살련다. 그것이 나의 애인이요, 아내다.'
>
> 이러한 의미의 것을 적어 놓았는데 한 여자와 연애 없이 결혼한 것을 그는 부끄러이 생각하여 나에게 알리지 않았던 게 아닌가 추측된다. …
>
> ― 《文章》 1939년 11월호

유정과 휘문고보 동창인 안회남은 유정이 죽자 그의 유고와 연애편지, 일기, 사진, 책들을 모두 맡아서 보관했다고 한다. 심지어 유정이 지니고 다녔던 청송심씨 어머니와 명창 박록주의 사진까지. 그러나 안회남이 월북하면서 유정의 흔적은 사라져 버렸다. 김진웅씨의 말이다.

"아버지(김영수)가 작은할아버지의 유품을 보따리로 가득 싸서 안회남 선생에게 전달했다고 합니다. 안 선생이 소설을 쓰는 분이니 그분을 통해 유작

이 나올 거라 생각하셨던 모양이에요. 지금 생각하면 너무 안타까워요. 그래, 월북하면서 (무슨 정신에) 유정 어른의 유고까지 챙겨 갔겠어요?"

가장이던 형의 몰락으로 김유정은 누이의 손을 빌려야 했다. 숙식은 물론 담뱃값까지 누이의 눈치를 볼 수밖에 없었다. 당시 연희전문을 중퇴하고 다시 경성 보성학교에 입학했지만 역시 그만두고 말았다. 수중에 한 푼도 없었을뿐더러, 치질과 늑막염을 앓고 있었기 때문이었다. 진웅씨의 말이다.

"아버지가 쓰신 <김유정의 생애>라는 글에 따르면, 유정 어른이 점점 곤궁에 빠져 몸이 쇠약해져 갔고 병원(서울시청 위생진단)에서 폐결핵을 진단받자 모든 일을 슬프게 여겼다고 합니다. 당시 둘째 누이 집에서 살 때였는데 매형 정씨가 누이를 들볶곤 했다고 합니다. 누이 내외와 한방을 쓰던 유정 어른도 상당히 곤욕스러웠을 거예요. 그래서 그는 무슨 핑계를 대서라도 정씨와의 겸상을 피했고, 그런 과정을 겪으며 <소낙비>를 썼습니다."

김유정의 최후

단편 <소낙비>는 1935년 1월 ≪조선일보≫ 신춘문예 당선작이다. 소설을 쓰느라 도서관에서 달포가량 고생하고 나선 건강이 나빠졌다고 한다. 당선 사례금으로 수중에 돈이 들어와 누이를 돕는 뜻에서 급전을 주고 나니, 약 살 돈이 모자랐다는 것이다. 그러나 드디어 소설가가 됐다는 희망으로 가슴이 벅찼다.

김유정은 문인으로 활동하며 부지런히 원고를 썼으나 돈을 손에 쥐고 나면 약 대신 술을 먹고 말았다. 술을 한 잔 얻어 마시면 한 잔을 사지 않고는 못 배기는 성미였다. 청풍김씨 문중에 따르면, 김유정은 이때부터 자신의 책상 앞 벽에 '겸허(謙虛)'라는 글귀를 죽을 때까지 써 놓았다고 한다. 어떤 의미일까. 김진웅씨의 말이다.

"삼촌과 조카 사이인 유정 어른과 아버지는 여섯 살 차이가 났는데, 아버지는 삼촌을 신같이 생각하셨어요. 아버지 역시 '겸허'란 말을 평생 벽에 붙여 놓고 사셨어요. 어릴 때 저는 '그저 겸손해야 되는구나' 하고 생각했지 그 사연을 묻지 않았죠. 나중 춘천에 김유정문학촌이 생기면서 아버지가 쓰신 '겸허'란 글이 유정 할아버지에게서 나왔다는 사실을 알게 됐어요.

아버지는 유정 어른의 필체까지 닮으려 하셨어요. 아버지가 쓰신 글씨를 보면 유정 어른 글씨와 흡사해요."

기자는 김유정이 마지막을 보냈던 경기도 하남시 중부면 상산곡리를 찾았다. 그곳은 유정의 다섯째 누이가 살던 집으로 당시 별채와 안채가 있었는데 유정이 기거하던 별채는 그가 죽은 뒤 결핵환자가 살았다는 이유로 불태워졌다고 한다. 안채 역시 지금은 흔적이 없는 상태다.

유정의 다섯째 누이 이름은 김유흥(金裕興). 아명(兒名)은 흥선, 호적상 이름은 김복달인데 4남 3녀를 낳았고 1962년 사망했다. 김유정은 바로 손위 누이와 무척 의지하고 살갑게 지냈다고 한다. 김유흥에게는 이런 이야기가 회자한다. '그녀의 큰오빠 김유근이 서예·사군자·문인화 선생을 집에 모셔다가 글과 그림을 누이동생들에게 가르쳤다. 사치스럽게도 전라도에서 구입한 질 좋은 화선지로 그림을 그렸고, 그 덕에 김유흥은 화조(花鳥) 서예를 잘했다'는 것이다.

남편 유세준(兪世濬)은 처남 유정의 병환이 깊어지자 직접 그를 들쳐 업고 서울에서 하남까지 데려온 인물이다. 과수원(주로 배)을 하던 그는 해방 직후 장티푸스로 병사했다고 한다.

기자는 하남 하산곡동 '도예인의 집'에서 유세준의 아들 인근(兪人根·74)씨를 만났다. 그는 광주왕실도자기축제와 세계도자기 EXPO, 대한민국 국제미술대전 추천작가로 활동 중인 도예인이다.

"유정 외삼촌은 말년 타계하기 전까지 하남 산골의 우리집에 자주 오셨다고 합니다. 어쩌면 마지막에 오실 때는 돌아가시려고 온 것 같아요. 병환이 깊어지자 닭도 잡고, 뱀도 잡아 고아 드렸다고 해요. 또 누나(유옥근)를 데리고 동네 물레방아 근처로 산책 가곤 하셨다고 전합니다. 방에 들어가시면 오랜 시간 책상 앞에서 무언가를 쓰셨는데 그 방에서 쓰여진 원고는 아버지(유세준)를 통해 서울(신문, 잡지사)로 발송됐다고 해요."

유정의 형 유근도 자주 다섯째 누이가 살던 하남을 곧잘 찾았다고 전한다. 그러나 언제부턴가 발을 절뚝이며 누이집을 찾았다.

"그분(김유근)이 서울 사실 때 마당가에 큰 느티나무가 있었는데 어느 날 까마귀가 날아와 요란하게 울어 개도 따라 짖고 집안이 시끄러웠다고 합니다. 전날 밤 꿈자리도 뒤숭숭해 유근 외삼촌이 까마귀를 쏘려고 육혈포를 들고 나가다 불행하게도 중문(中門) 문지방에 걸려 넘어지면서 총알이 그분의 엄지발가락을 관통, 불구가 됐다고 합니다."

그는 큰외삼촌(김유근)에 대한 일화 한 가지를 더 들려주었다.

"큰외삼촌이 재산탕진을 했다고 하지만 독립자금으로도 많이 내셨다는 이야기를 여러 번 들었습니다. 물론 돈을 물 쓰듯 했다는 얘기도 들었어요. 그분이 춘천으로 낙향한 뒤 어느 날, 장독 파는 장수가 왔는데 큰외삼촌이 무슨 생각에서인지 그 독을 다 깨뜨려 버렸답니다. 그러곤 땅문서 하나를 주었는데 그 후로 소문을 들은 독장수들이 독을 지고 춘천으로 다 몰려들었다고 해요."

이런 얘기도 들었어요. 큰외삼촌이 어느 술집에서 기생과 놀다가, 배가 아파 화장실에서 변(便)을 누는데 밑 닦을 게 마땅치 않았답니다. 마침 노크하는 사람이 있어 급한 김에 지폐로 똥을 닦았다고 해요. 그 일을 기생들에게 얘기하니 처음에는 믿지 않다가 한 기생이 직접 화장실에 가서 지폐를 찾았답니다. 그 후 그분이 그 술집에 나타나면 화장실로 기생들이 뛰어가 변을 뒤졌다고 해요."

―아버지 유세준은 김유정 집안과 어떻게 해서 결혼하게 됐나요.

"큰외삼촌(김유근)이 아버지의 사촌형인 유원준씨와 의형제를 맺고 일본 유학을 보내드렸는데 그 인연으로 집안끼리 혼례를 올리게 됐다고 합니다. 저는 이렇게 생각해요. 병환이 깊은 유정 외삼촌이 우리집에 올 수 있었던 것은 부모님의 헌신도 있었지만, 당시 조부모님의 배려도 잊지 말아야 합니다. 폐결핵 환자를 당신 집에 데려와도 좋다고 허락하셨기에 가능한 일이 아니었을까요?"

하남에는 김유정과 관련, 이런 일화가 전해진다. 가끔 자신의 집 앞에 동네 사람들을 불러 멍석을 깔고 모깃불을 지핀 후 하모니카나 바이올린 연주를 들려주었다는 것이다.

"형님(유좌근) 말로는 형제끼리 외삼촌의 바이올린을 탐냈다고 해요. 그런데 돌아가시면서 바이올린도 없어져 버렸다고 합니다."

김유정의 유품과 함께 바이올린도 함께 태워진 것으로 추정된다.

유인근의 딸 승현(俞承賢·44)씨도 도예가로 활동 중이다. 그녀는 2013년 5월 강원도 춘천 김유정문학촌에서 '봄·봄을 노래하다'라는 전시회를, 2015년 9월에는 춘천 출신의 작가 이구화와 함께 콜라보레이션 전시회를 갖기도 했다. 그녀가 만든 '도자기 종'에다 이구하의 거북 그림이 더해져 인상적인 작품을 만들었다. 두 작가는 2014년 8월에도 김유정문학촌에서 '유정, 꽃으로 오다' 전시회를 함께 열었다.

"할아버지가 살았던 강원 춘천에선 노란꽃을 피우는 생강나무를 동백이라 불렀대요. 소설에 나오는 동백꽃은 바로 노란 생강나무를 의미해요. 소설 <동백꽃> 속 '알싸하다'는 표현이 나오는 것도 생강꽃이기에 가능해요. 2013년 전시회 때는 김유정문학촌 후원자 300여 명 이름을 각각의 '도자기 종'에다 새겨 넣었어요."

유승현씨는 "유명한 <동백꽃>과 <봄봄> 말고도 유정 할아버지 작품 대부분이 봄을 소재로 한다"고 했다. 예를 들어 1935년 쓴 단편 <아내>에는 '봄의 산아, 피었네 피었네,' 1936년작 <따라지>엔 '가지가지 나무에는 성성한 싹이 돋고'라는 구절이 각각 등장한다.

그녀는 시인으로 등단, 유정의 예술혼을 이어받았다. 그녀가 쓴 시 <봄·봄을 노래하다>에 이런 표현이 나온다.

    동백꽃 무르익고/ 찾아오는 발걸음/ 유정을 사유하다// 시대를 풍미하는 글/ 짧고 굵은 천명/ 절절한 음색과 박절// 천재소설가/ 그의 악보를 펼치며/ 하늘을 연주하다.

유승현씨는 "할아버지를 상상하며 자란 꼬마가 전시회를 통해 할아버지와 마주하게 되었다"며 "앞으로 내 시와 도예작품을 나란히 보여주는 전시회를 갖는 게 소원"이라고 말했다.

> 소박스

김유정과 이상

술친구의 기구한 운명運命

김유정과 이상은 '구인회' 동인으로 활동한 사이다. 김유정은 이상과 가깝게 지냈다. 언젠가 이상이 유정의 집을 찾아왔는데, 손바닥만한 도미 한 마리가 손에 들려져 있었다. 두 사람은 도미를 중국집으로 가져가 찜을 해서 먹었다고 한다. 술과 함께. 두 사람은 만나면 술이었다.

몇 푼 안 되는 고료로 으레 술을 마셨고 주머니가 비면 외투를 맡기곤 했는데 김유정은 들뜬 감정을 못 추슬러 늘 앞잡이로 나섰다고 한다.

한번은 김유정이 안회남에게 이런 엽서를 보냈다. '이상이 자살할지 모른다'고. 안회남은 깜짝 놀랐다.

사연인즉, 이상이 유정에게 병문안을 갔는데, 몸져누운 유정의 몰골을 보고 "이 세상 더 살면 뭐 그리 신통하고 뾰족한 게 있겠소 둘이서 같이 죽어 버립시다"라고 말했다는 것이다. 유정이 "싫다"고 하니 이상이 무안해서 돌아갔다.

김유정은 생의 의지를 끝까지 놓으려 하지 않았다. 마지막까지 병마와 사투를 벌일 생각이었다.

안회남이 이상을 만났더니 껄껄 웃으며 "안형! 제가 동경 가서 일곱 가지 외국어를 배워가지고 오리다"며 시커먼 턱수염을 손바닥으로 비비더란 것이다.

결국, 이상을 걱정하던 유정이 먼저 세상을 떠나고 말았다. 그러나 이상도 곧바로 뒤를 밟았다. 유정이 1937년 3월 29일 세상을 떠나자 한 달 뒤인 4월 17일 이상 역시 세상을 떠난 것이다. 두 사람 모두 폐결핵으로.

〈벙어리 삼룡이〉의 나도향 후손들

"1926년 초여름, 게다짝에 거지꼴로 문 두드려"

소설 〈벙어리 삼룡이〉 〈뽕〉 〈물레방아〉를 쓴 나도향(羅稻香)은 1920년대 문단을 불태운 섬광이었으나 찰나의 유성(流星)이 되어 사라진 인물이다. 1902년생인 그는 폐병(폐결핵)으로 1926년 8월 26일 스물다섯 나이로 요절했다. 짧은 생애에 많은 글을 남겼으나, 대표작은 죽기 한두 해 전에 발표했다. 어쩌면, 단 한 번

요절한 소설가 나도향.

의 불꽃이 지금껏 타오르고 있는지 모른다. 2016년은 도향의 서거 90주기가 되는 해다.

　나도향은 결혼을 하지 않아 자식이 없다. 죽기 전 "장가는 저세상에 가서 나 들겠다"고 말했다고 한다. 도향의 집안 내력을 알기 위해서는 조부 나병규(羅丙奎)와 부친 나성연(羅聖淵)의 생애를 살필 필요가 있다.

　서울에서 태어난 도향과 달리, 조부 나병규는 평남 성천(成川) 태생이다. 청년기에 고향을 떠나 방황하다 한의술을 익혀 서울에서 한의원을 차렸다고 한다(1914년 총독부로부터 한의사 자격증에 해당하는 '醫生면허 제45호'를 부여받았다). 도향의 원래 이름은 '경사스런 손자'라는 뜻의 경손(慶孫)이다. '도향(쌀 향기)'은 문우(文友)였던 월탄(月灘) 박종화(朴鍾和)가 지어준 아호다.

　'경손'이란 이름은 조부와 의형제를 맺은 조종대(趙鍾大)가 지었다고 한다. 나씨 집안에 따르면 "조종대의 모친을 나병규가 한의술로 고치면서 의제(義弟)를 맺었다. 독립운동을 하던 조종대의 집안이 몰락하면서 딸 조숙경·조현경을 나병규가 떠맡았다. 두 딸은 도향의 동생들과 한집에서 자랐다"고 한다.

　조종대는 대한독립애국단(大韓獨立愛國團) 단원이었는데 이 단체는 임시정부의 비밀지원 단체였다. 나병규의 한의원이 독립애국단 거점과 다름없었다. 그러나 1920년 1월 일제(日帝)에 발각되면서 여러 단원과 함께 조종대·나병규도 검거되고 만다. 조종대는 5년형을 선고받고 복역 중 1922년 옥사했다. 나병규는 일흔 가까운 나이 때문에 벌금형(100원 刑)을 받았으나 그 역시 1924년 사망했다.

　국가보훈처는 지난 1963년 조종대에게 건국훈장 독립장을 추서했다. 그리고 나병규에게도 1990년 건국훈장 애족장(1963년 대통령표창)을 추서했다.

나도향의 부모. 아버지 나성연(羅聖淵)의 젊은 시절 모습과 어머니 김성녀(金姓女)의 노년 모습.

나병규가 한의사인 반면, 아들 나성연은 양의술(洋醫術)을 배웠다. 나성연은 서울대 의대의 전신인 경성의전(京城醫專)을 졸업하고 동경제대(東京帝大) 의학부 외과(外科)를 나왔다고 한다.

한국 근대 의료인을 연구한 서울대 의대 황상익(黃尙翼) 교수에게 이메일을 보냈더니 이런 답장을 받았다. "나성연은 의학보다는 문학과 철학에 관심이 많았고, 그래서인지 경성의전 졸업 때 성적이 최하위였다. 그래도 졸업 뒤에 개업을 하여 주로 외과 환자를 돌보았다. 아버지 나병규의 사망으로 가세가 기운 1924년 이후 더욱 열심이었다."

그런 배경 때문인지 나도향도 1918년 배재학교를 나와 그해 경성의전에 입학, 1년간 의술을 배웠다. 그러나 나성연이 의학보다 문학에 기울었듯 그 역시 문학으로 나아갔다. 1919년 조부의 장롱에서 돈을 훔쳐 현해탄을 건넜다고 한다. 와세다(早稻田)대에 입학해 문학수업을 받을 생각이었다.

1부 문인의 유산들 87

나씨 집안에 따르면 "도향의 부친 나성연 역시 의사업을 멀리하고 은둔한 채 책을 읽으며 지내 소득이 거의 없었다. 당연히 도향의 학비를 댈 수 없었다"고 한다. 조부 나병규 역시 아들에 이어 손자까지 의술을 멀리한 것이 마뜩지 않았을 것이다. 하나, 실은 독립애국단 사건 영향으로 가세가 기울어 손자 학비를 낼 형편이 못 됐다고 한다. 결국 나도향은 다시 서울로 돌아올 수밖에 없었다.

나병규는 상처한 뒤 후실(金孝實)을 통해 나준영(羅俊英)과 나효순(羅孝順)을 낳았다. 나성연의 동생인 것이다.

흥미롭게도, 나도향보다 7년 늦게 태어난 나준영은 일제강점기, 영화배우로 활동했다는 기록이 있다. 그는 나웅(羅雄)이란 가명을 썼다. '1942년 조선총독부의 후원으로 개최된 제1회 연극경연대회에 화전민을 소재로 한 송영의 <산풍>을 연출해 출품, 연출상을 수상했다'는 사료도 있다. 그러나 광복 직후 좌익 계열로 흘러 1946년 월북, 북한에서 배우로 활약했다고 한다.

그러고 보면, 나도향의 집안 내력에 문학과 예술에 대한 씨앗이 담겨 있다고 봐야 할 것 같다. 기자는 나씨 집안에다 나성연이 언제, 어떻게 사망했는지를 물어보았으나 세월이 흘러서인지 기억하는 이가 없었다.

나도향의 출생… 7남매 중 둘째

나성연은 7남매를 낳았는데 나도향은 그 중 둘째이자 장남이었다. 현재 7남매 모두 사망한 상태다. 후손들은 1년에 한두 차례, 셋째 나조화(羅朝和)의

나도향의 장조카 나결웅씨

아들 결웅(潔雄·서울 송파구 방이동)씨 집에 모여 차례를 지낸다고 한다. 나도향의 장조카인 결웅씨는 이 집안의 장손이다.

먼저 도향의 누나이자 첫째인 나정옥(羅貞玉·1899년생)은 도향보다 세 살이 많았다. 피아니스트로 활동했다는 기록이 남아 있다. ≪동아일보≫ 1921년 7월 5일자 기사를 보면 '조선여자교육회가 주최한 전국 순회강연 첫 막이 서울 종로청년회관에서 열리는데 나정옥이 피아노 독주를 한다'고 적혀 있다. 나씨 집안이 상당히 개화(開化)됐음을 알 수 있다.

그녀는 당시 법관 최진(崔鎭)과 결혼해 5남 2녀를 낳았다. 경성제2변호사회(京城第二辯護士會) 회장을 역임할 정도로 최진은 이토 히로부미(伊藤博文)와 연(緣)이 있었다고 한다. 그러나 최진은 일제의 회유에도 3·1운동의 민족대표 48인 변호를 맡았다. 민족적 성향이 강했다고 볼 수 있다. 6·25사변 때 서울에 남았다가 납치당한 것으로 전해진다. 슬하에 5남 2녀를 두었으나 현재 딸만 생존한 상태다. 나씨 집안은 "나병규가 손녀(나정옥)를 시집보낼 때 경기도 파주에 땅을 사줬다. 사위(최진)가 돈 벌 위인이 아니었기 때문이다. 그리고 실제로 가세가 기울어 땅을 팔아 살림에 보탠 것으로 안다"고 했다.

배우 김진규·최은희가 주연한 신상옥 감독의 <벙어리 삼룡> 포스터.

도향의 동생인 셋째 나조화는 평생 영화 제작과 연극에 종사한 인물이다. 형 도향의 대표작 3편(<물레방아> <뽕> <벙어리 삼룡이>)을 당대 최고 감독인 신상옥(申相玉)이 메가폰을 잡은 것도 나조화가 있어 가능한 일이었는지 모른다.

나조화는 한국 연극계의 산증인 백성희(白星姬·작고)와 1944년 결혼, 외아들 결웅을 낳았다. 백성희 여사는 온몸으로 연기하는 '천(千)의 얼굴'을 지닌 연극배우로 불린다. 생전 전화통화에서 그녀는 기자에게 이렇게 회고했다.

나도향의 첫째 동생의 아내인 연극인 고(故) 백성희(白星姬).

"남편(나조화)은 1968년 사망했습니다. 나는 그이가 돌아가시기 3년 전부터 그와 헤어져 살았어요. 단역짜리 인생인 내게 남편은 너무나 넘치는 대접을 했고, 어리고 철딱서니 없는 나를 그림자처럼 따라다니며 돌봐주던 그이의 부음(訃音)을 듣고 나는 방문을 걸어 잠근 채 며칠을 울고 또 울었어요.

나는 남편의 장례식에 가지 않았습니다. 분명히 말하거니와 '안' 갔지, '못' 간 것이 아닙니다. 남편의 주검 앞에 엎드리기만 하면 그대로 기진해 다시 깨어날 것 같지가 않았기 때문입니다. 나는 살아서 연극을 더 하고 싶었어요."

나조화는 백성희와 결혼하기에 앞서 일본인 여성과 결혼해 2남 1녀를 낳았다. 1940년생인 첫째 나순(羅純)은 평생을 뚜렷한 직업 없이 살았다고 한다. "한때 일본으로 밀항했으나 여의치 않아 다시 귀국한 뒤 생활이 안정되지 못했다. 1974년 사망했다"고 한다.

1946년생인 둘째 나미자(羅美子)는 결혼해 딸 둘을 낳았다. 딸은 캐나다와 서울에 각각 살고 있다. 그리고 셋째 막내는 광복 직후 일본으로 떠나 여태 생사를 모른다고 한다.

나씨 문중은 "나조화가 일본인 여성과 결혼해 3남매가 있다는 사실을 처음 백성희는 몰랐다. 6·25 당시 연극하는 사람들이 함께 기차를 타고 대구로 피란 갔는데 그 자리에서 알게 됐다더라"고 했다.

나도향의 장조카이자 나조화·백성희의 아들 결웅씨는 기아차 직원으로 경기 광명점을 직영하다 2003년 정년퇴임했다. 한양대 신문학과를 졸업했지만 낯선 분야인 자동차 영업 쪽 일을 했다. 그는 슬하에 1남 2녀를 뒀는데 첫째 딸은 음악치료, 둘째 딸은 성우, 막내아들은 예술경영 분야 박사 과정을 밟고 있다고 한다. 결웅씨의 말이다.

"자식들에게 진로를 정해주거나 강요한 일이 없는데 스스로 자기 자리를 찾더군요. 그런데 하는 일이 모두 예술 계통과 관련 있어요. 큰아버지(나도향)도 평소 음악을 즐겨 했다고 합니다. 배재학교 시절엔 단소를 잘 불었고 성악에 소질이 있어 춘원(春園) 작사의 '낙화암,' 홍난파 작곡의 '낮에 나온 반달'을 잘 불렀다고 합니다. 도향은 한때 문학가보다 음악가가 되려는 꿈도 꾸었다고 해요. 주위 사람들이 문화예술 계통에 있는 자식들을 보고 '격세유전'이라 표현합니다."

또 이런 기억을 더듬었다. "아버지 나조화는 연극보다는 영화 쪽 일을 많이 하셨는데 '한양영화사'를 설립하셨다. 당시 충무로에 영화 스태프나 연기자들이 모이는 '스타다방'이 유명했는데 그곳에 가면 아버지뿐 아니라 유명 영화인들을 다 볼 수 있었다"고 했다.

―큰아버지 나도향에 대해 어떤 기억이 있나요?

1960년대 서울 정릉에서 만난 나도향의 동생들. 왼쪽부터 나명식 나조화 나양신 나영식.

"고교(경기상고) 때인가, 민중서관에서 나도향 소설집을 발간한다고 해서 아버지랑 둘이서 밤새워 인지(印紙)에 도장을 찍던 기억이 나요. 그때 큰아버지 작품을 모두 읽었어요. 빈궁한 식민지 상황에 한 개인의 운명을 주로 다뤘는데 그분의 명성에 비해 작품평가가 제대로 이뤄지지 않았다고 봐요. 작품 속 현실인식이 카프(KAPF) 계열로 볼 수 있어서일까요? 안타까워요."

―집안에 나도향과 관련한 자료는 없나요?
"작은아버지(羅明植)가 관심이 많았지만 개봉동에 사실 때 물난리가 나서 자료가 죄다 떠내려가 버렸어요. 유실물 중에는 월탄 박종화 선생의 편지도 있었어요. 월탄 선생은 큰아버지를 무척 존경했다고 할까요? 가끔 집에도 오시고, 때마다 안부편지를 보내셨다고 합니다. 그 편지도 물난리 통에 다 휩쓸려서…"

'문질빈빈(文質彬彬·글의 형식과 내용이 잘 어울린다)'에서 필명 '나빈'으로

도향의 둘째 동생 나양신(羅良臣)은 미군 통역 일을 했다고 한다. 부산에 거주하며 의사인 부인과 사이 딸 하나를 낳았다. 그러나 나양신이 일찍 사망하면서 자연스레 나씨 집안과 연락이 끊긴 상태라고 한다.

도향의 셋째 동생 나명식(羅明植)은 1990년대 초 사망했다. 건축 관련 감리 일을 했다고 한다. 서울 세종로 정부중앙청사 건립 당시 감리 일을 맡았다. 첫째 부인과 사이 1남, 의사인 둘째 부인과 사이 1남 1녀를 두었다.

나씨 집안에서는 도향보다 18세 어린 나명식(1920년생)의 기억이 회자된다. 그러니까 나명식이 대여섯 살 되던, 1926년 비 오는 초여름의 일이다. 어머니(金姓女)가 밀국수인지 팥죽인지를 끓이고 있는데 대문 두드리는 소리가 났다. 아랫사람에게 나가보라고 일렀더니 "웬 거지가 왔다"는 것이었다.

그 말을 채 맺기도 전에, 어머니가 벌떡 일어나 마당으로 뛰어가니 웬 거지가 소리 없이 들어오더란 것이다. 나명식이 보기에, 딱딱한 밀짚모자에 검은색 일본 옷을 입었으며 게다짝을 끌고 비를 흠뻑 맞은 꼴로, 얼굴에 핏기 하나 없는 거지가, 바로 죽기 직전 '글 쓰는 형' 나도향이었다.

도향의 여동생인 넷째 나정명(羅貞明)은 영화배우 송억(宋億)과 결혼해 3남 2녀를 뒀다. 한국영상자료원에 의뢰하니 송억은 1946년 <자유만세>로 데뷔, 영화 <수녀(水女)>(1979), <세종대왕>(1978), <카인의 후예>(1968) 등에 출연한 것으로 나와 있다. 영화 <자유만세>는 광복 후 첫 영화이면서 광복 영화의 효시라는 영화사적 의미를 지닌 작품이다. 슬하에 3남 2녀를 뒀는데, 두 아들은 중고차 매매, 직물 관련 기술자로 일했다. 문학이나 예술 방면에 종사한 이는 없다고 한다.

도향의 막내동생인 나영식씨는 아들만 셋을 낳았다. 그는 호텔 매니저로 워커힐 등에서 일했다. 첫째와 셋째는 사망하고 둘째가 신촌에서 주류업을 하고 있다.

≪동아일보≫ 1927년 9월 8일자에 '고(故) 나도향군 묘지 전(前) 입비(立碑)'라는 짧은 기사가 나온다.

오는 8일 오후 세시에 이태원 공동묘지에 있는 고(故) 나도향씨 묘지 앞에 비석을 세우는데 일반 우인(友人)들은 3시 전에 나오기를 바란다.

나도향의 시신은 이태원 공동묘지에 안장됐는데 이듬해 문인들이 묘비를 세웠다. 묘비명은 '도향 나빈지묘(稻香 羅彬之墓)'. 도향의 필명이 나빈인데 논어의 '문질빈빈(文質彬彬·글의 형식과 내용이 잘 어울린다)'에서 나온 말이다.

이후 도향의 묘지는 어떻게 됐을까. 후손들은 "이태원의 개발로 묘지가 이장되면서 사라졌다"고 말한다.

"이태원 공동묘지 자리에 한남동 유엔빌리지가 들어오면서 이장이 됐어요. 6·25때 왔던 폴란드 사람들이 도향의 묘를 보며 그의 작품에 관심을 갖게 됐다고 합니다. 그러나 이장한 후 어디로 모셨는지 정확히 알 수 없어요. 아마 화장을 했을 겁니다."

또 다른 후손들은 "화장한 후 어느 절간으로 옮겨졌다. 그곳이 어딘지는 알 수 없다"고 했다. 안타깝게도 나씨 집안조차 그 흔적을 모르고 있었다.

나도향의 생가는 '경성부(京城府) 청엽정(靑葉町) 1정목(丁目) 56번지'로 호적상 기재돼 있다. 현재 바뀐 동명(洞名)은 '서울시 용산구 청파동 1가 56번지'다. 이 주소를 인터넷에 검색하니 '대진비닐사업사'로 나와 있다.

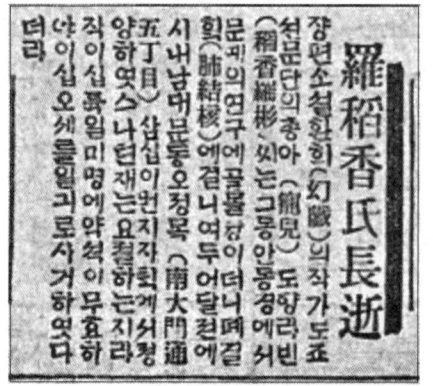

1926년 8월 27일자 ≪매일신보≫에 실린 나도향의 부고기사.

도향이 사망할 당시 기거한 집은 어딜까. ≪매일신보(每日申報)≫ 1926년 8월 27일자 기사에 '(도향이) 시내 남대문통(南大門通) 오정목(五丁目) 삼십이번지 자택에서 정양하였으나 요절했다'는 기록이 있다. 나결웅씨는 이에 대해 이렇게 말했다.

"그곳은 현재 제분회관(서울 중구 남대문로 118번지) 옆 자리인데, 옛날엔 일인(日人)이 경영하던 소복호텔이 있었다고 해요. 오래전 작은아버지(羅明稙)께서 작은 표석이라도 만들어 달라고 문화부에 청했는데 반응이 없었다고 합니다."

〈자화상〉의 서정주 후손들

"시를 안 쓸 수 없는 운명을 타고났어"

진작부터 가고 싶었다. 대(大)시인 미당(未堂) 서정주(徐廷柱·1915~2000)의 고향 '질마재'(전북 고창군 부안읍 선운리)와 줄포로, 미당이 노래한 시적(詩的) 신화의 공간을 한 번 거닐고 싶었다.

대(大)시인 미당 서정주.

기자가 내려간 그날(2016년 1월 25일), 사흘 동안 최고 39.5cm의 폭설이 내렸다. 길이 끊어지고 차가 멈춰 섰다.

눈이 점령한 들과 산, 바다를 겨우 돌아 시인의 생가를 찾았다. 그곳에서 미당의 동생 서정태(徐廷太·93)씨를 만났다. 그는 거동이 불편한 상태였으나 놀라운 기억력과 구수한 방언으로 자신의 우상(偶像)인 미당을 회고했다.

서정태씨, 그도 1947년 스물여섯의 나이로 등단해 3권의 시집을 상재(上梓)한 시인이다. ≪경향신문≫에 처음 시를 발표했고 모윤숙(毛允淑)이 주간으로 있던 잡지 ≪문예≫에 시를 썼다.

"≪문예≫에 김춘수(金春洙) 시인보다 몇 달 앞서 발표했(했)어. 헐(할) 만 하니까 실렸을 것 아니여? 그 후로 일부러 발표할라고도 안 혔고"

90세가 되던 2013년 시 90편을 모아 시집 ≪그냥 덮어둘 일이지≫(시와刊)를 펴냈다.

그가 언론계에 30여 년 종사하고 은퇴한 뒤 미당과 자신의 생가이기도 한 질마재에 정착했다. 그는 <선운리에 와 보니>라는 시에서 자신의 귀향을 이렇게 표현했다.

옷소매 묻은 먼지 떨쳐버리고 / 내 고향 찾아와 보았더니 / 모두가 거, 잘했다 반겨주네//

하수란 놈은 앞니가 다 빠져 있고 / 석거도 눈곱 낀 눈으로 덥석 손 잡더니 / 거참, 잘 왔다 반겨주네//

세월의 풍상이야 어떻든 / 목숨이 모질어 살아남은 / 담장 안 석류나무 한 그루//

몇 번이던가 사람은 떠났어도 / 집 앞 개울물은 흐르고 / 아득히 보이는 산은 그대로일세//

떼어버린 혈연이나 정한 같은 것 / 여기까지 따라와 맴돌지만 / 이제 와서 무

슨 상관이라//

고창 선운리 사람들 / 이승 다 겪은 도인 같기만 해 / 그 한 모서리에 끼어 살고 싶네

―시인의 고향, 질마재는 어떤 곳인가요.

"여그(여기) 자체는 말이여. 원래 포구여. 여그 논이 있는 데까지 (옛날에) 바닷물이 왔단 말이여. 미당의 <해일>이란 시를 보면, 바닷물이 외가(外家)까지 들어와 게를 잡곤 했다고 혔어. 여그 사람들, 자연허고 가깝지 학문하곤 가깝지 않여. 장사하고 가깝지도 않고 놀기를 좋아혀. (손짓으로 눈 덮인 들판 너머를 가리키며) 저 건너편이 고부현(고부면)인디(데) 그 사람들은 이재(理財)에 밝아, 사는 것이 괜찮여. 근디 여그 사람들, 살기가 형편없어. 맨날 놀기만 좋아혀. 놀기 좋아헌다는 것은 노래(시)하고 가깝고, 꽃도 가깝고, 바람도 가깝다는 뜻이여."

미당이 쓴 <외할머니네 마당에 올라온 해일(海溢)>이란 시에 이런 구절이 나온다.

… 외할머니네 마당에 올라온 海溢엔요. / 예순살 나이에 스물한살 얼굴을 한 / 그리고 천살에도 이젠 안 죽기로 한 / 신랑이 돌아오는 풀밭길이 있어요. / (중략) / 갑술년이라던가 바다에 나갔다가 / 海溢에 넘쳐오는 할아버지의 魂身 앞 / 열아홉살 첫사랑쩍 얼굴을 하시고…

어부(漁父)인 미당의 외조부는 젊어서 배를 타고 바다로 나가 영영 돌아오지 못했다고 한다.

―와서 보니 이곳엔 산도 있고, 바다도, 강도 있네요.

서정주 시인의 동생 서정
태 시인

미당은 그런 고향을 못 잊어 ≪질마재 신화≫(1975년 刊)라는 시집을 펴
냈다. 서정태씨의 말이다.

"이 산(소요산)이 악산(惡山)이여. 봄 되면 진달래가 무지하게 펴. 대개 악
산에 진달래가 많거든. 여기 올라가려면 고개를 몇 바퀴 돌아야 혀. 그런 깊
은 숲 속에 새나 울어쌌고 혔을 거여. 여그 처녀들, 재 너머 시집보낼 때, 눈
물바다가 되(었)을 것이여. 별 수 없이 시를 안 쓸 수 없었어. 미당의 영향을
받아서 나도 시를 쓰고 있고."

―요즘 건강은 어떠세요.
"눈도 캄캄하고 그려."

―미당의 두 아들은 어떻게 지냅니까.
몇 년 전 기자와 연락이 닿은 미당의 장남 승해(徐升海 · 1940~)씨는 미국
노스캐롤라이나주 롤리(Raleigh)에서 변호사로, 차남 윤(徐潤 · 1957~)씨는

시애틀 인근 버지니아 메이슨 병원에서 의사로 재직하고 있었다.

"승해가 일흔일곱인가 여덟인가 그려요, 둘째 윤이 예순인디, 둘이 17년 터울이여. 첫째는 변호사, 둘째는 심장내과 의사가 되어. 다 미국놈들이여. 윤은 작년 여그 왔었어. 승해는 즈그(자기) 아버지 장사 지내고 아즉(아직) 안 왔고."

―장남 승해씨는 소설로 등단했다던데요.

"승해와 동규(소설가 황순원의 아들 황동규)의 교차 추천은 문단에서 유명한 야그(얘기)여. 미당이 예전에 소설가 황순원(黃順元)과 이웃 간에 살았거든. 그래서인지 황순원의 아들 동규(黃東奎)는 미당이 시로 추천하고, 미당 아들 승해는 황순원이 소설로 추천혔어.

그런데 승해는 소설 쓰다가 미국 가서 변호사를 혀. 그건(소설) 안 쓰고.

윤이는 서울대에서 화학을 전공하고 듀크대 의대를 갔어. 윤이가 미국 갈 무렵에 내게 '의대에 갈렵니다' 그려. 자기 전공은 화학인디 먹고사는 문제를 해결하려 의대 간다고 혔어. 작년 7월인가 윤이가 가족을 다 데불구(데리고) 여그 왔었어. '화학공부 하다가 의사 되야 60살까지 의사하네'라고 혔더니 웃더라고."

미당은 스물여섯이던 1940년 장남 승해를 낳아 손수 이름을 짓고 <장남 승해의 이름에 부쳐서>라는 시도 남겼다.

그러고는 그래도 고추 달린 녀석이 생겨났기에 / 머리에 맨 먼저 떠오른 대로 / 升海라고 이름을 붙여주었지. / 바닷물을 됫박으로 품고 있으란 것이지.

몇 년 전 두 아들에게 미당을 회상해 달라는 질문을 한 적이 있다. 그때 서승해는 말을 했었다.

"아버지는 20세기 한국시의 제일인(第一人)이십니다. 그렇게 큰 시인이 되기 위해 가족이 고통당한 것은 차마 말할 수 없습니다. 한평생 반절은 미쳐 사셨습니다. 먹고사는 일엔 모두 그렇게 무능력자일 수 없었어요."

차남 서윤은 이렇게 얘기했다.

"근현대 격동기를 살았던 젊은이로서 아버지의 시 <풀리는 한강가에서>나 <무등을 보며>를 읽고 위로받던 기억을 고백하지 않을 수 없어요. 아버지 시가 우리 마음을 울렸던 것은 언어의 유희가 아니라 가슴으로 쓰신 글이기 때문입니다."

―미당 두 아들의 근황이 궁금합니다.

서정태씨의 말이다.

"승해는 아들(徐二)만 하나 낳았는디 그것도 둘째 윤이마냥 듀크대 의대를 나와 외과의사를 헌다고 혀. 윤은 아들 둘을 낳았는디 큰 애(서건)는 대학원 다닌다고 허고, 둘째(서신)는 대학에 다니고 있대. 전공? 그건 안 물어봤어."

미당 선생은 1915년 전북 고창군 부안면 선운리 578번지에서 아버지 서광한(徐光漢)과 어머니 김정현 사이에 3남 2녀 중 장남으로 태어났다고 전해진다.

"나와 미당허고는 8살 터울이여. 미당이 살었(았)다면 금년에 백두(102)살인 셈이지. 나는 아흔넷이고, 나허고 미당허고 지내기는 6·25전쟁까지 쭉 같이 있었어. 핵교 다닐 때는 떨어져 있었지만 해방 전후로 같이 지냈으니께(까). 내가 28살 먹던 해까지. 그해 6·25가 났거든. 그 후엔 따로 생활혔으니께.

미당과 나 사이에 누님이 한 분 계셨어. 4살 터울인 서정옥(徐廷玉) 누님은 죽은 지 오래되(었)어. 그 다음에 내 밑으로 남동생(徐奉祺)허고, 여동생

장남 승해씨와 함께 한 서정주 시인 내외.

(徐廷熙) 혀서 5남매인디 다 죽고 나만 살았어. 암으로 죽구(죽고), 병명은 모르지만 그냥 아파서 다 죽었어."

서정태씨는 1946년부터 시작해 1978년 무렵까지 언론계에서 일했다. 서울과 호남에서 기자로 활동하며 편집국장을 역임했고 언론사 사주가 된 적도 있다고 한다.

"정확히는 (언론계 종사 시기가) 35년쯤이나 될 거여. 1946년 5월부터 서울서 기자생활 시작혔(했)으니깨. 그거 허(하)다가 중간에 잠깐 딴 직장 갔다가… 1951년부터 78년까지 혔으니깨. 한번 계산혀 봐요. 중간에 2~3년쯤은 다른 거(직업)도 혔어.

―다른 일은 뭐하셨는데요.
"공무원."

―어떤….

"꼭 밝혀야 혀? 잘 야그 안 허거든. 몰라, 장관이라도 혔다면 몰(모를)까. (잠시 뜸을 들인 후) 미군정 때 경무부, 지금의 경찰청에서 발행하는 ≪민주경찰≫이라는 잡지의 편집담당을 혔어. 그것도 언론이라고 치자면 칠 수 있지. 1950년 6·25 나던 해까지 일혔으니까. 전쟁이 나고 피란 가면서 그만두고 51년부터 전주에서 본격적으로 신문기자 생활을 혔어."

―신문사는 어딘데요.

"전두환 정권 그 전으로 혀서 최종으로는 ≪전북일보≫여. 일도일사(一道一社) 헌다고 다른 신문 다 폐간허고 각 도에 1개씩 신문사가 있었잖어. 편집국장도 허고 주필도 허고, 군사정권 되기 전에, 그러니까 장면(張勉) 정권시절엔 언론자율화가 되야서 신문사가 많이 생기고 그러지 않었어? 그땐 내 명의로 신문사도 가져 보고 그렸어. 그런 것 다 빼 버리고 언론계 종사 35년 그렇게 써 놓으면 되야."

―슬하에 자녀는?

"2남 2녀를 뒀어. 큰애(徐象範)는 사내인디, 아들 며느리 내외가 고교교사로 정년퇴임혔어. 지금은 예순다섯. 담당과목은 과학이여. 대학에서 물리학 전공을 혔거든.
둘째(徐慶錫)는 예순셋이고, 셋째(徐喜錫)는 쉰아홉. 다 시집가서 잘 살어. 막내 놈(徐弘錫)이 쉰일곱인데 미국 가 있어. 미국 놈이 되야 버렸어. 막내가 무슨 일은 허느냐고? 모르지… 사업헌다고 허니까."

―문학이나 예술 쪽에 종사하는 분은 안 계시네요.

"나는 우리집 애들한테 문학 허는 옆자리도 못 가게 혔어. 대학전공도 첫째는 물리학과에 보내고 둘째는 섬유공학으로 전공을 택혔어. 셋째는 간호학, 막내아들은 기계설계."

―왜 그러셨어요. 소질을 타고 났을 텐데.
"문학혀서 어떻게 살아. 그 무렵에는 밥 굶기 딱 좋거든. 현재도 그럴거여. 어디 시만 써서 먹고 살어? 시 한 편에 10만 원 고료 받아서 한 달 살려면 20편은 발표혀야 혀. 그런 지면이 있어? 나는 아예, 핵(학)교 들어갈 때부터 그건(문학은) 못허게 혀가지고…."

―손자 중에 문화예술 방면에 활동하는 분은 없나요.
"큰애(徐象範) 딸이 의사고 아들은 현재 군 복무 중인디 미국 일리노이주립대 경영학과를 나와서 국제 공인회계사를 준비 중이여. 막내(徐弘錫)는 손자, 손녀 하나씩 있는디 아직 어리니께.
큰딸(徐慶錫)은 아들 하나, 딸 둘을 낳았는데 아들은 한양대 경영학과를 나와서 월급쟁이 생활을 허고 딸 둘은 학원을 혀. 둘째 딸(徐喜錫)은 딸 하나만 뒀는데 지금 YTN PD여."

―미당의 아버지는 어떤 분이셨어요.
서정태씨는 "우리 아버지?" 하고 잠시 말문을 닫았다.
미당이 스물셋 무렵 토해낸 시 <자화상>에서 '애비는 종이었다'고 회고한다. 그리고 '종의 아들'로 태어나 그를 키운 건 '바람이 팔 할'이라고 썼다.
"조선시대 때는 양반이 3대째 벼슬을 못 허면 양인이 돼. 우리 고조부가 정3품 당상관이여. 통정대부를 허셨어. 증조부, 조부는 벼슬을 못 허셨고. 우리 아버지(徐光漢)는 당신이 벼슬을 혀야 양반 유지가 된다고 여겨, 어릴 적부터 과거를 보셨는디 원래는 옆 마을 무장현(茂長縣) 분이여. 옛날에 지방 선비들이 중앙에 나가 과거를 보려면 지방현 백일장에서 장원을 혀야 혀. 그래야 과거 볼 자격을 줬어. 요즘으로 치면 예비고사 치고 대학별 본고사 치고 그런 식이여.

아버지가 14살 때 무장현 백일장에서 장원을 혔어. 각 고을마다 1년에 한 번씩 백일장을 보는디 고창현에서 장원, 흥덕현에서 장원, 심지어 장성현에서 장원을 혀, 이 일대에서 유명혔어.

그때가 17~18살 먹었을 것 아니겠어? 그 당시 무장현의 현감이 '달성서씨(達城徐氏)' 동성동본인디 항렬로 볼 때 아버지 윗대 항렬이셨어. 그분이 자식이 없어서 아버지를 양자로 삼으려 혔는디 아버지는 형이 죽어 사실상 외아들이여.

그래 미적미적혈 때, 세상이 개화되야서 과거제가 폐지돼 버렸어. 당시 무장현감이 서울로 아버지를 유학 보냈어. '한성학원'이라는 곳이 당시 서울에 처음 생겼단 말이여. 신식 핵교인 셈이지. 거기서 기술을 가르쳐. 측량기술. 우리 아버지가 측량기술을 배웠어. 그라(리)고 한일합방(한일병탄)이 되고 군 서기로 돌아오셨어.

고창군 일대 국유지를 측량하러 다(녔)는디 당시 호남갑부가 인촌(仁村) 김성수(金性洙·1891~1955) 선생의 집안이여. 인촌의 양부(養父·金祺中·1859~1933)가 '동복영감'(同福令監·전남 동복 고을에서 조선 말 현감을 지낸 까닭에 동복영감이라 불렀다)이여. 동복영감이 가만히 보니 우리 아버지가 마음에 들어. 대지주니까 측량헐 일도 많을 거 아니겠어? 그래서 스카우트되야서 간 거여. 그것이 잘못되고 말았어. 우리집도 노비를 부리고 있었는데도 <자화상>을 읽고 '노비의 후예인갑다' 혀서 아직꺼정 말이 있는디 그게 아니여. 실은 동복영감 땅 관리허는 일을 맡았어. 왜정 때 그 시를 발표허니께 백철(白鐵)이라는 평론가가 '특수계급의 후손인갑다' 혀서 신문에 글을 쓰고, 김동리(金東里)가 반박을 허고 논전이 붙은 적도 있어."

―'팔 할이 바람'이란 뜻은 어떤 의미일까요.
"아주 고약헌 역풍인 셈이지."

―풀어 설명해 주세요.
"예를 들면 비극적인 문제만 자꾸 생긴다는 것, 그런 게 아니것(겠)어. 자기 뜻과 상관없는 인간의 숙명 같은 것….
재작년인가, 문학지망가 수십 명이 여그(여기) 와서 그 질문을 혀. 그때 그렸어. '누구헌테든 오는 것(바람)이 아니것냐'고, 어떤 이는 바람이 역풍이지만 어떤 이에겐 따스한 미풍일 수도 있고 시를 읽는 사람마다 느끼는 게 다 다를 거여."

―동생이 볼 때 형은 어떤 분인가요.
"내게 미당은 제일 존경하고 절대(적인 존재)여. 동생 중에 나를 제일 예뻐했어. 내가 5살 때부터 미당 품안에 살았어. 나를 데리고 잔 것이지.
미당이 중앙고보를 15살에 들어갔단 말이여. 첫 여름방학 되야서 집에 올 때 강아지 인형을 하나 사왔어. 그리고 바나나를 사온 거여. 그때 처음 먹어봤지. 수월찮이 비쌌을 것이여.
그라고 내가 여름날 학질을 앓을 때 동화책을 사다주기도 혔고 (미당이) 아버지한테 미움당해 몇 개월간 가출할 때도 꼭 집에 올 때는 내 선물을 사다줬어. 누이동생도, 남동생도 있지만 다른 것 없어. 나한테만 사다줘.
한번은 내가 보통핵교 3학년 때 미당이 《아라비안나이트》를 사다줬는디, 소설 속에 요란한 얘기가 많잖어. 고것이 자꾸 떠올라. 말라리아 때문인지 이불을 덮고 있어도 (소설 속 장면이 떠올라) 생시인지, 꿈인지 시달렸던 기억이 나.

근디 우리 아버지허고 미당허고는 별로 사이가 안 좋아. 아버지는 과거시험에 합격, 집안을 일으키고 싶었지만 과거제가 사라지는 바람에 절망허고 마셨어. 일본 고등문관 시험을 봐봤자 째비도 안 되고 그만뒀단 말이여. 아들을 뒀는디 미당이 머리가 좋아. 보통 애들은 8~9살 때 서당 들어가. 반년은 되아야 천자문 떼는디 미당은 보름 만에 떼 버렸어. 미당이 언젠가 '열흘 만에 뗐다'고 하던디 내가 여그 와서 알아보니 보름이라 혀. 그때가 봄이었던가 봐. 아버지가 좋아서 떡허고 술허고 혀서 온 동네잔치를 혔어. 여그 뒷산이 소요산이라는 산인디, 진달래가 흐드러져. 얼마나 기뻤으면 잔치를 혔을꼬.

그 아들이 보통핵교를 다니는디 1학년부터 늘 수석이여. 1등을 헌단 말이여. 5학년 수업을 마치고, 인촌이 설립한 중앙고등보통핵교에 시험을 봐서 합격을 혔어. 우리 아버지가 얼마나 기대를 혔겠느냐 말이여. 아들이 고등문관 시험에 합격혀서 벼슬도 허고, 도지사도 허는 그런 기대를 안 혔겠어?"

그런데 미당은 중앙고보 2학년 시절인 1930년, 광주학생운동 1주기를 맞아 기념시위를 주도하다 퇴학을 맞고 말았다. '일본제국주의 식민지 정책의 노예교육을 반대한다'는 등의 슬로건 제창과 "조선독립 만세"를 외친 것이 죄목이었다. 중앙고보의 교주(校主)가 동복영감이니 아버지의 상심은 더 클 수밖에 없었다고 한다.

"중앙고보 2학년 때 퇴학을 맞아서 집에 왔어. 만세사건 주모자로, 중앙고보 퇴학자 6명 중 한 명이었어. 방학 때가 아닌디 왔단 말이여? 마침 아버지가 밥상 앞에서 진지를 드시는디, 미당이 '이래 저래 돼서 퇴학 맞고 왔습니다' 허니 아버지의 수저 떨어지는 소리가 '땡거렁' 나더라 그 야그여. 얼마나 기가 막히면 그랬겄어. 그러니 (미당을) 좋아혔겠어?

사실 중앙고보에 입학허던 날, 아버지가 미당을 데불고(데리고) 서울 혜화동에 있는 경성제국대학에 데려갔어. '장차 니가 다닐 핵교는 이 핵교다' 허면서 말이지. 제국대학이 전국 수재만 들어가는 대학 아니냐 그 말이여. 그 아들이 퇴학 맞고 집에 왔으니 얼마나 기가 막혔겄어?"

"아버지는 미당이 눈에 띄기만 혀도 '저놈의 자식…' 그렸어"

이듬해 1931년 아버지 서광한은 퇴학 맞은 미당을 고창고보에 편입시킨다. 그리고 집도 줄포에서 학교 부근인 고창 월곡으로 옮겼다. 미당이 학업에 전념할 수 있게 택한 일이었다. 서정태씨의 말이다.

"서울로 유학 보냈더니 몹쓸 친구와 어울려 그렸나 싶어서 고창고보에 다시 보냈어. 그때 개성에 있던 오산고보허고, 고창의 고창고보는 전국에서 퇴학 맞은 학생만 다 받아 줘. 오산고보는 안창호(安昌浩) 선생이, 고창고보는 일본인 신부(神父)가 세웠다고 혀. 아버지가 이 고창고보에 (미당을) 편입혔어. 그래서 열 살 때부터 살던 줄포에서 고창의 월곡이란 데로 이사를 갔는디, 그 집은 안채가 있고 초당이 있어. 대밭 속에 있는 초당이여. 아들이 공부에 전념허라고 마련한 집이지.

그란디(런데) 거기서도 또 퇴학을 맞고 말았어."

―어쩌다….

"근디 퇴학이 아니라 자퇴여. 왜 그런고 허니, 고창고보에서 퇴학 맞으면 다른 어느 핵교에 갈 수 없어. 낙인찍히니까. 담임이 일본 와세다대 영문과를 나온 홍 선생이라는 분이었는디 '니가 자퇴를 혀야 헌다. 그래야 나중에라도 다른 핵교라도 갈 수가 있다'셨어. 그래서 자퇴서를 낸 것이지."

―고창고보에서 시험거부를 했다면서요.
"일본 식민지교육을 반대헌다고 혀서… 대개 껄렁껄렁한 학생들이 그런 짓 허는 것 아니겄어? 모범학생들은 안 그러잖여. 지금도 운동권 학생들이라는 게 대개 껄렁껄렁한 사람들 아녀? (웃음)"

―왜 그랬을까요. 당시 미당이 껄렁껄렁했습니까.
"그러니까…."

―아버지에 대한 반발입니까.
"아버지에 대한 반발이 아니라, 일종의 사회에 대한 반발심이지."

―부모님 마음도 아프셨겠네요.
"고창고보를 그만둘 때 몇 달 간 아버지는 몰랐었어. 미당은 핵교 간다고 허고선 산으로, 들로 나다니고… 어디 한 달 이상 거짓말헐 수 있어? 그러니 (미당이) 가출을 혀야 헐 것 아닌가벼? 그러면 인자(이제), 나쁜 짓거리 허는 수밖에 없지. 은행 없던 시절이라 서랍에 돈도 놔두고 그렸잖여. (미당이) 아버지 서랍에 있던 돈, 있는 대로 탈탈 털어서, 요즘 같으면 천만 원이나 몇백만 원 훔쳐서 갔어. 나중 돈 쓸려고 아버지가 서랍을 여니 없잖여. 핵교 다니던 놈이 사라져 핵교에 가니 퇴학 맞았다는 거여. 그제야 도망친 것을 아는 것이지. 아버지는 미당이 눈에 띄기만 해도 '저놈의 자식…' 그랬어. 그럴 것 아니여? 자기가 이루지 못한 꿈을 아들헌테 기대혔는데 그 아들이 그런 짓을 허니 좋아허겄냐, 이거여."

―미당에 대한 기대는 차남에 대한 기대로 옮겨지지 않았을까요.

눈 덮인 서정주 시인의 생가 전경.

"그란디 나는 어릴 적부터 병약혀. 여름만 되면 학질을 앓어. 학질이 말라리아여. 보이는 게 환상적으로 보이고 그랬어(그랬어). 우리 아버지가 겨울만 되면 대구감영(大邱監營)에 가서 한약재를 사다가 보약을 매겨(먹여)."

―미당이 고창고보를 그만두고 가출한 것이 처음이었나요.

"한두 번이 아니여. 내가 기억허기로 5~6번은 되야. 처음 가출헐 땐, 요즘으로 치면 몇 천 만원 가지고 갔을 거여. 인천 가서 밀항혀 상해 임시정부로 갈려는데 허덜(하지를) 못혔어. 결국 서울 가서 반년 있었을 거여. 가출허면 대개 몇 개월 만에 와. 긍개(그러니까) 몇 개월 쓸 돈, 훔쳐간 거 아니겠어?

문제는 서울 가서도 친구들허고 어울릴 수 없잖여. 친구들은 낮에는 핵교 다녀야 혀서 밤에만 어울리는데, 낮에 갈 데도 없고 혀서 도서관을 간 거여.

도서관 가서 재미있는 책 읽는다는 게 소설 책 아니겄어? 그래서 본격적으로 문학을 허게 된 거지."

―미당 문학의 뿌리는 무얼까요.

"어쩌면 문학을 안 헐 수 없는 분위기가 되야 있었는지 몰러(라). 왜 그란고 허니, 미당이 질마재에서 서당을 다(녔)는디, 지금도 요 앞에 '미당 서당터'가 있어. 그 건너편이 바로 외가(外家)여. 미당이 서당 갔다가 외할머니 댁에 들르지 않았겄어? 누룽지도 주고, 고구마도 주고, 그 맛 들어서 외가에 가는디, 우리 외할머니가 굉장히 유식한 분이셔. 〈춘향전〉〈심청전〉에서 〈장화홍련전〉〈소대성전〉〈유충렬전〉〈사씨남정기〉까지 다 야그(얘기)를 혀 줘. 그 야그에 맛들어 항시 간단 말이지. 그란디, 그 야그가 너무 길어 한꺼번에 다 못혀. 서당 가서 공부허다가 그 다음 얘기 듣기 위해 또 간단 말이여.

또 핵교서 퇴학 맞고 갈 데가 없어 요즘으로 치면 시립도서관 같은데 갔어. 물론 17~18살 때 사회주의자도 되어. 톨스토이주의에 빠졌거든. 미당이 쓴 자서전에도 없는 야그인디 틀림없어. 톨스토이에 빠져 가지고, '나도 그럼 저 빈민 속에서 살아봐야겠다'고 헌 거지.

서울 마포의 넝마주이 거지소굴에 들어갔어. 근디 고것이 장안의 명물이 되야 버렸어. 거지라면 떨어지고 때문고 얼굴이 시커멓고 혀야 헐 텐디, 옷을 말쑥하게 차려 입고, 장발에 곁멋은 들어서 '마도로스 파이프'를 떡 물고 다니니까 서울의 명물이 되야 버렸어.

'괜찮게 사는 놈인디, 거지 굴속에 산다'는 소문이 장안에 났어. 그 당시 조선불교계의 대종사, 석전(石顚·朴漢永·1870~1948) 스님 귀에 들어갔단 말이지. 가만히 중(석전)이 생각혀 보니 그놈 참 묘허단 말이여. '이상한 놈이니 델고(데려) 와 봐라'고 상좌에게 얘기혔대. 상좌가 미당헌테 가서, '큰스님이 자네 좀 보자시네,' '뭣 땀시로(때문에) 그런다요?,' '나는 모르것어'

미당이 가만 생각혀 본게(보니), 이상헌 일이다 말이지. 그래도 갔어."

미당은 삭발하고 ≪화엄경(華嚴經)≫을 배우기 시작했다. 이듬해 봄 진달래꽃에 취해 툇마루에서 담배를 피우다 스님에게 들켰다. 며칠이 지나 스님께서 그를 불러 "자네는 중노릇 할 그릇은 아니고, 이백(李白)이나 소동파(蘇東坡)같이 시나 쓰고 사는 게 좋을 것 같다"고 했다고 전해진다. 계속된 서정태씨의 회고다.

"자, 그란디, 석전이 중 시키려고 미당에게 '춘원(春園), 육당(六堂)도 다 내헌테 배웠는디 불경공부 안 헐래?' 물었어. 미당이 머리 깎고 중이 되려고 금강산에서 참선허려고도 혔어. 나중에 도저히 중이 안 될 것 같아서 중앙불교전문학교(동국대 前身)에 입학헌 것이여. 석전이 그때 그 핵교 이사장으로 계셨거든. 거기 문과에 들어갔는디 몇 개월 공부허는 것이 맨날 일본말 번역한 문학개론서나 지껄이니까 핵교에 안 가 버렸어. 지금도 휴학으로 되야 있어. 허허.

그 무렵, ≪동아일보≫에다 독자투고를 혀. 가끔 (신문에 이름이) 나온단 말이여. 그럭저럭 혀서 스무 살이 되어. 그해 겨울에 독자투고를 허고 집에 내려왔는디, 신춘문예 당선되다는 편지가 왔어."

─아버지도 기뻐하셨겠네요.
"그랬겠지. 저놈이 문학하려는 갑다 생각혔(했)겠지."

─그땐 아버지가 동복영감 일은 안 하셨나요.
"그거? 중앙고보에서 퇴학 맞고 난 후에 미당이 아버지한테 야그(얘기)혔어. 고창고보 편입허기 직전에. 그때 미당 나이가 16살이나 되을까? '아버지 그만두십시오. 지(제)가 창피혀서 못 살겠습니다' 그랬더니, 딱 그만둬."

2014년 10월 28일 전북 고창군 부안면 질마재에 핀 수만 송이의 국화가 이 일대를 노랗게 물들였다. 미당 서정주 시인의 고향이기도 한 이곳에서 '2014 미당문화제 및 질마재문화축제'가 열렸다.

―아버지로선 참 쉽지 않은 결정이었을 텐데.

"아, 어려운 일이지. 보통사람은 그럴 것 아니겠어? '어린 것이 배고픈 사정, 몰러서 그런 말 헌다'고. 그란디 우리 아버지는 딱 그만뒀어."

―대단하시네요.

"우리 아버지는 자식 허자는 대로 허셨어."

"미당이 친일 안 혔으면 오늘날 얼마나 떳떳하겠어"

1943년 가을, 미당은 최재서(崔載瑞)의 요청으로 ≪국민시인≫이라는 시 잡지의 편집일을 맡게 됐다. 그것이 친일파 문인의 빌미를 제공하고 말았다. 훗날 미당은 "호구지책이었을 뿐"이라고 했으나 그 흔적은 평생을 따라다녔다.

서정태씨의 회고다.

"당시 우리집 호주(戶主)였던 미당이 군(軍) 소집영장을 들고 나를 찾아왔어. 내가 당장 군에 끌려갈 판이여. 형이 '어떻게 할래?' 물어. 날더러 도망가래. '기회는 지금뿐이다. 도망가려면 지금 가라'는 거여. 내가 허허 웃었어. 내가 도망가면, 소집영장 건넨 호주는 어떻게 되는 거여? 그라고 도망가면 어디로 가겄어? 그땐 산마다 일본군이 진을 치고 있었어. 소나무에서 송진을 짜내느라 말이지. 그 우거진 지리산까지 들어가 송진 짠다고 난리여. 그럼, 기차 타고 만주로 가야 허는디 기차 속에서 다 잡혀.

1945년 4월 초에 일본군에 입대했더니 나를 전남 목포로 데려가데. 중핵교 다닐 때도 교련시간에 일본군인보다 더 지독한 훈련을 받았어. 기초훈련 받을 필요도 없는디 한 2주일 기초훈련 시키고 배에다 태워. 그라고 어디로 갔는디 조그만 섬에 내렸어. 꼭 잉어 같은 비행기가 바다 위에 떠. 가만 보니, 일본 비행기가 아니라 미국 비행기여.

하늘에서 기총소사를 허는디 뒤꿈치가 벌씀벌씀혀. 한참 지나고 나니 타고 온 배가 없어졌어. 가라앉아 버린 거여.

—거기가 어딘가요.

"지금 나로우주센터 있던 곳(전남 고흥군 봉래면)이여. 거그(거기) 바닷가에서 20m짜리 (땅)굴을 파, 바닷물이 들어가게. 한 분대가 굴 하나씩을 파고 거기다 기차레일을 깔어. '특별잠수함'을 거기다 넣으려고, 그 잠수함은 전진만 허지 후퇴는 없는 것이여. 폭약을 잔뜩 넣어 미영 함대에 부딪쳐 죽는 자살특공대여. 거그다 (내가) 배치되어. 45년 4월에 들어가 한 3개월, 100일쯤 작업을 혔나? 잠수함을 가져올 정도로 (굴을) 팠는디 어느 날 천황이 무조건 항복허게 됐다고 허는 것이여. 해방 된 것이지"

―미당의 친일시를 어떻게 생각하세요.

"1943년 무렵, 정읍의 한 여관에 둘이 잔 적이 있어. 그때 일본이 싱가포르를 점령헐 때여. '이러다가 영 일본놈화되는 거 아니여?' 허고 물으니, 미당이 뭐랬느냐면, '한 민족이 영 멸망허지 않어. 먼 훗날을 봐야지' 그렸어(그랬어). 그때도 친일 글 좀 쓸 때였어.

사실, 미당이 겁이 좀 많어. 겁이 많어 가지고, 1943년인가 44년인가 고창 경찰서에 끌려가 40일 만에 석방된 때가 있단 말이여. 오직이 당혔을 것 아니여? 그 후에 친일작품 많이 썼어. 내가 볼 때 친일은 아니여. 보신책으로 쓴 것이여. 미당 생가에 건립된 '미당시문학관'에 미당이 쓴 친일작품 하나도 안 빠트리고 전시해 놨어. 그리고, '마쓰이 히데오'에 대한 시(<송정오장(松井伍長) 송가>)도 말이지. 그 시는 내가 군대 간 후에 쓴 시여.

지 동생, 개죽음당허는 것 아닌가, 나헌테 괜찮을까 혀가지고 쓴 것이여. 그란디 내가 야그헌 것은 제3자 야그로 안 알어. 친형제가 말헌 걸로 알어. 미당 친일 야그헐 때 누구보다도 나(내)가 괴로워. 미당이 친일 안 혔으면 오늘날 얼마나 떳떳허게 자랑허겄어."

몇 시간째 이어지던 서정태씨의 목소리는 어느덧 깊이 잠겨 있었고 목이 쉬어 있었다. 가족을 서울에 두고 홀로 고향에 내려와 미당(생가)을 지키는 까닭을 어렴풋이 알 듯도 했다. 질마재를 마지막 돌아갈 시의 귀처(歸處)로 삼은 미당처럼, 그는 어린 시절 자신을 그렇게나 사랑했던 미당을 귀처로 삼은 듯 보였다.

〈탁류〉의 채만식 후손들

"도도한 작가의 가족들이 끌어안은 '불덩이'"

20세기 초 조선문단에서 엄청난 작품을 쏟아낸 인물이 채만식(蔡萬植)이다. 1989년 창작과비평사에서 펴낸 ≪채만식 전집≫은 모두 10권으로 권당 400~700쪽에 달한다. 마흔아홉(1902~1950)의 짧은 생애 동안 15편의 중·장편 소설, 70여

1923년 와세다대학 시절의 채만식. 축구선수로 활약했다.

1부 문인의 유산들 117

채만식이 마지막으로 거주했던 전북 익산시 마동 269번지 초가. 장독대 옆 방에서 1950년 6월 11일 오전 11시 반에 영면했다.

편의 단편, 30여 편의 희곡·촌극·시나리오, 40여 편의 문학평론, 140여 편의 수필과 잡문 등 시를 제외한 전 장르에서 작품을 남겼다. 아직도 그가 남긴 글들이 빛바랜 신문과 잡지에서 종종 발견된다.

양(量)만이 아니라 질적(質的)인 면에서도 채만식은 동시대 작가 위에 도도하게 군림한다. 오죽하면 스스로 자신의 문장을 '신경쇠약이 걸릴 만큼 어렵고 까다로운 글'(≪조선중앙일보≫ 1934년 5월 15일자)이라 표현했을까. 타인과 어울리기 힘든 결벽증과 '심한 신경질'로 평생 고독과 싸웠으며 자신의 작품 속 부정적 인물에 대한 증오심이 유별났던 그였다. 오랫동안 괴롭혔던 가난조차 문학적 열정을 꺾지 못했다.

그렇게 원고지와 '지지고 볶고 싸웠으나' 정작 주머니는 늘 비었다. 풍자와 반어·역설·아이러니로 가득찬 그의 칼칼한 문장을, 어리석은 독자들은 감히 돈을 주고 사 보기 까다로웠을까. 채만식은 자기 이름이 걸린 대문 문패를 가져 본 일이 없었다. 아니, 있었다. 1948년 6월 장편 ≪탁류≫의 3판 인세와 <잘난 사람들>의 고료를 보탠 돈으로 전북 익산시 주현동에 처음으

소설가 채만식의
손자 석재씨

로 기와집을 산 것이다. 그러나 1년 2개월 만에 그 '거룩한' 집도 팔아 버리고 초가집(익산시 마동 296번지)으로 옮겨야 했다. 그리고 6개월 만에 폐결핵으로 사망했다. 그의 대표작 <레디메이드 인생>에 나오는 '갈 곳 없는 초상집의 개'가 된 식민지 지식인의 한(恨)이 그의 삶에, 소설에 중첩되어 보인다.

그가 남긴 작품들이 한국문학사의 중요한 정신적 자산(資産)이 되었으나 그의 삶은 행(幸)보다는 불행에 가까웠다. 그의 아내와 자식들 역시 순탄치 않은 삶을 살았다. 평생 추구해 온 식민지 현실과 민족에 대한 소설적 탐험 이면에 그의 가족들은 불덩이와 같은 가내(家內) 갈등과 이산(離散)을 경험해야 했다. 그러나 그 혹독했던 고통이 세대를 넘어 지금까지 이어지고 있음을 어떻게 받아들여야 할까.

기자는 채만식의 손자 채석재(蔡奭宰·61)씨를 만났다. 단국대 전자공학과를 나온 그는 20여 년간 현대자동차에서 근무하다 2000년 초 퇴직했다. 현대차에서 마지막 직함은 '전산(IT)팀장'이었다. 40대 후반에 구직을 위해 용접

채만식의 아내 은선흥 여사   채만식의 차남 채계열.

을 배우고 여러 기술자격증을 따서 현재는 서울 수서역 인근 고층빌딩의 관리소장으로 일하고 있다.

채만식은 중앙고보에 다니던 1919년 부모의 강권으로 고향(전북 군산시 임피면)에서 10여km 떨어진 마을(전북 익산시 함라면)에 살던 은선흥(殷善興·1901~1993)과 결혼해 두 아들 무열(武烈·1926~1945)과 계열(桂烈·1928~2004)을 낳았다. 그녀는 남편과 정이 멀어진 뒤 어느 고아를 딸(福烈)로 삼아 호적에 올렸다.

장남 무열은 스무 살 때 말라리아 열병으로 사망해 후손이 없다. 차남 계열은 2남 1녀를 낳았는데 장남이 채석재씨다. 그의 말이다.

"할머니(은선흥)는 할아버지(채만식)와 혼인했지만 정을 느끼지 못해 평생 혼자 사셨습니다. 생전 할머니 회고에 따르면, '결혼식을 올리고 가마를 탄 채 함라(전북)에 있던 친정으로 가다가 개천 둑에 이르러 난데없이 돌풍이 불어 왔다'고 해요. 그 돌풍에 가마뚜껑이 날아가 버렸습니다. 할머니는 이 일을 두고두고 가슴에 새기셨는데 불행한 결혼을 예감한 일이었다고 생각하셨어요."

보수적인 집안… 아들 편애, 며느리 심하게 차별

고향 임피보통학교를 졸업하고 상경해 서울 중앙고보(1918~1922년)에 다니며 신문물을 일찍 접했던 채만식은, 18세가 되던 1919년 4월 집에서 결혼하러 내려오라는 편지를 받았다. 당시 중앙고보 2학년이었던 그는 하는 수 없이 내려갔다. 채만식의 부모는 이미 결혼 준비를 다 해 놓은 상

중앙고보 재학 당시 채만식(뒷줄 왼쪽).

태였다. 그러나 구습의 조혼(早婚)은 모두를 불행하게 만들었다. 두 사람은 결혼 처음부터 별거를 하고 말았다.

채만식은 1922년 도일(渡日), 와세다대 부속 제일와세다고등학원에 입학했다. 그러나 이듬해 관동대지진으로 일시 귀국했다가 다시 돌아가지 않았으나 그렇다고 부모와 아내·자식이 있는 고향으로도 내려가지 않았다.

채만식의 집안은 보수적이고 아들 편애가 심해 며느리를 심하게 차별했다고 한다. 은선흥은 고된 시집살이를 하다 아들 둘을 낳고 쫓겨나 친정(함라) 부근에서 살았다. 이혼절차도 없었다. 자식이 장성하면서 나중 경기도 구리(교문동)에서 살았다고 한다. 손자 석재씨의 말이다.

"할머니는 청상(靑孀)으로 사셨어요. 삯바느질을 하며 살림을 일으켰어요. 지금도 할머니가 쓰시던 낡은 재봉틀이 남아 있습니다. 이웃의 입방아가 창

피해 낮에는 집 밖에 못 나가고 밤에 땔감 나무를 구하셨다고 합니다. 아무리 힘들어도 친정 도움도 원치 않으셨어요.

제가 국회도서관에 가서 조사해 보니 소설가 중에서 채만식과 관련된 논문 수가 제일 많더군요. 하지만 가족과 후손 입장에선 쓸쓸함이 많이 남죠. 자랑스러움이 아니라 쓸쓸함…. 할아버지의 후광을 바라는 것은 아니지만 (가족들이) 그 그늘에 가려진다는 게 가슴 아파요. 채만식이란 이름이 더 빛날수록 후손들은 좀 더 쓸쓸한 마음을 가집니다.

저는 개인적으로 할머니가 견뎌야 했던 '여자의 일생'이 더 훌륭하다고 생각합니다. 순전히 할머니 힘으로 일가를 이뤄 냈잖아요. 더 대단하다는 생각이 들어요. 할머니 산소(남양주 모란공원묘지)에 가면 쓸쓸함을 느낍니다."

결혼생활에 뜻이 없던 채만식은 일본 유학을 갔다가 학업을 중단하고 돌아와 ≪동아일보≫ 정치부 기자가 되었다. 1925년 무렵이었다. 앞서 그는 이광수(李光洙)의 추천으로 단편 <세 길로>를 발표(1924년 12월), 문단에 처음 이름을 올렸다.

소설과 수필, 희곡 등 맹렬히 작품활동을 시작했으나 그의 생활은 여전히 안정적이지 못했다. ≪동아일보≫를 그만두고 1930년 ≪개벽사≫에 들어갔다가 다시 ≪조선일보≫(1934~1936년)로 직장을 전전했다.

파탄이 난 결혼은 채만식의 까다로운 성격에서 기인한 것으로 추정된다. 채씨 문중(平康蔡氏 牧使公派 臨陂派)에 따르면, 채만식은 가부장 성향이 짙은 집안의 막내아들로 어머니 한양조씨 조우섭(趙又燮)의 지극한 편애 속에 응석받이로 자랐다고 한다. 그의 어머니는 봄이 되면 남편과 아들이 먹을 고추장을 따로 담가, 며느리와 머슴이 먹을 고추장과 구별했을 만큼 차별이 심했다. 자연스레 채만식은 유년시절부터 음식과 거처에 대한 결벽증과 같은 까다로운 습성을 가지게 됐다. 그는 남의 집에 가서도 밥을 먹을 때는 숟가락

본격적인 창작을 위해 1936년 《조선일보》를 퇴사하고 개성에 거주할 당시의 채만식.

을 닦아 사용하거나 앉아서 얘기하는 도중에 몇 번이고 엉덩이 밑을 쓰다듬어 먼지를 털고 몸매를 추슬렀다고 한다. 심지어 어딜 가든 자기 숟가락을 들고 다녔다고 전한다. 또 빈털터리 신세였지만 여행길에조차 호텔이 아니면 유숙하지 않았고, 삼복더위에도 스리피스 정장에다 모자, 두꺼운 외투까지 입었다. 이를 두고 사람들이 그를 '불란서 백작'이라 불렀다.

이런 결벽증과 까탈스러움은 소설을 쓰는 데도 영향을 끼쳤다. 소설 속 등장인물 중 악인에 대한 증오심이 유별났다. 부르르 떨며 참지 못할 정도였다. 채씨 문중의 한 인사는 이렇게 말했다.

"그분에 대한 후일담 중에 이런 얘기가 있어요. 선생은 등장인물의 성격에 휩쓸려 덩달아 감정이 격해져서 글을 쓸 수 없었다고 합니다. 작중 악인을 작가가 못 견뎌한 셈이죠. 이런 성격이 선생의 병을 더욱 악화시켰다는 겁니다."

이 인사는 또 "생전 채만식은 가슴을 둘러싸고 있는 늑골과 늑골 사이에서 발생한 '늑간(肋間) 신경통'으로 오래 고생했다. 숨을 들이쉬거나 기침할 때마다 가슴과 등이 죄어 오는 고통으로 괴로워했다"고 전했다.

이런 성격적인 면은 작품 속 풍자・반어를 통한 아이러니로 재연됐다. 대표적인 작품이 <태평천하>다. 부정적 인물을 소설의 전면에 내세우고, 긍정적 인물을 후면에 두거나 희화화한다. 심지어 긍정적인 인물들은 부정적 인물에 의해 시종일관 조롱의 대상이 된다.

성격만큼이나 그의 삶 역시 고단했다. 채만식의 문우(文友)인 소설가 이무영(李無影)이 그를 보내는 조사(弔辭)에서 "나는 그를 잊고 싶고 또 잊어야 한다. …안양에서 이십 리 길이나 되는 궁촌으로 좁쌀을 얻으러 오던 중견 작가 채만식. 그의 일생을 나는 무(無)로 돌리고 싶다"라고 추모했듯, 겉으론 고고하고 귀족적이었지만 실은 가난에 찌든, 얽은 내면을 숨기며 살았다. 다만 복잡한 내면과 가난한 현실, 파탄난 가정은 그의 작품을 지식인의 관념적 수준이 아닌 체험의 문학으로 승화시켰다는 평가를 받는다.

장편 ≪아름다운 새벽≫ 서씨와 아내

채만식은 아내 은선흥과의 관계를 모티브로 한 작품도 남겼다. 장편 ≪아름다운 새벽≫에 등장하는 인물들은 체험에 바탕한 것임을 유추할 수 있다. 소설 속 '강부인'은 채만식의 모(母), '며느리 서씨'는 은선흥, '준'은 채만식과 닮아 있다.

이 소설은 1942년 2월부터 7월까지 ≪매일신보≫에 연재됐다가 1947년 단행본으로 간행됐다. 소설의 일부를 인용하면 이렇다.

…막 그럴 때에 건넛방으로부터 병색과 수심을 얼굴에 드리우고, 며느리가 (방금 강부인이 하던 말로 하면 '죄 없이 소박 받은' 준이 아낙이) 헝클어진 머리를 다스리면서 원기 없이 마당으로 내려오고 있다. (중략)

며느리 서씨는 심화와 부실한 건강으로, 볼썽없이 바스러지고 조로를 하였다. 언뜻 사십이 훨씬 넘어 보인다. 그와 반대로 시어머니 강부인은 이른바 노익장(老益壯)하여, 원 나이보다 네댓 살은 젊어 보인다. (중략)

노상 혼인하던 첫날밤 애기신랑에게 소박을 맞은 이래 이십 년을, 꼬박 생과부로 살아오는 여인이니라 하는 선입주견만으로가 아니다. 아무 내력 모르는 사람이 보기에도 어딘지 불행하여 보인다. 추레하고 수심스러운 표정이야 그 자신의 항상 경황없고 슬픈 심정의 반영이라 하겠지만, 그것은 말고도, 일종의 선천적인 것으로 무엇인지 모를 불길스런 듯 박행스런 듯한 상모(相貌)다. (중략)

준이 아낙을 소박한 소연이 그 인물에 있는 것도 아니요, 심성이나 부덕을 잘못 이해하기 때문도 아니다. 또 열세 살에 든 장가라서 자성한 후 개성이 눈뜸을 좇아 자유결혼을 욕망하는 나머지 아낙에게 애정이 없다는 것을 구실로 명령결혼(命令結婚)에 대하여 의식적인 항거를 일삼고 있는 것이냐 하면 그역 아니다. (중략) 오직 한 가지 특별한 사유가 따로 있던 것이다. 하되 그것은 맹랑하기 상식을 초월한 것으로, 항용 이성이나 인간적인 노력으로는 좀처럼 휘어잡기 어려운 마성(魔性)을 띠고 있는 것이다. 아무튼 그래서 이십 전 생과부로(정히 처녀과부로) 사십 고개를 넘고 있는 그 서씨였다.

— ≪채만식전집 4≫, pp.11~12

채만식이 아내를 멀리한 것은 이성적인 판단이 아니라 말로 설명할 수 없는 '마성' 때문이었다고 소설 속에서 고백한다.

채만식의 손자 석재씨는 "할머니 말씀에, 할아버지는 집에 잠시도 안 계셨지만 어쩌다 집에 들어오면 애가 생기고, 또 둘째가 생겼다"고 말했다.

―조혼에 항거하려 했던 측면도 있었지 않았을까요.
"이해는 합니다. 하지만 감당해야 할 여성의 입장에서는 가혹하죠. 제가 할머니에게 '왜 이혼을 하지 않았느냐'고 따진 적이 있어요. 당시 이혼이란 게 있었겠습니까?"
석재씨는 "할머니 역시 할아버지를 받아들일 수 없는 이유가 있는데 장남(채무열)의 죽음 때문"이라고 말했다.
"한번은 할아버지가 버스를 타고 처가가 있던 함라를 지나고 있었다고 해요. 공교롭게도 같은 버스 속에 장남이 있었어요. 부자상봉을 한 셈인데 성장한 후 한 번도 본 일이 없었던 것입니다. 할아버지와 동행한 분이 '네 아버지'라고 말하자 장남이 '나에겐 아버지가 없어요'라고 말했답니다.
그 일이 있고 얼마 후 큰아버지가 열병으로 돌아가셨어요. 할머니는 장남의 죽음이 남편 때문이라고 생각하셨어요. 친아버지와의 만남에 충격을 받아 열병으로 죽었다는 겁니다. 큰아버지(장남)는 굉장히 똑똑했고 남자다워 할머니가 남편처럼 의지했는데 그날 만남 이후 갑자기 죽었으니 원망이 더 크지 않았을까요?"

―채만식의 차남 계열씨는 무슨 일을 하셨나요.
"아버지는 5·16 전에는 체신공무원이었어요. 혁명정부에서 공무원을 정리하는 과정에서 실직했고, 그 후 1968~69년인가 보사부에 들어가셨습니다. 하지만 몸이 편찮아서 일찍 그만두었죠. 아버지는 허약하게 태어나서 굉장히 병치레를 많이 했다고 해요. 제가 고등학교 때는 황달까지 걸렸죠. 할머니는 장남을 가슴에 묻고 차남까지 허약하니 평생 조마조마하게 사셨어요. 자식들이 당신보다 먼저 떠나지 않을까 하고요."

채만식은 숙명여고를 나온 신여성 김시영(金氏榮)과 다시 동거해 2남 1녀를 낳았다. 동거 시점은 정확치 않으나 1930년대 중후반이라는 설도 있고, 1940년이라는 설도 있다. 김시영과의 사이에 2남 1녀를 뒀는데 장남(炳熏)이 1942년생, 딸(永實) 44년생, 차남(永熏) 47년생임을 감안하면, 30년대 후반이었을 것으로 추정된다. 석재씨는 "채만식이 《조선일보》에 입사하기 이전으로 추정된다"고 했으나 이 역시 확실치 않다.

채만식은 임종 때까지 본처 대신 김씨와 살았다. 현재 병훈과 영훈은 모두 사망한 것으로 알려졌으며 딸 영실은 출가하여 비구승이 되었다.

채만식의 손자 석재씨는 이렇게 말했다.

"저는 할아버지의 명성에 누가 되지 않으려 노력하며 살았어요. 사실 조부의 명성이 제 삶에 꼭 필요한 것도 아니잖아요. 대학에 입학하고 나서는 반항심도 생겼어요. 아버지(채계열)가 조부 제사를 지내면 '벌이도 시원치 않으면서 때 되면 제사를 지내냐'고, '도대체 해 준 게 뭐며, 뭘 물려받았는지' 따지고 싶은 생각이 들곤 했어요.

고교 때는 아버지와 함께 선산(군산 임피)에 갔고, 대학에 입학하고선 혼자 다녔어요. 그땐 익산을 거쳐 군산에 가야 했기에 꼬박 1박 2일이 걸렸어요. 제가 현대차에 입사해 1987년인가, 처음 차를 뽑아서 부모님 모시고 선산에 갔는데, 아버지가 그렇게 좋아하셨던 기억이 납니다."

석재씨는 몇 해 전 조부모의 기제사를 합쳤는데 합제(合祭) 날을 할아버지가 아닌 할머니 기일로 정했다. 은선흥은 93세이던 1993년 10월 21일 노환으로 사망했다.

"할머니 산소를 남양주에 있는 공원묘지에 두었어요. '왜 할아버지가 계신 선산으로 안 옮기느냐'고 속 모르는 사람들이 말하고, '채만식 문학관'을 세운 군산시에서도 그런 제안을 하지만 쉽게 결정할 사항이 아니었어요. 생전 할머니는 합장을 원치 않으셨어요. 할아버지도 그 결혼이 싫어 집을 나가셨지 않았나요? 할머니가 이런 말씀을 하셨어요. 언젠가 할아버지가 함라에 와서 문을 두드렸지만 당신은 끝내 문을 열지 않았다고요. 할머니는 평생 꿋꿋하게 사셨어요. 돌아가실 때도 자식들에게 폐를 끼치지 않고 주무시다가 가셨습니다."

채만식과 김시영 사이에 태어난 병훈·영훈·영실이 어떻게 살았는지는 알려지지 않는다. 석재씨도 이복형제들의 근황을 전혀 알지 못한다고 한다.

채만식과 김시영 사이는 본처와 달리 정상적 부부로 지냈는지 알 수 없다. 채씨 문중에 따르면, 서울에서 직장생활을 하던 채만식이 하숙집 딸이던 김시영과 동거를 시작했으나 두 사람도 역시 정이 없었다고 한다. 채만식이 폐결핵으로 사망하자 김시영은 자신이 낳은 2남 1녀를 버리고 가출을 해 버렸다. 자식들은 고아원을 전전했지만 백부(채만식의 큰형 明植)가 이들을 찾으려 애를 썼다고 전한다.

기자는 1973년 10월 16일자 《조선일보》 사회면에 채병훈씨와 관련한 기사를 찾을 수 있었다. 이 기사는 '작가 채만식의 아들 병훈씨… 깡패 20년 청산'이라는 자극적인 제목이 달렸다. 그는 어린 아들과 함께 한때 아버지 채만식이 기자로 재직했던 《조선일보》를 찾아와 자신이 직접 쓴 '탁류에 휩쓸린 어제는'이라는 제목의 수기(200자 원고지 350장 분량)를 꺼내 놓고선 한동안 원고에 얼굴을 묻고 눈물을 흘렸다.

병훈은 인터뷰에서 "이미 지은 죄는 씻을 수 없다. 그러나 앞으로는 참회하는 마음으로 사람답게 살겠다"고 말했다. "뒷골목 생활 20년을 청산하고 재생의 길을 걷겠다. 리어카를 끌며 채소장사라도 하겠다. 그것도 안 되면 넝마주이라도 하겠다"고도 했다.

당시 그는 폭력과 특수절도 등 전과 4범에 기소유예 처분을 받은 것을 합쳐 교도소를 7번이나 드나들었다. '창신동(서울 동대문구) 독종'으로 관내 형사들도 혀를 내두르는 특급 우범자였던 것이다. 기사에는 고아로 자라야 했던 눈물겨운 사연도 담았다.

"아버님이 세상을 떠나셨을 때 아홉 살의 소년이었던 저는 손수 화장한 아버님의 뼈를 골라 선산에 묻었습니다. 그러나 그 후 저는 고아로 자라야 했습니다."

채만식이 사망한 후 6·25가 터졌고 그는 어머니 김시영과 함께 전북 군산 임피면으로 피란을 갔다. 채만식이 죽기 직전 부산에서 발행되던 월간지 ≪학우≫에 작품 〈소년은 자란다〉를 연재 중이었는데, 학우사가 화재로 전소되면서 연재가 중단되고 말았다.

병훈은 어머니의 심부름으로 아버지 원고를 찾기 위해 혼자 부산으로 내려갔다. 친척집 주소를 적은 종이쪽지 한 장을 들고 부산에 도착한 그는 아버지 원고도 찾지 못한 채 길을 잃고 말았다. 깡통을 허리에 차고 구걸을 하며 걸어서 전북 군산으로 돌아온 것은 4개월 후. 그때는 어머니마저 가출한 후였다. 백부 슬하에서 1년간 지내다 어머니가 서울 명륜동 외가에 있다는 소문을 듣고 하굣길에 책가방을 든 채 무작정 상경했다.

그러나 전쟁으로 폐허가 된 서울에서 명륜동에 있다는 말만으로 외가를 찾기는 쉽지 않았다고 한다. 거리를 방황하면서 서울 뒷골목의 불량배들과 어울려 남의 물건을 훔치기 시작했다. 1961년 6월 절도죄로 1년간 복역한 후 성격이 더욱 난폭해졌고 '똘마니' 8명을 거느린 왕초 노릇을 하며 주먹질과 도둑질을 일삼았다. 1963년 1월에는 터키대사관에 침입해 타자기 등을 훔치기도 했다.

1969년 박모씨와 가정을 이뤄 아들까지 낳았으나 여전히 교도소를 들락

거렸다. 1973년 9월 27일 7번째로 교도소 문을 나선 그는 도저히 살길이 막막했던지, 무턱대고 ≪조선일보≫를 찾았던 것이다. 그는 기자에게 "맨주먹뿐이다. 전과자인 저를 쳐다보는 사람들의 눈초리도 무섭다. 리어카라도 마련할 수 있는 길이 없을까요?"라고 도움을 청했다.

≪조선일보≫ 보도 후 각지에서 도움의 손길이 이어졌다고 한다. 당시 김현옥(金玄玉) 내무장관이 그를 불러 집세와 생활보조비를 전하기도 했다. 채만식의 ≪탁류≫에 빗댄 수기 '탁류에 휩쓸린 어제는'은 김 장관의 호의로 출판사와 계약(당시 계약금이 23만 5,000원이었다고 전한다)했으며 출판사 외판사원으로 취직했다.

그러나 선심을 베푸는 척하며 접근하는 악인들도 있었다. ≪동아일보≫ 1973년 10월 29일자 기사에는 장씨 성을 지닌 사기꾼이 병훈에게 "일본 제일권업(第一勸業)은행 서울지점을 털자"고 꾀다가, 마음을 다잡은 병훈의 신고로 덜미가 잡혔다는 것이다.

이후 그가 어떻게 살았는지는 알려지지 않는다. 국립중앙도서관과 국회도서관을 검색했지만 병훈씨가 간행했을 것으로 여겨지는 수기집은 찾을 수 없었다.

시대와 인간에 대한 안목 키워… 퇴사 후 ≪탁류≫ 완성

채만식은 1934년 말 ≪조선일보≫ 사회부 기자로 입사한 후 1936년 1월 퇴사했다. 열심히 취재현장을 누볐지만 작가로서의 위상도 이 시절 확고히 다졌다. 그러나 ≪조선일보≫ 기자 시절에는 단 한 편의 소설도 쓰지 못했다. ≪채만식연구≫를 쓴 김홍기는 "신문기자의 호화롭고 분망한 생활에 빼앗겨 작품 제작에 잠시의 공백기를 가져오게 하였으나 반면 기자생활은 시대와 인간에 대한 넓고 깊은 이해력을 키워 줌으로써 그 이후의 작가생활에 많은 도움이 됐다"고 평가했다.

채만식은 ≪조선일보≫에 입사하자마자 함북 회령의 오지 탄광으로 장기 출장을 떠나야 했다. 총독부는 만주와 두만강변 국경 지역으로 조선인을 이주시키는 정책을 세워 우선 시범적으로 만주 요하(遼河) 지역에 6,000여 명, 관북지역 탄광에 3,800여 명을 이주시켰다. 대부분 전라・경상・충청도 농민들이었다.

≪조선일보≫는 조선인 집단 이민촌의 생활상을 신년호 특집기사로 싣기 위해 만주, 관북, 관서지역을 나눠 3명의 기자를 파견했는데 그 중 채만식이 포함됐다.

1935년 8월에는 경남 통영 인근의 섬 욕지도를 취재했다. 이곳의 멸치어장과 문어어장에 대한 르포기사는 '생활해전 종군기'란 제목으로 ≪조선일보≫(1935년 8월 10~14일)에 실렸다.

기자로서 체험한 민족과 사회현실은 그에게 중요한 '글감'이 되었다. 1936년 1월 퇴사 후 3년간은 그가 전 생애를 통틀어 가장 활발하게 문학활동을 한 시기였고 작품 역시 ≪조선일보≫에 연재했다. 그의 대표작 ≪탁류≫는 1937년 10월부터 ≪조선일보≫에 198회 연재했고, 또다른 대표작 ≪태평천하≫ 역시 ≪조선일보≫의 자매지 ≪조광≫에 1938년 1월부터 연재했다.

다시, 채만식의 손자 석재씨와의 대화다.

―채씨 문중 족보에 김시영씨와 낳은 자식들의 이름은 올라갔나요.

"파족(派族)에는 그쪽 집안이 안 올라 있어요. 두 분(병훈・영훈)은 이미 돌아가신 것으로 알고 고모(영실)는 출가하셨죠. 제가 어린 시절, 그러니까 초등학교와 중학교 때 우리 집에 한두 번 오셨는데 조카와 고모로서의 만남은 없었고 어떤 관계인지도 몰랐어요. 커서 알았죠."

―서로 갈등은….
"출판사에서 할아버지 책을 낼 때 밤새 판권도장을 찍었던 기억이 납니다. 하지만 아버지(채계열)의 배다른 동생들이 찾아와 돈을 달라 하면, 있는 돈 없는 돈 해서 갖다 드리고, 어머니(방희정)도 그 집에 가셔서 쌀을 팔아주고 연탄 들여놓고…. 하지만 삼촌들이 하도 말썽을 피우니까 채씨 집안사람들이 그분들을 안 보고 사셨어요. 그래도 형제니까 아버지는 찾아가려 했지만 자꾸 손을 뿌리치려고 해서 이후 연결이 안 됐습니다.

고모가 살아계시면 일흔이 넘었을 텐데 어떤 연유로 비구니가 됐는지 알지 못해요. 마지막으로 뵌 것이 2003년인가, 군산에 채만식문학관이 개관할 때였어요. 제가 부모님을 모시고 군산에 내려갔는데 고모도 초청을 받아 오셨더군요. 아버지가 멀리서 보고 고모를 가까이 오라고 불렀는데 고모는 냉담하게 외면을 했어요. 얼핏 (군산)시청에서 들리는 얘기가 '왜 저쪽 집안을 불렀냐'고 했다는 겁니다. 그때 아버지도 몸이 편찮아서 휠체어를 타고 계셨는데…."

―섭섭하셨겠네요.
"저는 특별한 관계성을 가지고 있지 않으니까 섭섭한 마음보다는 무슨 이유가 있겠지… 그렇게 생각했어요."

―그래도 고모를 뵙고 싶으시죠.
"다른 사람은 몰라도, 제 입장은 그래요. 그분이 살아 계신지, 돌아가셨는지 모르지만, 살아 계시다면 찾아뵙고 안부라도 전하고 싶어요. 제 나이도

앞줄 노부부가 채만식의 아들과 며느리 채계열 방희정씨. 뒷줄 왼쪽 세 번째가 손자 석재씨, 네 번째가 홍만표(채길성의 남편), 다섯 번째가 손녀 길성씨, 오른쪽 끝이 손자 석환씨.

어느덧 환갑입니다. 살아서 만나는 것이 중요하지 뭐가 큰 문제겠어요? 어머니를 모시고 찾아뵐 수도 있고요. 이런 말을 하니까, 좀 슬퍼요, 가족관계가."

채석재(1955~)씨는 박은경(朴銀敬)씨와 결혼해 1남 1녀를 두었다. 아들 명석(明錫)씨는 법대를 나왔으나 연극무대와 영화에 출연하고 있다. 석재씨는 "처음에는 제발 하지 말라고 말렸지만 할아버지 피를 이어받아 예술적인 기질이 있는 것 같다"고 했다. 딸 희원(稀媛)씨는 뮤지컬 배우로 활동하고 있다. 채만식 선생도 <가죽버선> <시님과 새장사> <심봉사> 등 희곡과 촌극, 장막극에 쓰는 작품을 많이 남겼다. 유전의 영향도 무시할 수 없을 것 같다.

석재씨의 동생 석환(奭煥·1958~)씨는 몇 해 전 섬유사업을 하다가 지금은 정리하고 일식집을 하고 있다. 최옥주씨와 결혼해 1남 1녀를 낳았는데 아들 현석(玄錫)씨는 공대, 딸 윤희씨는 간호대학에 다니고 있다.

석재씨의 누나 길성(吉成·1951~)씨는 해운업을 하는 홍만표씨와 결혼해 딸 둘을 두었다. 두 딸 모두 미국으로 유학을 가 의대와 간호대에 재학 중이라고 한다. 석재씨의 말이다.

"할아버지나 할머니 모두 외롭게 돌아가셨어요. 어떤 면에선 안타깝고 안됐다는 생각입니다. 말년의 할아버지는 자신의 생을 후회하는 부분도 있다고 느낍니다. 오랜 세월이 흘러 우리 세대는 우리 나름의 몫이 있어요. 정(情)을 내어 열심히 살아야죠. 열심히, 임피(채만식의 선산)와 모란공원(은선흥의 산소)을 왔다갔다 하며…"

〈천변풍경〉의 박태원 후손들

"한때 아버지 仇甫의 이름은 박○원이나 박태×"

〈천변풍경〉〈소설가 구보씨의 일일〉을 쓴 구보(仇甫) 박태원(朴泰遠·1910~1986)은 작가 이상(李箱)과 함께 1930년대 한국문단에서 모더니즘의 문을 활짝 연 인물이다. 일제가 프로문학을 탄압하던 시절, 언어의 회화성과 시각적 이미지를 강조한 모더니즘 사조는 암울한 식민지 현

젊은 시절 '모던 보이' 박태원.

실을 묘사하는 새로운 창작방식이었다.

유학파 출신(일본 법정대학 예과 2학년 중퇴)인 박태원은 '대모테 안경에 갑빠 머리를 한 멋쟁이 모던보이'였다고 알려져 있다. 바다거북인 '대모(玳瑁)' 등딱지로 만든 안경테가 대모테 안경이다. '갑빠'는 일본의 민간설화에 등장하는 더벅머리 스타일의 짓궂은 동물. 대모 안경과 갑빠 머리는 1930년대 경성과 도쿄 멋쟁이만 도전할 수 있는 스타일이었다고 한다.

'독특하고 치렁치렁한' 그의 만연체 문장 역시 기교 면에서 최고로 불렸다. 쉼표로 연결해 빠르게 전개되는 '장거리 문장'의 속도감이 일품이었다. 상허(尙虛) 이태준(李泰俊)은 그를 '선각한 스타일리스트'라고 했을 정도. 상허는 "심리고, 사건이고 무어든 한 번 이 문자에 걸리기만 하면 일사(一絲)를 가리지 못하고 적나라하게 노출된다"고 말했다.

그러나 6·25 당시 월북을 택해 1988년 해금(解禁)조치 이전까지 그의 이름은 금기어였다. 해금 이후 박태원에 대한 연구가 본격적으로 이뤄졌다. 북한에서 박태원은 더 이상 <천변풍경>으로 알려진 모더니즘 작가가 아니었다. 그는 북한에서 최고의 역사소설가로 평가받고 있었다. 전기적(傳記的) 연구를 통해 박태원이 사망(1986년 7월 10일)하는 순간까지 3부작 대하소설 ≪갑오농민전쟁≫의 집필을 포기하지 않았다는 사실이 알려지게 되고 그 후 국내에 정식 출판되기에 이른다. 박태원은 '북한에서 작가로서의 자기 삶을 마감할 수 있었던 몇 안 되는'(광운대 조영복 교수) 월북 작가였다.

기자는 박태원의 차남 재영(再英·74)씨를 국립중앙도서관에서 만났다. 낡고 빛바랜 옛 신문과 잡지를 뒤지며 아버지 흔적을 더듬는 일은 그에게 일생의 과업이 되었다. 그는 구보 작품이 있는 곳이면 어디든 달려갔다. 전업 작가였던 박태원은 여러 매체에 작품을 발표했는데, 시와 소설, 수필을 포함

소설가 박태원의
둘째아들 재영씨

해 그 수가 350~400여 편으로 추정된다.

사실 박태원이 월북하리라고는 당대 문인 누구도 예상하지 못했다. 개화파 집안에서 태어나 '경아리(서울) 문학'을 하던 댄디보이는 누가 봐도 마르크시즘(Marxism)이나 프로문학과 거리가 멀었다. 월북 동기가 흐릿하게 감춰진 채 오랫동안 그의 작품은 자물쇠로 채워져야 했다. 책을 읽고 싶어도 '금대출(禁貸出)'에 묶였다. 재영씨의 말이다.

"과거엔 국립도서관 등지에서 아버지의 책 목록을 찾으면 항상 금대출이라는 오랏줄이 묶여 있었어요. 간혹 활자화된 작품도 저자 이름이 '박○원'이나 '박태×'로 적혔어요. 아버지 이름이 마치 쥐가 뜯어먹은 것같이 한 글자씩 빠졌던 것이죠.

해금이 되고 본격적으로 아버지 작품을 찾았어요. 해방 전 신문과 작품은 대개 마이크로필름으로 보관돼 있는데 간단한 작업이 아니었어요. 원본이 훼손됐거나 필름으로는 보이지만 프린터로 출력하면 안 보이는 경우도 많이 있어요. 출력한 자료와 마이크로필름을 대조해야 했는데 그 작업이 고되었어요. 또 어렵게 복사한 자료도 시간이 지나면 다 지워져 버려요. 지금까지 복사비로 든 돈이 몇 천만 원에 이르지만, 모든 자료는 마치 아버지를 다시 만난 것 같이 반가웠고, 늘 함께 계신 것같이 느껴지곤 했어요."

―찾는 과정이 그렇게 어려웠나요.

"작품이 어디에 있다는 정보를 얻고도 실제 입수하기까지 많은 시간이 걸렸어요. 아버지가 북에서 쓰신 《리순신 장군전》(1952년 출간)이라는 소설집이 있는데, 이 책이 하버드대 옌칭도서관에 있다는 걸 2010년 4월 우연히 알았어요. 여러 경로로 수소문하다가 결국 북일리노이주립대(Northern Illinois Univ.) 김영식 교수의 도움으로 1년 만에 볼 수 있었죠. 김 교수는 아버지와 이상·이태준·이효석·김유정 등이 참여했던 구인회(九人會) 마지막 멤버인 문학평론가 김환태(金煥泰)의 아들입니다.

2009년에는 중국 베이징도서관에 있던 《심청전》(1958) 《리순신장군이야기》(1955) 《그림책 갑오농민전쟁》(1960)을 지인의 도움으로 복사해 국제특송으로 가져오는 과정에 말썽이 생긴 일도 있어요. 북한 서적이란 이유로 책들이 국정원으로 갔다가 통일부 추천을 받고서 겨우 제 손에 들어올 수 있었죠."

―아직 실체를 확인 못한 작품이 있나요.

"1955년 북쪽에서 출판한 《정수동 일화집》과 《야담집》은 아직 어느 곳에서도 찾지를 못했습니다."

그는 남북한에서 발표된 아버지의 모든 작품을 전집으로 발간할 꿈을 갖고 있다. 이 꿈이 현실화할 날도 머지않았다. 박태원의 단편소설 〈채가(債家)〉에 이런 구절이 나온다. '나는 글 쓰는 것밖에 다른 재주가 없었으므로 아내의 눈에 딱하게, 민망하게, 또 가엾기까지 보이도록, 나는 나의 힘이 미치는 데까지 밤낮으로 붓을 달렸다'라고 재영씨의 말이다.

"전집 출판은 1988년 해금되어 깊은샘 출판사에서 간행했고, 나머지 작품은 현재 문학과지성사에서 준비 중입니다. 평전은 성신여대 김명석 교수(국문학)가 집필하고 있어요. 내년쯤 출간을 위해 부지런히 자료를 제공하고 있어요."

―가장 애착이 가는 작품은 무엇인가요

"역시 <소설가 구보씨의 일일>입니다. 아버지 대표작 중 하나이고, 여전히 많은 사람이 좋아하는 작품이죠. 시대가 변하면서 구보라는 이름은 고유명사에서 보통명사로 바뀌어 작가들뿐만 아니라, 일반인들까지 사용하게 됐어요. 그 작품으로 연극 공연을 여러 번 했고, '소설가 구보 따라 서울걷기 행사'도 열려 제가 직접 해설사로 참여한 일도 있어요. 1930년대 경성(京城) 모습을 머릿속에 그리며 종로에서 광교·서울시청·소공동·남대문·서울역까지를 2시간 이상 걸었지만 참가자 모두 밝은 얼굴로 즐거워할 때 행복감을 느꼈어요.

또 아버지 작품 중 <채가>에 나오는 큰누나 박설영(朴雪英)의 '유치원 입학 면접시험' 대목이 재미있어요."

<채가>는 ≪문장≫(1941년 4월)지에 실렸다. 작품 말미에 '자화상 제3화'로 표기되어 있다. 꼼꼼한 작가적 관찰력과 가족애를 느끼게 하는 작품이다. 기자가 생각하는 '가장 빛나는' 구절을 짧게 인용하면 이렇다.

… 하룻밤만 자면, 우리 설영이가 유치원에를 가는 날이라, 그래, 우리는 그 날 아이를 데리고 백화점을 찾아가서, 가난한 아비의 넉넉지 않은 예산으로는 그것은, 분명히 신중한 고려를 필요로 하는 정도의 지출이었으나, 기위, 있는 집 자녀들 틈에다 우리 딸을 보내는 바에는, 결코 그 행색이 너무나 초라하여서는 아니 될 것이라, 양복에 구두에 마에까께(짧은 앞치마), 사루마다(팬츠, 잠방이를 그 당시에는 그렇게 불렀음―편집자註), 카버(덧양말)는 아직도 성한 놈이 집에

있건만, 그것도 새로이 한 켤레를 사고 나니, 낭중(囊中)에는 남은 돈이 그 얼마가 못 되어도, 어린 딸의 두 눈이 자못 자랑스레 빛나는 것을 보고는, 가난한 아비는 가난한 까닭으로 하여, 좀 더 그 마음이 애달프게 기뻤던 것이다.

집으로 돌아오는 길에 아내는 설영이를 보고 말하였다.

"너, 아버지가 돈 마아니(많이) 들여서, 존 거 마아니 사주셨는데(사주셨는데), 동생 소영(小英)이두 안 사주시구, 일영(一英)이두 안 사주시구, 똑 너 하나만 그렇게 사주셨는데, 낼, 너, 유치원에 가서 선생님이 물어보시는 거, 대답, 썩 잘해야 헌다. 응? 알었지?"

설영이는 결코 우리에게 뒤떨어지지 않으려 발을 재게 놀리어 언덕을 올라가며, 명쾌하게 대답하였다.

"응."

아내는 다시 말하였다.

"너 대답 잘못해서 유치원에 못 들어가면, 오늘 산 양복, 구두, 마에까께, 모두, 넌 안 줄 테니 그런 줄 알어라, 응!"

"안 주면, 그럼 누구 줘?"

"누구 줘, 소영이 주지."

"소영이가, 나버더(나보다) 쪼끄만게, 커서, 그거 맞나?

"안 맞어두 그냥 두지."

"무얼, 부러 그러지."

설영이는 우선 한마디 하고, 그래도 약간 의아스러이, 엄마의 얼굴을 흘깃흘깃 쳐다보다가,

"조것 봐, 엄마가 부러 그러지. 웃는 거 보면, 난, 다 알어, 다 알어."

하고 야살을 떨어, 우리는 잠깐 얼굴을 마주 바라보며 웃었다.

그러나 아내는 다시 정색을 하였다. 그리고 그는 얼른 선생님이 되어 가지고 물었다.

"이름이 뭣이냐?"

"설영이에요."

설영이는 서슴지 않고 대답하였다. 그도 이제는 선생님의 구두시문(口頭試問)에는 익숙하였던 것이다.

"너 몇 살이냐?"

"여섯 살이에요."

"저어, 아버지는 뭘 하시지?"

"소설가세요."

아내는 잠깐, '선생님'이 아니라, '엄마'로서 한마디 하였다.

"소설가세요, 그래두 좋고…. 또 소설 쓰세요, 그래두 좋구…."(이하 생략)

맏딸 설영은 북한에서 영문과 교수로 재직

박태원의 아내 김정애는 1934년 숙명여고를 1등으로 졸업한 수재였다. ≪동아일보≫(1930년 3월 14일자)에 수석 졸업 기사가 났다.

박태원은 아내 김정애(金貞愛)와 사이에 2남 3녀를 낳았다. 소설 <채가>에 등장하는 맏딸 설영(雪英·1936~), 둘째딸 소영(小英·1937~)을 비롯해 장남 일영(一英·1939~), 차남 재영(再英·1942~), 막내딸 은영(恩英·1947~)씨다.

맏딸 설영은 현재 북한에 살고 있다. 6·25 당시 서울 풍문여중 2학년이었던 그녀는 인민군 야전병원에서 부역하다 북으로 갔다. 지난 2006년 금강산에서 열린 제14차 이산가족 상봉 때 설영은 동생들과 만났다. 그녀는 평양기계대학 영문과 교수로 재직했고 현재 평양에서 살고 있다고 한다.

박태원은 초등학교 교사인 김정애와 1934년 10월 27일 결혼했다. ≪조선중앙일보≫에 연재하던 <소설가 구보씨의 일일>을 끝낸 직후다.

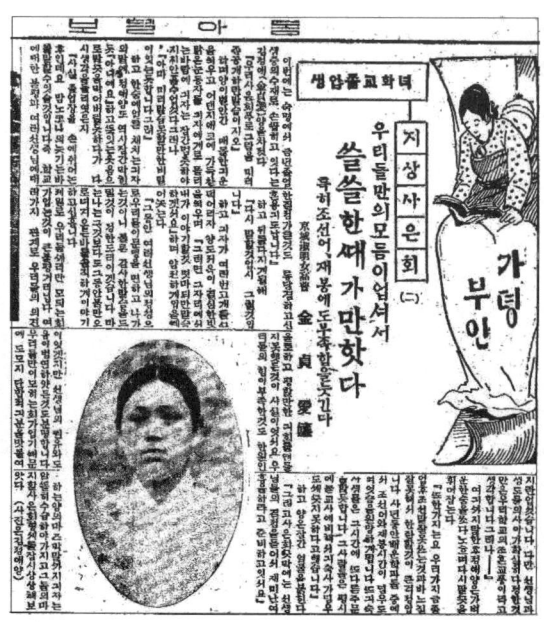
박태원의 아내 김정애는 1934년 숙명여고를 1등으로 졸업한 수재였다. ≪동아일보≫(1930년 3월 14일자)에 수석 졸업 기사가 났다.

눈 오는 날 태어난 '설영'은 박태원의 작품 속에 여러 번 실명(實名)으로 등장한다. <채가>에서처럼 <투도>, <재운> 등의 작품 속 꼬맹이 설영은 이가 다 썩었는데도 치과 가기 싫다고 떼쓰며, 동생 소영과 과자를 놓고 경쟁을 벌이기도 한다. 재영씨의 말이다.

"아버지가 큰누나는 눈 오는 날 낳았다고 해서 설영이라 지었고, 둘째는 작을 소(小) 자를 넣어 작은누나를 소영이라 불렀어요. 첫째 아들이라서 한 일(一) 자를 넣어 일영, 아들 둘이라고 해서 두 재(再)자를 넣어 재영, 막내는 은영이라 했습니다. 족보상의 항렬이 '장사 상(商)'인데 그 글자가 아버지가 사농공상(士農工商) 중 맨 꼬라비(꼴찌)라 싫었던 것 같습니다.

아버지는 개화된 세상에선 항렬 같은 것은 안 따라도 된다는 것을 몸소 실천하셨는지 모르겠어요. 자식들 출생신고도 음력 대신 양력으로 올렸고, 큰누나는 출생 후 12일, 작은누나는 10일, 형은 첫아들이라 더 기뻐서 그랬는지 낳고 5일 만에 호적에 올렸더라고요. 저요? 저도 아들이라서 그랬는지, 6일 만에 올렸죠. 막내는 두 달이 지나서 올렸는데 그 이유를 추론해 보니 아버지가 당시 〈홍길동전〉을 쓰실 때 태어났는데 너무 바쁘고 정신이 없어서 그러지 않았을까 생각해 봅니다."

─ 북한에서 설영씨는 어떻게 살았나요.

"큰누나 설영은 월북한 아버지와 함께 살았고, 평양기계대학 영문과 교수로 재직했다고 합니다. 음악대학 교수이자 테너가수인 남편과의 사이에 아들 하나, 딸 넷을 두었어요. 소진, 은선, 순미, 유진, 은주라고 아버지(아이들에게는 외할아버지)가 이름을 지었다는데, 이름 끝 자를 모두 모으면 '진선미 진주'가 됩니다. 또 남쪽에 두고 간 딸들이 그리워, 손자 이름에 둘째 소영의 '소' 자를, 그리고 막내 은영의 '은' 자를 넣어 이름을 지었대요. 다섯 자식들은 모두 결혼해 (박태원의) 손자손녀가 10명이나 됩니다."

설영보다 한 해 늦게 태어난 둘째 소영은 1961년 결혼해 2남 2녀를 낳았다. 그녀의 남편은 국내 그래픽디자이너 1세대로 통하는 봉상균(전 한국디자인트렌드협회장)씨. 장남 봉준수는 서울대 영문과 교수, 둘째 봉지희는 안양과학대 패션스타일리스트학과 교수다. 셋째 봉지영은 주부, 넷째는 영화 〈괴물〉 〈살인의 추억〉 〈설국열차〉를 만든 영화감독 봉준호다. 재영씨는 "조카이자 아버지의 외손주인 봉준호 감독에게 '외할아버지의 삶과 문학을 영화로 만들어 보면 어떨까' 하는 제안을 해 두었다"고 귀띔했다.

1969년 12월 7일 평양에서 찍은 박태원의 환갑 당시 사진. 앞줄 왼쪽부터 박태원의 여동생 경원(1927~2004), 북한에서 재혼한 아내 권영희(1913~2002), 구보, 남동생 박문원(1920~1973), 제수 최학신. 둘째 줄 왼쪽부터 구보의 의붓딸 태선과 태은, 태선의 남편 강시종(1930~1983). 셋째 줄 왼쪽부터 장조카 박상건(1929~1979), 장조카 며느리, 손녀, 큰딸 박설영(1936~).

구보의 장남 일영은 서울대 수학과를 나와 출판사인 정음사 편집장으로 7~8년간 일하다 1969년 미국으로 이민을 떠났다. 편집장 시절, 셰익스피어 전집을 간행했다고 한다. 미국 버지니아주에 정착, 치과기공 일을 했고 나중 워싱턴D.C. 한국학교 교장을 지냈다고 한다. 한국어 잡지 ≪사슴≫을 발간하기도 했다. 슬하에 딸 둘을 뒀는데 둘째가 워싱턴에서 동물보호 운동을 하고 있다.

넷째 재영은 서울대 농경제학과를 재수해 1963년에 입학했다. "형과 함께 의사가 되려고 이과를 택했으나 두 사람 모두 색약으로 판정이 나서 포기했다"고 한다. 그는 이런 농담을 꺼냈다.

"대학에 한 번 만에 입학 못하고 재수한 것은 아버지가 지어 주신 이름에 '두 재(再)' 자가 있어서 그런지 모르겠어요. 지금까지 살면서 1등보다 2등을 더 많이 했고, 반장도 했지만 부반장이 더 많았어요. 하하하."

그는 한국산 잡화(雜貨)를 해외로 수출하는 무역업에 종사했다. 슬하에 딸 하나를 뒀다.

"제 딸이 국악(해금)을 전공했어요. 아버지도 총각 때 바이올린을 연주했고 노래도 잘하셨다고 합니다. 그 피를 물려받은 게 아닐까 생각해요. 소설가 최정희(崔貞熙·1912~1990)가 쓴 글에 '박태원은 늘 자신이 노래를 잘하며 또 노래를 많이 알고 있노라 자랑을 했다'는 대목이 나옵니다. 어느 날 두 분이 노래 대결을 했다고 해요. 아버지가 부르면, 최정희 선생도 부르는 식으로 수 시간 동안 불렀는데 아버지가 졌다고 합니다. 어디까지나 최 선생의 일방적 기억임을 감안해야 합니다. 아버지라면 다르게 말씀하실 수 있겠죠 (웃음) 아버지는 노래가 딸리기 시작하자 '엄복동(1920~30년대 유명한 사이클 선수)이야, 조수만이야' 하고 소리쳤다는 겁니다. '그게 무슨 노래냐'고 하니까 아버지가 '장충단 공원에서 엄복동과 조수만이 자전거 경주할 때 부르는 응원가'라고 대꾸하면서 하늘을 향해 크게 웃었다고 해요. 심지어 경기고보 다니실 때 들었던 교장 선생님의 훈시에다 곡을 붙여 불렀다는 겁니다. 결국 아버지가 노래 대결에서 져서 최 선생에게 '모리낭아' 다과점에서 푸딩을 사 주었다고 해요."

박태원의 막내인 다섯째 은영은 슬하에 자식이 없다고 한다.

비 새던 돈암동 집과 성북동 초가草家의 추억

재영씨에게 유년 시절, 아버지에 대한 추억을 들려 달라고 부탁했다.

"1940년 돈암동 487-2번지에 집터를 마련한 아버지는 손수 기와집을 멋지게 지었어요. 마당이 넓어 누나·형과 함께 숨바꼭질하던 기억이 납니다. 여섯 살 때까지 그 집에서 살았는데, 아버지는 잠시 동네 반장을 맡기도 하셨죠. 동네 사람들이 모여 방공연습을 했던 것과 때때로 곰팡이가 핀 건빵을 배급 받던 기억이 나요."

재영씨에 따르면, 돈암동 집은 새로 지어 넓고 좋았지만 비가 오면 지붕이 새서 양동이를 갖다 놓기 바빴다고 한다. "어머니(김정애)는 내다버릴 새도 없이 차 오른 물그릇을 치우며 흘러넘친 빗물을 연방 훔치셨고, 아버지는 물이 안 떨어지는 한쪽 구석에서 ≪조광≫에 연재하던 <수호전>을 쓰시던 모습이 떠오른다"고 했다.

여름이면 기왓장이 골치를 썩이고 겨울이면 난방이 제대로 안 되고 외풍도 심했다. 심지어 도둑까지 들어 결국 돈암동에서 성북동 230번지로 이사를 가게 된다. 성북동 집은 초가(草家)였다. 재영씨는 "마루 뒷문을 열면 뒷동산에서 불어오는 바람이 아주 시원했다. 집 뒤에는 작은 폭포가 있고, 매미 우는 소리도 들을 수 있었다. 마당에는 앵두나무, 복숭아나무가 여러 그루 있어 복숭아와 앵두를 따서 손님들에게 대접하기도 했다"고 회상했다.

"가끔 식구들이 둘러앉아 직접 딴 과일을 먹을 때면 어머니는 아버지 원고를 읽어 주시고 누나나 형은 자기 의견을 이야기하곤 했어요. 어떤 때는 막 재미있어지려는데 그날 연재분이 끝나 누나들이 아버지에게 '주인공이 어떻게 되느냐'고 묻기도 했어요. 그때마다 아버지는 '그야 나도 모르지. 내

1956년 서울 이화동 집에서 찍은 가족사진. 왼쪽부터 장남 일영, 차녀 소영, 박태원의 아내 김정애. 앞줄은 삼녀 은영. 동그랗게 추가한 사진은 1969년 박태원과 1990년 장녀 설영.

일이 되어야 알 수 있는 거란다'고 하시며 웃으셨어요."

―성북동 집은 현재 어떻게 바뀌었나요.

"그곳은 가로(街路)공원이 되어 만해선생 좌상이 세워졌어요. '만해의 산책공원'이라는 간판을 걸어 놓은 곳이 우리 집터죠. 집은 기역(ㄱ) 자인데 뒷간엘 가려면 집 뒤로 빙 돌아야 했기에 날이 조금만 어두워도 형이 무서워했어요. 형이 무서워 뒷간에 못 갈 때면 아버지는 꼭 저더러 '형과 함께 뒷간에 다녀오면, 다음에 기뜨기를 사 주마'고 말씀하셨죠. 그 당시엔 과연 '기뜨기'가 무얼까 궁금했어요. 아버지에게 여쭈면, '그거? 아주 좋은 거'라고만 하셨는데, 결국 사 주지 않고 북으로 가 버리셨습니다. 제가 좀 더 커서 '기뜨기'

가 '기특하다'의 명사형이 아닐까 생각해 보았어요. 성실하게 기뜩(기특)한 일을 많이 하면 살아감에 도움될 거란 뜻에서 그런 말씀을 하셨구나, 하고 해석했어요."

―가훈이 있었나요.
"'성실'이 가훈이라 할 수 있지만, 이것이 가훈이라고 일부러 강조하신 적은 없는 것 같습니다. 하지만 5남매 모두 학교 다닐 때 성실하여 모범생으로 1~2등을 다투었고, 지금도 성실하게 살아가는 걸 보면, 역시 성실이 가훈인 것 같습니다."

그는 "성북동 집 이야기를 하다 보니, 빼놓을 수 없는 얘기가 있다"며 이렇게 덧붙였다.
"1947년 9월 백양당 출판사에서 나온 ≪약산과 의렬단≫이란 아버지 작품이 있어요. 독립투사 약산(若山) 김원봉(金元鳳) 선생에 대한 이야기입니다. 배정국 사장의 부탁으로, 아버지가 직접 김원봉을 만나 인터뷰하고 역사자료를 모두 조사해 쓴 작품인데 인세로, 성북동 집을 배 사장이 주었던 것입니다. 아버지는 운치 있는 집을 만들려고 싸리 울타리를 치고, 대문도 싸리문으로 만들었어요. 당시 성북동에 '싸리로 울타리를 친 집'이라면, 모르는 사람이 없을 정도로 유명한 집이었답니다.
명의이전을 하지 않고 살다가 6·25 때 그 집이 배 사장 친척들 손에 넘어가고 말았어요. 아버지나 배 사장과 그 가족 모두 월북했기에 호소할 길이 없었어요. 어머니 역시 9·28 서울 수복 직후 수감돼 항의도 못하고 집을 빼앗기고 말았습니다."

평생 남편을 기다린 아내 김정애

―어머니 얘기를 들려주세요.

"아버지의 고모 박용일(朴容日)은 신교육을 받은 인텔리 여성이었고 경기여고 교사였다고 합니다. 춘원(春園) 이광수(李光洙)의 부인 허영숙과도 가까운 사이였다고 해요. 어느 날, 숙명여고 졸업반 연극을 아버지가 고모와 함께 갔다가 영어 연극에 출연, 유창한 영어로 대사를 외우던 어머니에게 반하셨다고 해요. 중매쟁이를 통해 청혼을 넣으니, 당시엔 별로 알려지지 않은 소설가여서인지 제 외할머니가 '특정한 직업도 없는 사람에게 외동딸을 줄 수 없다'고 하셨답니다."

박태원의 아내 김정애는 1930년 3월 숙명여고 21회 졸업생 74명 중 1등으로 졸업했다. 학창시절 배구선수였으며, 졸업반 때 영어성적이 99점이었다고 한다. 여고 졸업 후, 경성사범 여자연습과 1년 과정을 마치고 충북 진천의 한 초등학교 교사로 발령이 났다.

두 사람이 결혼한 것은 박태원이 1934년 8월 1일부터 ≪조선중앙일보≫에 연재한 <소설가 구보씨의 일일>이 9월 19일 자로 끝난 직후다. 그해 10월 27일 '다옥정'(지금의 서울 중구 다동) 7번지에서 구식으로 결혼한다.

"제가 재작년 진천에 찾아갔어요. 진천 상선초등학교에서 교사로 재직하던 어머니 사진을 찾았어요. 개교 100주년 기념 사진첩에 실린 10여 장의 사진 중 어머니 사진이 있었어요. 얼마나 기쁘던지…."

북한에서 1965년 간행한 갑오농민전쟁 2부작 ≪계명산천은 밝아오느냐≫의 첫 장에 박태원의 말년 모습을 담은 사진이 실렸다. 15년 후 미국 의회도서관에서 장남 박일영이 우연히 발견, 그 책을 복사해 어머니를 찾았다.

"어머니가 그 사진을 보시고 3주 뒤인 1980년 4월 21일 돌아가셨어요. 나이 예순여덟이셨어요. 어머니는 늘 아버지 소식을 기다렸어요. 답답한 마음에 점을 보면 '당신은 반드시 죽기 전에 남편을 만난다'는 점괘가 나왔어요. 미신이지만 그게 어머니에게 희망이었지 않았을까요? 결국 형이 찾아온 아버지 사진을 보시고 돌아가셨어요. 그래도 사진으로나마 두 분이 상봉하신 게 아닐까요?"

그는 이렇게 덧붙였다.

"어머니는 6·25 당시 여맹위원회에 나와 일하라는 강압을 거역할 수 없어 부역을 하셨던 이유로 9·28 수복 직후 사형언도까지 받고 복역했어요. 재심 청구로 사형은 면하고 5년이나 옥고를 치르셨습니다. 그때는 그런 부역이 자의냐 타의냐 하는 것을 입증할 자료도 없었고, 그러한 입증에 끼어들 사람도 없었어요. 많은 사람이 억울함을 호소해 봐야 아무런 소용이 없던 시절이었으니까요. 제가 초등학교 5학년 때인, 그러니까 1955년 봄인가 어머니는 감옥에서 풀려나 집으로 오셨어요."

아내 김정애는 남편의 사진을 본 지 3주 후 사망

박태원의 아내 김정애는 그 후 수감 후유증 때문인지 신장염을 심하게 앓았다고 한다. 그녀는 말년에 중풍으로 세 번 쓰러져 5년간 누웠고 2년간은 전혀 말을 할 수 없었다.

"어머니는 아버지를 만날 희망을 품고 사셨어요. 제 아내가 결혼예물로 어머니에게 드린 원앙금침이 있었어요. 어머니는 아버지와 만나는 날 덮겠다며 장롱 깊숙이 넣어 두셨어요. 가끔 꺼내 보기만 했지 돌아가시는 날까지 한 번도 덮지 않았던 겁니다. 한집에서 함께 살았던 우리 내외도 한동안 잊고 살았는데, 어머니가 돌아가신 뒤 장롱 속에 고이 간직하셨던 원앙금침을 보고 마음이 아팠던 기억이 납니다."

―아버지 월북을 아들로서 어떻게 이해합니까.

"동료 문인 이태준과 안회남이 조선문학가동맹을 좌지우지할 때 아버지를 동맹위원장으로 추대했다고 합니다. 선거 전날, 친구 분과 술을 드시고 삼선교에서 성북동으로 걸어오다 일부러 개천 얕은 곳에 떨어졌다고 해요. 그래서 다쳐서 선거에 못 나간다는 구실을 만들 수 있었대요. 6·25가 터지고 9·28 수복 직전인 9월 20일 '남조선문학가동맹 평양시찰단' 일원으로 평양을 방문했다가 돌아오지 못하셨어요. 아버지는 북한에 계실 때도 이념의 틀에 얽매이지 않았다고 해요. 공산주의를 신봉했다면 (이데올로기를) 찬양하는 글을 남겼겠지만 아버지는 역사소설밖에 쓸 수 없다고 장막을 쳐 버렸습니다."

박태원은 1910년 1월 17일 청계천 광교 옆 '다옥정 7번지'에서 박용환(朴容桓)과 남양(南陽) 홍(洪)씨의 4남 2녀 중 차남으로 태어났다. 유아 사망자를 빼면 3남 1녀가 함께 자랐는데 진원(震遠), 태원, 문원(文遠), 경원(璟遠·딸)씨다.

구보의 아버지 박용환은 다옥정 7번지에서 공애당약방을 1904년부터 운영했고, 용환의 동생 박용남(朴容男)은 바로 옆집인 다옥정 5번지에서 서양식 병원인 공애의원을 열었다. 박용남은 서울대 의대 전신인 조선의학교 2회 졸업생이라고 한다.

재영씨는 "당시 할아버지(박용환)보다 작은할아버지가 더 유명하셨다"며 "할아버지의 부고가 실린 신문(≪동아일보≫ 1928년 3월 17일 자)에 작은할아버지의 우인(友人)이 여럿 등장하는데 그 중 ≪매일신보≫ 부사장과 ≪중외일보≫를 창간한 이상협(李相協) 선생도 있다"고 했다.

재영씨는 또 "아버지가 숙부(박용남)와 고모(박용일)의 소개로 춘원 선생과 백화(白華) 양건식(梁建植) 선생에게 문학을 사사(師事)했다는데 구체적으로 어떤 문학수업을 받았는지는 알 수가 없다"고 덧붙였다.

박용환이 사망한 뒤 장남 진원이 약국을 이어받아 1980년 사망할 때까지 경기도 수원에서 약국을 운영했다고 한다. 진원은 경성제대 조선약학과 본과(서울대 약대 前身)를 나왔다. 그러나 6·25 후 동생 셋(태원·문원·경원)과 자신의 아들(상건)이 월북하는 바람에 고초를 겪었다. '공애당'이란 약국 간판도 성남약국으로 바꾸었다. 재영씨는 "'공애당'이란 표현이 '공산당을 사랑한다'로 오해받을 수 있어 큰아버지가 스트레스를 많이 받았다"고 했다.

박진원은 첫 번째 부인에게서 2남 2녀, 둘째 부인에게서 1남 1녀를 낳았다. 장남 상건(商健)은 6·25 당시 배재고 3학년으로 피겨와 탁구선수로 이름을 날렸다. 인민군 의용군으로 입대해 죽을 고비를 겪었다고 한다. 박씨 집안에 따르면, 북한 종군기자로 있던 박태원이 최북단 압록강 해산진 전투를 직접 취재했다. 국군과 인민군·미군·중공군 시체가 뒤엉킨 곳에서 박태원이 생존한 병사를 찾았는데 그가 바로 조카 상건이었다고 한다. 상건은 그 후 북한에서 체육대학 교수가 됐다. 재영씨는 이렇게 말했다.

"극적인 만남이었다고 해요. 시체더미 속에서 어떻게 조카를 발견할 수 있었는지…. 병원에 후송돼 가슴에 박힌 총탄을 뺐으나 깊이 박힌 것은 못

뺐다고 해요. 퇴원해 아버지가 있던 종군기자단 지프를 운전했다고 합니다."

남북으로 흩어진 박태원 형제들의 행적

차남 상욱(商郁)은 연세대 화공과를 나와 제약회사(종근당)에 근무했다. 오래전 미국으로 이민을 떠났다. 삼남 상우(商佑)는 미국에서 한의학박사가 되어 LA에서 한의원을 운영하고 있다.

박태원의 남동생 문원은 일찍부터 사회주의 사상에 눈을 떴고 화가이자 사회평론가로 광복 직후 이름을 알렸다. 문원은 경기고보와 연희전문을 거쳐 일본 동북제대에서 미학을 전공한 뒤 귀국, 다시 1946년 경성제대 문학과(서울대 미학과 前身)를 졸업했다. 그는 1945년 좌익계열 미술인들이 창립한 조선프롤레타리아 미술동맹의 중앙위원 및 조선노동조합전국평의회 선전부원으로 활동하다 박태원보다 먼저 1949년 월북했다.

문원은 북에서 아들만 둘(철호, 찬호)을 뒀는데 첫째 부인과 사별을 하고 재혼을 했다. 장남 철호는 북한에서 미술가로 활동하고 있다.

"삼촌 박문원은 젊은 시절 선전(鮮展·조선미술전람회)에 입선하셨는데 현재 남한에는 작품이 없어요. 어린 시절, 성북동 초가 대청마루에 입선작을 걸어 놓았는데 댕기를 드린 여자아이 그림이었어요. 삼촌은 아버지의 책 장정(책표지)도 그렸는데 1947년(재판) ≪천변풍경≫ 장정을 맡았어요. 북에서도 아버지의 ≪임진조국전쟁≫의 장정을 그리셨죠."

박태원의 동생 문원이 어린 일영과 재영을 모델로 씨름하는 그림을 그렸다. 어린이잡지 ≪진달래≫(1949년 2월호) 표지에 실렸다.

박문원은 월북하기 전 형의 소설집 외에도 다수 책과 잡지에 표지 그림을 그렸다. 재영씨의 회상이다.

"어린 시절, 저하고 형에게 씨름하는 모델을 부탁한 적이 있어요. 까맣게 잊고 있다가 '박문원이 어린이잡지 ≪진달래≫의 장정을 맡았다'는 기록을 보고 전국을 뒤져 춘천교대 도서관에서 1949년 ≪진달래≫ 2월호를 찾았죠. 그 표지에 저랑 형이 씨름하는 장면이 나옵니다."

구보 4남매의 2000년 모습. 왼쪽부터 박재영, 이규정(박일영 아내), 박일영, 박은영, 박소영, 남행우(박재영의 아내).

막내 경원은 숙명여고 졸업 후 좌익에 참여하다 월북한 것으로 전해진다. 북에서 검사가 되었다고 한다.

재영씨는 박태원의 월북과 문원·경원의 이념 선택을 구분했다.

"아버지 박태원의 월북은 문원·경원의 경우와 다르다고 봅니다. 동생들은 본래 6·25 이전, 해방 혼란기부터 좌익운동에 가담하였던 경력을 가지고 있지만, 아버지는 좌경화된 작품을 쓰셨다거나 어떠한 행동도 하지 않았어요."

〈절정〉의 이육사 후손들

"아버지는 위대한 시인이었으나 우리집은 몰락해"

'민족시인' 이육사의 생전 모습. 왼쪽은 1943년 중국으로 떠나기 직전 친지들에게 돌렸다는 사진. 오른쪽은 1934년 독립운동을 하다 일제에 붙잡혔을 때의 모습.

〈청포도〉〈광야〉〈절정〉의 시인 이육사(李陸史·1904~1944)의 딸 이옥비(李沃非·75) 여사를 만나러 경북 안동으로 향했다. 새벽 눈발이 날린 국도를 시외버스가 엉금엉금 기어갔다. 도산서원을 지나 '땅재'를 가까스로 넘은 버스가 다다른 마을이 안동 도산면 원천리. 육사가 '내 고장 칠월은 청포도가 익어 가는 시절'이라 노래한 마을이다. 저 눈이 녹으면 어딘가 알알이 익어 가는 청포도가 있을지 모를 일이다. 문득 감정이 벅차올랐다.

눈 덮인 '이육사문학관'을 50m가량 내려와 '목재(穆齋) 고택'에서 여사를 만났다. 이 고택은 조선후기 문신(文臣)이자 퇴계(退溪) 후손인 목재 이만유(李晩由·1822~1904) 선생이 살던 집이다. 고택 아래 펼쳐진 겨울 들판을 바라보았다.

그리고 미음자 한옥의 자그마한 마당을 가로질러 안채로 들어가 이옥비 여사와 마주앉았다.

"아버지가 돌아가시고 우리 집안은 몰락한 집안이었어요. 친구들은 아버지가 투사고 시인이라며 부러워했지만 속으로 지게꾼이라도 좋으니 곁에 계시면 좋겠다고 원망했어요. 삼촌들이 월북(越北)하고 집안에 피해가 많았어요. 연좌제 때문에…. 아버지나 삼촌의 흔적을 찾고 싶었지만 행여 어린아이들에게 해(害)가 될까 봐 침묵했어요. 그렇게 세월이 흘러 지금까지 왔어요."

육사는 6형제 중 차남으로 태어났다. 첫째 원기(源祺), 둘째 원록(源祿), 셋째 원일(源一), 넷째 원조(源朝), 다섯째 원창(源昌), 여섯째 원홍(源洪)이다. 둘째 원록이 바로 이육사다.

이들 6형제 중 3형제가 일제시대 《조선일보》 기자로 근무했는데 육사가 대구주재, 원조가 본사 학예부 담당, 원창이 인천주재 기자로 활약했다. 형제는 민족의식도 투철했다. 1927년 대구조선은행 폭탄사건이 터졌을 때

이육사의 딸 이옥비 여사

첫째 원기부터 넷째 원조까지 대구형무소에 수감됐다. 다섯째와 여섯째는 너무 어려 잡혀가지 않았다고 한다.

그러나 광복과 6·25를 거치며 셋째 원일과 넷째 원조는 월북했고, 다섯째 원창은 셋째 형을 만나러 북으로 갔다가 소식이 끊어졌다. 황해도 해주에서 폭격을 맞아 숨졌다고 한다. 이데올로기의 이산(離散)으로 육사 집안의 내력은 오래 불문(不問)에 부쳐졌었다.

이 여사는 아버지 6형제의 우애가 남달랐다고 기억했다. 형제는 용감했고, 정도 넘쳤다. "퇴계 후손들이 다 곱상하게 생겼지만 자존심이 강하다. 잘 안 굽힌다. 삼촌이 우리 집에 오면 유토피아 세계를 들려주셨다"고 말했다.

"아버지가 돌아가시고 6·25 전까지 원일·원조·원창이 삼촌이 한 달에 세 번은 우리 집에 오셨어요. 우리 어머니(안일양)를 위로하려고요. 삼촌들이 어머니께 술·담배를 다 가르치셨어요. '형수가 아니라 누나'라면서… 삼촌 주량이 꽤 쌨는데도 나중에는 어머니가 삼촌과 대작할 정도가 되셨어요. 오시면 정치 얘기도 하고, 나라 돌아가는 얘기도 하고… 어머니도 그런 사상이 머릿속에 박혀 있었나 봐요. 아버지는 아나키스트였다는 생각이 들어요. 형제간 우애가 워낙 좋았으니 사상을 공유했을 겁니다."

육사가 1944년 1월 16일 베이징 일본총영사관 임시감옥에서 순국할 당시 아내 안일양(安一陽)씨의 나이는 38살이었다. 육사는 1921년 경북 영천이 고향인 안씨와 결혼했다.

"아버지가 돌아가시고 어머니는 평생 흰옷만 입으셨어요. 바느질 솜씨가 좋아 부잣집 침모 노릇을 하며 한 달에 비단 두루마기를 40~50벌 지으셨지만 자신은 무명옷만 입으셨죠. 환갑이 지나시고, 제가 자꾸 권하니까 회색옷을 입으시다가 나중엔 차츰 옥색도 걸치시긴 했어요."

이런 일도 있다. 1934년 육사와 정치군사간부학교 1기생 동기인 처남 안병철이 자수한 뒤 1기생들이 연이어 잡혀갔다. 육사도 그해 3월 경기도 경찰부에 구속됐다. 처남이 고문에 못 이겨 자백한 것이다.

"그 일이 있고 아버지가 제 외할아버지, 그러니까 장인과 처삼촌에게 두루마리 편지 6장을 써서 보냈대요. '더러운 혈통을 물려받은 딸과 함께 살 수 없으니 데려가라'고요. 우리 집에 와도 할아버지, 할머니에게 문안인사만 하고, 잠은 집 근처 여관에서 주무셨어요. 무려 7년 동안이나요. 우리 어머니 참 마음고생이 많으셨어요. 아버지가 워낙 강인하시니까… 어머니는 하도 수치스러워 여러 번 목숨을 끊으려 하셨대요. 할머니가 말리지 않았다면 살 수 없었어요. 고부(姑婦) 사이가 그렇게 좋으셨어요.

이육사(왼쪽)와 동생 이원창

아버지 같은 분이야 모진 고문도 다 이겨낼 수 있었지만 외삼촌(안병철)은 힘이 드셨을 거예요. 외삼촌은 배우를 하면 딱 맞을 분이셨어요. 젊었을 때 무대에서 '아리랑' 공연도 하셨대요. 그 일이 있고 외삼촌은 제게 미안해 하셨어요. 어디 출타하셨다가 돌아오면 꼭 제게 선물을 사 주셨어요. 처음 두 분의 관계를 몰랐다가 중2 때 처음 알았어요. 큰 충격이었습니다."

이활李活, 대구 이육사大邱二六四, 肉瀉·戮史·陸史

—'저항 시인'답게 육사는 평생 꼿꼿하게 사셨네요.

형제들은 1927년 조선은행 대구지점에 폭탄 투척을 한 '장진홍 의거사건'에 연루돼 6형제 중 4형제나 구속됐다. 1년 6개월 형을 받은 둘째 원록의 수인번호가 '264'다. 그때부터 자신의 이름 대신 '이육사'로 불렸다.

"어린 다섯째와 여섯째를 빼고 4형제가 잡혀갈 때 아버지는 그저 '사과밭에 서리하러 간다. 놀러간다'고 하셨대요. 그날 대구에선 신문 호외(號外)가 돌고, 일경의 호루라기가 요란할 정도로 사건이 컸다고 해요. 아버지는 붙잡혀서 고문을 당해도 '나는 모른다'고만 하셨대요. 돌아가실 때 마지막 작성된 조서에도 '나는 모른다, 뭐든지 모른다'고 하셨답니다."

―아버지의 필명에 대해서 들은 게 있나요.
육사의 필명은 여러 개를 썼다. 이활(李活), 대구이육사(大邱二六四), 육사(肉瀉·戮史·陸史) 등 다양하다.

"이육사라는 필명은 대구형무소에 수감돼 받은 수인번호(264)에서 나왔다고 해요. 어떤 분은 성씨가 '이씨'고 수인번호가 64라고 하는데, 전혀 사실과 다른 얘기입니다. 처음 필명을 '죽을 육(戮)' 자를 써서 육사라 썼다고 합니다. 역사가 일제 역사니까 일제 역사를 죽이겠다는 뜻인가 봐요. 그걸 두고 한학자이신 집안 어른이 아버지에게 '네 뜻은 가상하지만 그렇게 쓰면 시를 발표하기 전에 잡혀간다. 대신 땅육(陸) 자를 써라. 이 자는 우리 옥편이나 일본 한자사전에 나와 있지 않지만 중국 자전에는 육(戮)자와 같은 의미'라고 하셨대요. 그 뒤로 육사(陸史)를 쓰셨다고 합니다."

독립운동가를 남편으로 둔 아내의 삶도 고달프긴 마찬가지였다
"아버지가 요시찰 인물이니까 무슨 일이 터지면 아버지부터 잡아갔대요. 어머니도 덩달아 끌려가 따귀를 맞고…. 순사가 아버지 행방을 추궁해도 어머니는 '모른다'고만 하고, '그것도 모르냐'고 때리면 '소박데기여서 나는 모

른다'고 맞섰대요. 한번은 아버지가 체포되자 어머니가 잣죽을 끓여 갔더니 '소박데기가 왜 왔냐'며 또 따귀를 때리더래요. 어머니가 '비록 소박은 맞았어도 남편이 위급할 때 도리를 다하는 것이 동방예의지국의 예절'이라시며 '임부(姙婦) 따귀를 때렸으니 천황에게 고발하겠다'고 엄포를 놓으셨어요. 당시 저를 배셨는데 임부는 때려선 안 된다는 규정이 있었나 봅니다."

독립운동가를 남편으로 둔 '죄'로 육사 아내는 늘 일경에 끌려가 따귀를 맞았고 청상과부로 수절해야 했으나 1984년 사망할 때까지 흐트러짐 없이 당당한 여장부였다는 것이 이 여사의 회고다.

이육사의 조카가 평양시장이 되다?

육사의 형제 이야기를 좀 더 듣고 싶었다. 첫째 원기는 3명의 동생과 함께 대구 조선은행 폭파사건에 주범으로 검거돼 대구형무소에서 가혹한 고문을 당하고 불구의 몸이 돼 종신(終身)토록 고생했다고 한다. 1968년 대통령표창, 1977년 건국포장, 1990년 건국훈장 애국장이 추서됐다. 육사보다 앞서 1942년 순국했다.

1930년 12월 24일 이원기가 보낸 간찰(簡札)이 남아 있는데, 상(喪)을 당한 상대의 안부를 묻고 자신의 동생이 격문(檄文)으로 구속된 정황을 언급했다. 1927년 대구조선은행 폭파사건을 두고 하는 말이다. 그리고 흉년으로 부모와 형제가 곤란을 겪고 있으니 도와달라고 부탁한다.

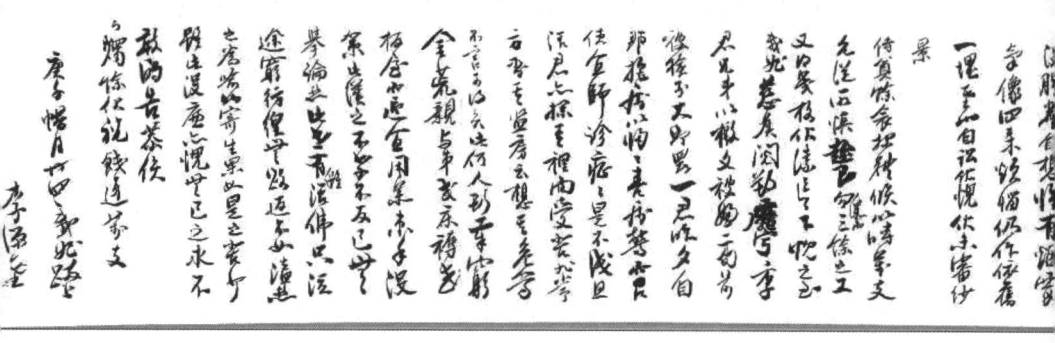

맏형 이원기가 남긴 간찰

… 원일(셋째)은 어제 저녁에 그곳(대구형무소)에서 병을 안고 돌아왔습니다. 돌아온 것은 기쁘지만 병든 것은 놀라워 곧바로 의사로 하여금 증세를 진단하니 증세가 얕지 않다고 합니다. 또 활(活・이육사) 군도 옥살이 하는 속사정을 탐문해 보니 고통당하는 것이 예사롭지 아니하여 감방에서 병들어 누웠다고 합니다. 위독한 것을 생각하면 말하지 않아도 알 만하니 이 무슨 사람의 일입니까? …

이 여사의 말이다.

"큰아버지도 글이 좋으셨대요. 남겨진 글들이 지금도 간혹 나오고 있어요. 슬하에 2남 3녀를 두셨는데 장남이 이동영(李東英・작고) 부산대 명예교수입니다. 큰아버지가 일찍 돌아가셔서 큰어머니와 사촌들하고, 대구 삼덕동 한 집에서 같이 살았어요. 우리집은 밥 먹는 식구가 언제나 스물이 넘었어요. 대구 살 때 주소가 삼덕동 88번지였는데 다들 '88여관'이라 불렀지요."

─셋째 원일씨 가족 얘기를 들려주세요.

"원일이 삼촌은 그림을 잘 그려 서화가셨다고 해요. 숙모님이 단계(丹溪) 하위지(河緯地・1412~1456) 가문이셨는데 6・25 전에 돌아가셨어요. 슬하에

경주 불국사에서 친지들과 함께 찍은 사진. 왼쪽 끝이 맏형인 이원기이고 오른쪽 앞에 앉은 이가 이육사다.

남매를 뒀는데 사촌언니 동탁이는 정말 재주가 좋았대요. 7살 때 가사를 썼어요. 돌이켜 생각하면 그때 가사 두루마리를 보관하지 못한 것이 안타까워요. 제가 두 돌 지나고 어머니가 병에 걸려 격리치료를 받느라 저를 그 집에 맡기셨는데, 언니가 저를 두루마기까지 해 입혔대요. 9살짜리가 말이죠. 그렇게 재주가 좋았는데 장질부사를 앓다가 시름시름 죽었어요.

동선이 오빠는 아버지(원일)를 찾으러 혼자 북으로 가셨대요. 그분이 북에서 자신을 '육사 아들'로 소개했다고 합니다. 그래서 주위 사람이 '육사가 젊은 시절 중국을 많이 오갔으니 아마 그때 혈맥을 떨어뜨렸나 보다'고 생각했다고 해요. 동선이 오빠는 나중 김일성대학을 나와 평양시장이 됐다는 얘기가 있어요. 옛날 허흡(許洽) 대구시장도 그런 얘기를 들었다고 하는데, 확인할 길이 없어요."

이 여사는 "원일이 삼촌은 남로당 활동을 하다가 월북한 뒤 6·25가 나고

1부 문인의 유산들 165

조선노동당 재산담당 직책을 맡아 남한으로 내려왔다는데 고향인 안동까지 오진 못했다고 들었다"고 했다.

넷째 원조는 일제시대 '냉혹한 비평가'로 당대에는 이육사보다 더 유명했다. 1935년 일본 호세이대(法政大) 불문과를 나와 ≪조선일보≫ 학예부 기자로 활약했다. 당대 내로라하는 문인들에게 혹독한 비평을 가해 그의 펜은 화제가 됐다. 그는 광복 후 좌파 문학단체인 문학가동맹의 일원으로 임화·김남천·설정식과 함께 박헌영(朴憲永)을 따라 1946년 월북했다.

"원조 삼촌은 조부에게 한문을 배우고 위당(爲堂) 정인보(鄭寅普) 문하에도 들었는데 위당께서 '장안(長安) 3재(才)의 1인'으로 꼽았을 정도로 똑똑했다고 해요. 당시 명망 높으셨던 이관용(李灌鎔)의 따님과 결혼(주례 조병옥 박사)했어요."

이관용은 대한민국 임시정부 파리위원부의 부위원장으로 김규식 등과 함께 활동했다. 학부대신 이재곤(李載崑)의 손녀인 이정원(李貞媛)과 이원조의 결혼은 '국혼(國婚)'이었다.

"넷째 숙모님은 덕혜옹주의 6촌 동생이셨는데, 슬하에 딸 셋을 데리고 남편을 찾으러 월북하셨어요. 왕족이었으나 현대여성처럼 서글서글하게 생기셨대요. 큰애 이름이 혜정이고 둘째가 정소, 셋째 이름은 기억이 안 나요. 원조 삼촌은 1955년 옥사(獄死)했다는데 숙모님도 따라 숨졌다고 해요. 아마 자손이 북한에 남아 있을 겁니다."

이원조는 비평만이 아니라 1928년, 1929년 연속으로 ≪조선일보≫ 신춘문예에 시와 소설이 당선될 정도로 문재(文才)가 출중했다.

다섯째 원창은 1940년 ≪조선일보≫가 폐간될 때까지 인천지국 주재기자로 일했다. 폐간호인 1940년 8월 11일자 지방특파원 방담기사에서 "무슨 인연인지 3형제가 본사에 관계한 것은 잊을 수 없는 사실입니다"라고 한 일화가 회자한다. 그는 광복 후 ≪인천신문≫ 창간에 참여해 사회부장을 지냈으며 1946년 미(美)군정을 비방했다는 이유로 필화를 겪기도 했다.

"원창이 삼촌은 조봉암 비서를 지냈다고 하고 이승만 대통령 시절 요시찰 인물이 되었다고 해요. 6·25전쟁 때 원일이 삼촌을 만나보고 온다고 이북으로 갔는데 소식이 끊어졌어요. 해주에서 폭격에 맞아 죽었다고 해요. 원조 삼촌이 조용하고 위트 있는 성격이라면, 원창 삼촌은 호탕했다고 합니다."

여섯째 원홍은 19살 때 일찍 세상을 떠났다. 이 여사는 "삼촌들이 막내에게 문학을 권했으나 싫어했다"고 말했다.

"문학보다 그림 그리는 것을 좋아하셨대요. 원일 삼촌이 어느 미술선생에게 막내가 그림소질이 있는지 1주일 만 봐달라고 맡겼는데, 사흘 만에 '소질이 있다'고 찾아왔대요. 첫 출품한 전국미술대회에 입선으로 당선됐다고 해요. 삼촌들이 모두 모여 빈대떡을 굽고 잔치를 하는데, 갑자기 '머리가 아프다'고 했대요. 삼촌들이 '니가 흥분해서 체했나 보다'며 등을 두드리는데 쓰러졌대요. 그 길로 돌아가셨어요. 요즘으로 치면 심장마비였다고 합니다."

이옥비 여사의 이름은 '기름져서는 안 된다(沃非)'는 뜻을 갖고 있다. 육사가 손수 지었다고 한다. 이념으로 찢긴 '몰락한 집안'을 그녀는 육사가 지어준 '경계의 이름'으로 버텨 왔다. 2007년 육사의 고향에 '이육사문학관'이 세워지자 안동에 정착했다.

목재고택 앞 청포도 시비.

"삼촌의 사상을 깊이 들여다보면 이해되는 측면도 있어요. 당대 지식인이 그랬듯 공산주의를 유토피아로 보았던 거죠. 그분들이 독립투쟁을 하며 헌신하지 않았다면 오늘의 대한민국이 없을지 모릅니다. 좌우 이념이 경직된 시대에 태어난 것이 불행하고 한스러워요."

〈빼앗긴 들에도 봄은 오는가〉의 이상화 후손들

"詩人으로 일찍 돌아가신 것이 '안타까운 행복'"

'지금은 남의 땅!'이라 외치는 〈빼앗긴 들에도 봄은 오는가〉의 시인 상화(尙火) 이상화(李相和·1901~1943).

〈나의 침실로〉에서 '마돈나, 수밀도(水蜜桃)의 네 가슴에 이슬이 맺도록 달려 오너라'던 로맨티스트 이상화는 시혼

이상화 시인.

상화의 형인 독립운동가 이상정(앞 오른쪽)과 이상화. 두 사람은 1937년 중국 베이징에서 조우했다. 뒤의 여성은 이상정과 중국에서 결혼한 권기옥. 우리나라 최초의 여성 비행사다.

(詩魂)과 민족혼(民族魂) 모두를 지녔던 시인이었다.

22살(1922년) 무렵 낭만·유미주의를 표방한 ≪백조≫ 동인으로 시의 세계에 입문, 25살(1925년) 카프(KAPF) 발기인으로 참가하며 '펄펄 끓는' 저항시로 나갔던 그는 해방을 앞둔 1943년 사망하기까지 60여 편의 시와 시조, 소설 2편(번역소설 5편)과 산문 20여 편을 남겼다. 사인은 위암(胃癌).

이상화의 아들 충희(忠熙·82)씨는 "일경(日警)에 가택수색을 당하는 바람에 당신의 시고(詩稿)를 압수당해 버렸다. 아버지는 평생 요시찰 인물이었다. 해방 후에는 시인 임화(林和)가 선친의 시집을 출판하겠다며 원고를 가져갔지만 월북하는 바람에 돌려받지 못했다"고 아쉬워했다. 이충희씨는 현재 경기도 분당에 살고 있다. "아버지의 초기 시는 그렇지 않았는데 1920년대 후반이 되면서 (시어와 주제가) 강해졌다"며 이렇게 말했다.

이상화 시인의
아들 충희씨.

"시인으로서 아버지에 대한 평가가 20세기 후반 들어 더 좋아졌다고 할까요? 어떤 분이 이런 말을 하세요. '상화 시를 이북(以北) 사람이 더 좋아한다'고요. 항일시를 썼으나 변절하지 않고 지조를 지킨 유일한 분이라는 겁니다. 사실, 카프에 가담한 문인 중 전향하지 않은 이가 없어요.

이런 생각도 해 봅니다. 선친이 오래 사셨다면, 하고 말이죠. 그래도 변절하지 않으리라 단언할 수 없으나 일찍 돌아가신 것이 '안타까운 행복'이라 생각합니다."

상화의 호적에는 '대구부(大邱府) 명치정(明治町) 2정목(丁目) 84번지'에서 사망한 것으로 기록돼 있다. 대구시가 이곳을 상화 고택(古宅)으로 조성했다. 또 그가 태어난 '대구부 본정(本町) 2정목(중구 서문로 2가) 11번지'에는 표징물이 설치돼 있다.

이상화는 열아홉 되던 1919년, 달성 서씨 집안인 서순애(徐順愛)와 결혼해

3남을 낳았다. 서순애는 충남 공주의 명문가 서한보(徐漢輔)의 딸이다. 서한보는 구한말 공주군 참사를 지냈고 당시 공주지역 대부호였다고 한다. 이충희씨는 이렇게 회고했다.

"서순애의 큰오빠 서덕순(徐悳淳)은 1947년 미군정 시절 충남도지사를 지냈어요. 서덕순은 와세다대 정경과를 나왔는데 신익희 선생과 와세다대 동문이었어요. 백부 이일우(李一雨)의 사위인 윤홍렬(尹洪烈·일제시대 ≪대구시보≫ 사장 역임)이 일본 유학시절, 서덕순과 교우(交友)한 것이 '공주처녀'와 결혼하게 된 계기였습니다."

'성심을 다해 남편을 기다려 온 아내의 미덕을 경애했다'

이상화의 장남 용희(龍熙)씨는 1926년, 차남 충희씨는 1934년, 3남 태희(太熙)씨는 1938년 태어났다. 결혼(1919년)에 비해 자녀출생이 늦은 까닭은 상화가 일제 검속을 피해 도망 다녔고 ≪백조≫ 동인활동을 위해 자주 서울에 머물렀기 때문이다. 당시 문우(文友) 나도향·현진건·박종화 등과 '음주행각이 심했다'는 기록도 있다.

1922년에 도일(渡日), 도쿄의 외국어전문학교인 '아테네 프랑세'에 입학하는 등 외지로 떠돌아 아내와 자연 멀어질 수밖에 없었다고 추정할 수 있다. 그러나 문중에 따르면 "30대 후반 이후 대구에 정착하면서 아내와 부부의 정이 깊어졌다. 이상화는 '줄곧 성심을 다해 남편을 기다려 온 아내의 미덕을 경애했다'"고 한다.

학창시절 이상화.

이상화의 장남 용희씨는 1966년 병사했다. 결혼을 하지 않아 후손이 없다. 문중에 따르면 "장남의 사망으로 어머니 서순애가 가톨릭에 귀의했다. 그의 세례 대모(代母)는 장면(張勉) 총리의 아내다. 세례명은 베로니카"라고 했다.

차남 충희씨는 경북고와 해양대 기관과를 나와 원양(遠洋)어선을 탔다. 그는 "외교관을 제외하고 유일하게 해외견문을 넓힐 수 있는 직업이 마도로스라고 생각했다. 배를 타다가 사고가 나서 잠시 귀국했는데 5·16이 터졌다. 집안에서 배 타지 말라는 강권이 심해 그만뒀다"고 했다.

이후 박정희(朴正熙) 대통령의 대구사범 동기인 흥국상사 창업주 서정귀(徐廷貴·1919~1974)의 회사로 이직했다. 훗날 호남정유 사장을 지낸 서정귀는 이상화의 5촌 조카사위다. 충희씨는 흥국상사 요직을 거쳐 계열사인 흥국

173

공업 회장을 지냈다. 그는 아버지 상화에 대한 기억을 이렇게 떠올렸다.

"아버지는 자식들에게 각별했고 자상했습니다. 제가 대구 수창국민학교에 입학한 후 1주일 동안 손을 잡고 학교에 데려다주고 데려오곤 하셨어요. 그림 동화책도 읽어 주신 기억이 나는데 그게 정서적으로 많은 영향을 미쳤어요. 집안 형님 증언에 따르면, 아버지는 몸집보다 도량이 넓고, 심중이 깊은 대담한 어른이었다고 합니다."

시인이 죽기 한 해 전 가훈을 붓으로 써서 집안에 걸어 두었다고 한다. 충희씨는 "친필 가훈을 형제들이 가슴에 담고 살았다"고 했다. 가훈의 내용은 이랬다.

반다시 애써 할 일.
우리는 서로 사랑하고 섬기고 위하여 살자.

이상화가 쓴 가훈 '반다시(반드시) 애써 할 일'

우리는 몸과 마음을 맑게 하고 적고 큰 것도 고맙다 아끼자.

우리는 저마다 할 일에 있는 힘을 다하자.

우리는 혼자 있을 때에도 내가 나를 속이지 말자.

우리는 내 것을 귀여웁게 할 것이요, 남의 것만 부러워 말자.

우리는 항상 옳은 일을 하여 뉘우침을 모르게 하자.

우리는 언제 어데서나(어디서나) 오분히('허술한 데가 없이 알차게'라는 뜻) 착한 사람이 되자.

충희씨는 슬하에 2남 1녀를 뒀다. 아내는 동양화가 정태순(鄭泰順)씨. 자제 가운데 문학과 예술 분야에 종사하는 이는 없다고 한다. 모두 샐러리맨이란다.

막내 태희씨는 일찌감치 미국으로 이민을 떠나 로스앤젤레스(LA)에 정착했다. 이민 전에는 흥국상사 계열인 범한해상에서 차장으로 근무했다. 슬하에 1남 1녀를 뒀으나 문예 방면으로 직업을 갖지는 않았다. 태희씨는 작년 미국에서 사망했다.

키 170cm에 70kg이었던 여걸 어머니

이상화는 이시우(李時雨)와 김신자(金愼子)의 4남 중 둘째로 태어났다. 아버지 이시우가 1908년 사망해 4형제는 편모슬하에서 자랐다. 어머니 김신자는 덩치가 큰 여장부였다. 문중에 따르면, 키가 5척6촌(169.7cm 추정), 몸무게가 18관(67.5kg 추정)으로 당시 여성의 평균 신장보다 훨씬 컸다.

그래서인지 이상화를 제외한 3형제의 키가 6척(尺)이 넘었다고 한다. 1척이 30cm라면 180cm가 넘었다는 얘기다. 이상화는 신장과 몸집이 보통이었다고 한다.

맏아들 이상정(李相定)은 광활한 중국 만주벌판에서 임시정부와 중국 장계석 군대에서 독립전쟁을 벌인 장군이 되었다. 셋째 이상백(李相佰)은 일본 와세다대 농구부 주장으로 활약, 나중 일본체육회 고위인사가 되었고 해방 후 국제올림픽위원회(IOC) 위원에 올랐다. 넷째 이상오(李相旿)는 '대한사격회 초대회장'을 역임한 수렵인이다. 이상오는 훗날 ≪한국야생동물기≫ ≪세계명포수전≫ 같은 책을 썼다.

상화의 어머니 김신자는 억척스레 자녀를 키웠지만 정이 많아 베푸는 것을 좋아했다고 한다. 일찍 과부가 되어서인지 불심(佛心)이 지극했다는 증언도 있다. 충희씨는 "어린 시절, 할머니 사랑을 많이 받았는데 세 살 버릇 여든 간다시며 버릇을 잘 들여야 한다는 말을 수시로 들었다"며 "아버지가 할머니 영향을 많이 받았다"고 말했다. 계속된 그의 말이다.

"상화의 백부가 소남(小南) 이일우(李一雨) 선생입니다. 당대 부호로서 재력을 바탕으로 팔운정(現 수창초등학교 부근)에 우현서루(友弦書樓)를 세워 많은 인재를 길렀습니다. 우현서루는 단순 책방이 아니라 수천 권의 책이 있는 도서관이었어요. 우현서루와 인연을 맺은 인물이 많은데 '목 놓아 크게 소리내어 통곡하노라'고 쓴 <시일야방성대곡(是日也放聲大哭)>의 장지연(張志淵), 상해 임시정부 국무총리와 제2대 대통령을 역임한 박은식(朴殷植), 임시정부 초대 국무령으로 독립운동에 헌신한 이동휘(李東輝) 등이 대표적입니다. 이 우현서루에 인재들이 모여들자 1915년 일제에 의해 강제 폐쇄되고 말

이상화의 후손들. 뒷줄 가운데가 상화의 부인 서순애 여사다. 그 왼쪽이 충희씨 부부, 오른쪽은 3남 태희씨 부부다. (1980년대 찍은 사진이다)

았어요. 그 후 강의원(講義院)으로 바뀌었다가 교남학교(1921년 설립)의 모태가 됩니다. 이 교남학교에서 이상화 시인이 영어와 작문을 가르쳤는데 이 학교 후신이 지금의 대구 대륜중고교입니다."

충희씨는 이런 말을 덧붙였다.
"그러나 이상화가 백부의 영향을 많이 받았겠지만, 제가 생각하기에, 백부보다 어머니(김신자)의 영향이 더 컸을 것으로 보입니다. 조카자식이 귀하겠습니까, 아들자식이 더 귀하겠습니까. 가훈인 '혼자 있을 때도 나를 속이지 말라'는 당당함과 성실성은 할머니 훈도에 의한 것이라고 봅니다. 그런 가르침 덕에 아들 4형제가 모두 출중했으니까요."

―아버지 시 중에서 가장 좋아하는 시는 무언가요.

"<빼앗긴 들…>과 <나의 침실로>를 좋아해요. 아버지 시비가 전국에 6개 있습니다. 우리나라 최초로 대구 달성공원에 세워진 시비가 '상화시비'입니다. 천안 독립기념관에도, 아버지가 교사로 재직했던 대륜고 교정과 아버지가 잠시 다녔던 서울 중앙고 교정에도, 대구 두류공원에도 시비가 있어요."

문중에 따르면, 상화의 큰형 이상정(1897~1947)은 "중국 장개석 군대 밑에서 국부군(국민군) 고위 막료를 했다"고 한다. 임시정부 수립 당시 통위부 장관을 지낸 유동열(柳東說), 독립운동가이자 김일성(金日成)이 다니던 만주의 화성의숙 교장이었던 최동오(崔東旿·그의 아들이 최덕신 장군)가 이상정의 의제(義弟)들이다. 충희씨는 "최동오의 아들 최덕신 장군이 어린 시절 아버지 형제들을 아저씨라고 불렀다. 세 분이 만주에서 결의형제를 맺었기 때문"이라고 했다.

이상정은 스물다섯에 결혼해 1남 1녀를 낳았으나 중국 만주로 망명(1923년), 광복 후인 1947년 일시 귀국할 때까지 집을 떠났었다. 딸 이선희는 양조장을 하는 배씨 집안(포항)으로 시집갔고, 아들 이중희(李重熙)는 영남대 교수로 재직하다가 퇴임한 뒤 20여 년 전 사망했다. 그는 3남 1녀를 뒀는데 큰아들은 미국으로 이민을 갔다. 문예 방면에서 활약하는 후손은 없다고 한다. 한 후손의 말이다.

"이상정은 광복 때까지 중국에서 독립군을 이끌었던 장군으로 항일운동을 펼치셨던 분입니다. 임시정부 의정원 의원에 선임되었고 대한독립군 중장이었어요. 중·일전쟁이 일어나자 국민당 정부의 육군참모학교의 소장교관(少將敎官)으로 취임했고, 중화군사령부(中華軍司令部)의 막료직도 겸했어요. 그런데 1947년 일시 귀국했다가 안타깝게도 대구 본가에서 뇌일혈로 운명하셨습니다."

상화의 첫째 동생으로
IOC위원을 지낸 이상백

이상정은 우리나라 최초의 여자 비행사 권기옥(權基玉·1903~1988)과 결혼했다. 일설에는 해방 전까지 자신이 유부남이란 사실을 밝히지 않았다고 한다. 문중에 따르면 "두 분 사이에 후손이 없어 집안 호적과 족보에 '권기옥'의 이름을 올리지 않았다"고 했다. 권기옥에게는 1977년 대한민국 건국훈장이 추서됐다. 충희씨의 말이다.

"큰아버지 이상정이 광복 후에도 바로 귀국하지 못하고 중국에 남아 있었어요. 그 이유는 중국군이 해방 후 한국에 진주(進駐)하려던 계획이 있었다고 합니다. 기다리다가 미군이 주둔하는 바람에 못 오시게 됐어요. 제가 경북중에 다닐 때였는데 백부님이 귀국해 학교 강당에서 강연을 하신 기억이 납니다."

이상화의 동생 이상백(1903~1966)은 문무(文武)를 겸비했다는 평이다. 어찌 보면 만주벌판에서 독립운동을 하던 이상정과 대조되는 인물이다.

대구고보(지금의 대구고)를 나와 와세다대 사회철학과를 졸업했다. 대학 시절 와세다대 농구부 주장으로 활약했고 미국 원정 경기를 가졌다고 한다. 일제 강점기 때는 일본 도쿄올림픽 초치(招致)위원으로 활약했고 해방 후 서울대 교수와 한국사회학회 회장, 대한체육회 부회장, 아시아경기연맹 집행위원을 거쳐 국제올림픽위원회(IOC) 위원을 역임했다. 문중 한 인사의 말이다.

"6척 키에다 문무를 겸해 일본 체육계에 그만한 인물이 없었다는 평입니다. 스물여덟 무렵에 일본농구협회 상무를 했고 서른이 넘어 일본 체육회 전무가 되었다고 해요. 당시 일본 체육회는 전부 황족들이 도맡았는데 황족과 교분이 있었다고 합니다. 당시 조선인이면 모두 창씨개명(創氏改名)을 할 때도 그분은 개명을 하지 않았다고 해요. 누구 하나 함부로 개명을 권하는 사람이 없었다고 합니다."

이상백은 독신으로 지내다 55살에 결혼했다. 자녀를 두지 않았다고 한다. 막내 이상오(1905~1969)는 해방 전까지 경북 칠곡에서 양조장을 했다. 경제적으로 여유가 있자, 취미로 수렵을 한 것이 평생의 직업이 됐다. 형 이상백이 대한체육회에 있을 때 이상오는 초대 대한사격회 회장이 됐다. 글재주가 뛰어나 《야생동물기》의 저술가로 명성이 높았다. 이상오는 슬하에 5남 2녀를 뒀다. 첫째 사위가 육사2기로 박정희 대통령의 동기인 윤온구(尹溫求) 대령이다. 둘째 사위는 5·16 당시 국가재건최고회의 혁명검찰부장이었던 박창암(朴蒼巖) 장군. 충희씨는 이런 말을 덧붙였다.

"대학 동창 중에 세계적인 과학자가 된 친구가 있는데 이런 말을 해요. '너희 아버지 형제가 모두 출중한데도 제일 오래 이름이 회자하는 이는 독립투사 이상정, IOC 위원 이상백, 수렵인 이상오가 아니라 일찍 돌아가신 시인 이상화'라고요.

요즘도 아버지 시를 노래하는 이가 많고, 전국 곳곳에 시비가 건립되며, 시에 대한 새로운 평가도 나와 놀라고 있습니다."

〈빈처〉〈금삼의 피〉의 현진건·박종화 후손들

"아! 빙허(憑虛)·월탄(月灘) 두 분은 내 아버지"

빙허 현진건 선생.   월탄 박종화 선생.

아흔인 현화수(玄和壽) 여사는 소설가 빙허(憑虛) 현진건(玄鎭健·1900~

1943) 선생의 외동딸이자 월탄(月灘) 박종화(朴鍾和·1901~1981) 선생의 외며느리다. 한국문단의 두 거인(巨人)을 아버지로 모셨던 그는 "두 분 모두 제게 각별했고 그런 분이 또 없었다"고 했다. 월탄의 외아들이자 현 여사의 남편 박돈수(朴敦洙)씨는 지난 1997년 작고했다. 슬하에 1남 5녀를 두었다.

현 여사를 만난 것은 서울 서초동 막내딸 집에서다. 이 집터는 원래 선생이 폐결핵으로 숨진 후 유해가 묻혔던 산자락(시흥군 신동면 서초리·지금의 서초동)이었다. 1970년대 서울시가 강남 지역을 개발하면서 빙허의 묘를 이장할 처지에 놓이자, 사돈이자 절친한 문우(文友)였던 월탄 선생이 유해를 수습해 한강에 뿌렸다고 한다. 현 여사의 말이다.

"아버지 슬하에 아들이 없어 제사를 모실 수 없으니 부득이 화장(火葬)을 한 것이었어요. 그러다 1970년대 강남 일대가 개발되면서 아버지 묘를 이장하게 돼 한강에 뿌렸어요."

―아버지 현진건은 어떤 분이셨나요. 자상한 분인가요, 엄한 분인가요.
"내 아버지니까 좋은 분이셨죠. 참 좋았어요. 경상도 분이어서 무뚝뚝한 면은 있었어요. 어머니도 대구 분이고, 대구 수성동에 외가가 있고, 달성동에 큰외가댁이 있었어요. 저도 대구에서 태어났고요."

―아직 대구에 현 여사 집안이 남아 있겠죠.
"제가 열아홉에 시집 오고 만나질 못했어요. 외사촌들은 늙어서 다 돌아갔겠고…."

―빙허 선생이 당대 '경성(京城) 3대 미남' 중 하나였다는데 그런 말 들어 보셨어요.
"제가 만날 자랑하는 얘기예요. 3대 미남이 아버지와 석영(夕影) 안석주

월탄 박종화 선생 사랑방에 모인 박돈수·현화수 부부와 아이들.

(安碩柱·1901~1950) 선생, 무용하는 최승희 오빠인지 남동생인지 모르지만 그렇게 3대 미남이라 불렀대요."

―제가 어느 자료에서 보니 3대 미남이 현진건, 안석주, 한기악(韓基岳·1898~1941·독립운동가)이라던데, 미남설(說)이 여럿 되나 보네요.
"하하, 제 아버지라서 그런지 몰라도 잘생기셨어요. 얼굴 빛깔이 정말 하얗고 환했어요."

―아버지 말년의 모습도 기억나세요.

"돌아가시기 전 원체 편찮았고, (세간이) 아무 것도 없었어요. 부암동에 살다가 가세가 기울어 신설동으로, 다시 제기동으로 이사 갔는데 판잣집이었어요. 요즘으로 치면, 고려대 정문 맞은편 뒷골목쯤 될 거예요. 주변(제기동) 이웃들도 다들 아등바등 가난했어요. 가축을 많이 길렀는데 우리집 앞이 마구간이었어요."

빙허, 마구간 앞집에 살아

사실주의 단편소설 <빈처> <운수좋은날> <고향> <B사감과 러브레터> 등으로 문단의 주목을 한몸에 받았던 현진건은 1926년 ≪조선일보≫ 사회부장을 하다가 이듬해 ≪동아일보≫ 사회부장으로 자리를 옮겼다. 1936년 손기정 선수가 베를린 올림픽 마라톤에서 금메달을 따자 신문에 일장기를 지우고 보도한 '일장기 말소사건'으로 옥살이를 한 뒤 언론계를 떠났다.

이후 무척 궁핍했다고 한다. 물려받은 재산도, 일제강점기 아래 소설도 더는 쓸 수 없었다. 붓을 꺾어 버린 것이었다.

"신문사를 그만두고 서울 부암동에서 놀이삼아 양계를 하다가 나중에는 1,000마리나 길렀어요. 그런데 어느 해 닭이 병들어서 몽땅 죽어 버렸어요."

'양계백수(養鷄白首)' 신세였던 빙허에게 '달걀은 술안주, 병든 닭은 복(伏)놀잇감'이란 일화가 회자할 정도로 술과 닭에 대한 이야기가 많다.

"손님 오시면 대접할 게 없던 시절이었어요. 닭밖에. 친정어머니께서 닭요리를 잘하셨어요. 졸이거나 삶아 뜯어 놓고 술안주로 상을 차리셨어요."

현진건 이순득 부부. 가운데는 현진건의 양어머니다.

―아버지가 소설 쓰던 모습도 기억나세요.

"건강하시다가 (신문사를 나오고) 별안간 속이 상하셔서 병(폐결핵)이 나고 가슴이 쪼여 와 글을 못 써 속상해하셨어요. 제 생각에는 제기동으로 이사 가서는 글을 전혀 못 쓰셨어요. 못 쓰신 것인지, 안 쓰신 것인지 모르지만…."

곁에 있던 막내딸 박동란(朴東蘭)씨가 "그 시절, 붓을 꺾었다고 들었다"고 했다.

일제가 문인의 어용조직화(문인보국회)를 부추기던 시절, 그에게 원고를 청탁할 매체는 없었을 것이다. 1939년 역사소설 <흑치상지(黑齒常之)>를 ≪동아일보≫에 연재, 민족의식을 고취했으나 "사상이 불온하다"는 이유로 연재 52회 만에 중단했다.

현 여사는 "부암동 살 때 글 쓰시던 모습이 생각난다. 새벽 4시에 눈을 떠 보면 책상 앞에 앉아 무언가를 열심히 쓰셨다"고 했다.

―일장기 말소사건 때가 기억나세요.

"그땐 어려서 몰랐는데 한번은 아버지께서 한동안 집에 안 오셨어요. 어머니께 '왜 안 오시냐'고 했더니 '조금… 시골 가셨다'고 그러셔요. 한참 뒤에 '오늘 오신다'며 저더러 '나가 봐라'고 하셨어요. 부암동 산길을 내달려 갔더니 아버지 행색에 놀랐었어요. 유치장에서 나오셨는지 흰 바지저고리에 고무신을 신고 계셨어요."

빙허는 당대 주호(酒豪)라 불릴 만큼 술과 관련된 일화가 많다. 여기에는 슬픈 사연도 담겨 있다. 빙허의 셋째 형인 현정건(玄鼎健·1887~1932)씨가 독립운동을 하다 옥사(獄死)한 뒤 형수마저 순사(殉死)한 것이다. 주정이 더 심해졌다고 한다.

"시아버지(월탄)는 약주를 드셔도 점잖게 드셨는데, 친정아버지(빙허)는 술 주사가 있었어요. 부암동 살 때, 어디서 돈이 조금 생기면 술 드시고 집에 오는데, 지금은 번화가지만 그때는 옛 경기상고(지금의 청와대 뒤편)를 지나 산길을 오시다가 길에 쓰러져 주무셨다는 거예요. 그럼, 가지고 있던 것 몽땅 털려 빈손이 될 수밖에요.

당시 셋째 아버지(현정건)가 평양 가막소(감옥)에 계실 때, 셋째 어머니는 혼자 자수 놓으며 기다리셨어요. 지금도 가회동 골목 가다 보면 살던 집이 남아 있더라고요. 셋째 아버지가 돌아가시고 (셋째 어머니가) 앓아누웠는데, 이부자리를 걷으면 검정 덩어리 같은 게 나왔어요. 그게 아편이었어요. 그래서 치워 버렸는데 또 구해서 그거 잡수시고 돌아가셨다고 해요. 안타깝게도 자손이 없어요. 셋째 아버지는 줄곧 감옥에 계시고 셋째 어머니는 혼자 사시다시피 했으니까요. 그러니까 따라 돌아가신 거지요."

현진건의 딸이자, 박종화의 며느리인 현화수 여사.

현정건은 상해로 건너가 임시정부의 경상도 의원으로 활동하며 일찍부터 독립운동에 헌신했다. 반세기가 지난 1992년 현정건에게 건국훈장 독립장이, 1995년 빙허에게 대통령 표창이 추서됐다.

열아홉의 빙허도 1918년 형이 있는 상해를 찾아간 일이 있다고 한다. 그는 상해외국어학교 독어과를 다니다 중퇴했다.

"아버지 말씀이, '대구에서 한문 공부를 하다가 공부할 게 없어서 일본으로 갔는데 일본을 여기저기 돌아다녀 봐도 배울 게 없어 다시 중국에 가서 공부했다'고 해요. 그렇다고 요즘처럼 돈 들고 유학 간 게 아니라, 상해 부잣집 자제에게 영어를 가르쳐 그 돈으로 중국어를 배웠다고 해요. 그 시절, 못하는 말이 없었다고 해요."

현 여사는 "일어, 영어, 독어, 중국어에다가 러시아 말도 하셨다"고 했다.

―언어에 탁월한 감각이 있었었네요.
"아버지 형제들은 머리가 비상하고 똑똑하셨어요. 가난해서 그렇지."

빙허의 백부는 구한말 군령부(軍令部) 총장을 지낸 현영운(玄暎運), 양부(養父)는 궁내부 시종(侍從)을 지낸 현보운(玄普運), 생부(生父)는 대구 첫 우편국장을 지낸 현경운(玄炅運)이다.

빙허 외동딸과 월탄 외아들의 만남

현 여사는 빙허 선생이 돌아가시기 두 달 전 결혼했다. 월탄 외아들과 빙허 외동딸의 결혼은 문인 사이에서 큰 화제가 됐다. 당시 주례는 육당(六堂) 최남선(崔南善·1890~1957) 선생이 섰다.

"그때 제 나이 열여덟이었어요. 아버지가 선뵈라 하시니 어떻게 해요. 머리 질끈 동여매고 분만 조금 찍어 바르고 나갔어요. 입던 옷 입고 두루마기 걸치고요. 아버지께서 '너는 어디 가든 괜찮으니까 걱정할 것 없다. 옷이 문제냐, 사람이 문제지' 그러셨어요.

덕수궁 앞에서 만났는데 두 분은 빠지시고, 남편과 저를 덕수궁 미술관에 들여보내시더라고요. 아, 글쎄 미술관에 아무도 없는 줄 알았는데 박씨 집안 할머니들이 총출동하셔서 며느릿감을 탐색하러 오신 거예요. 10~20여 명의 할머니들이 저희 가는 데마다 졸졸 쫓아다니시잖아요. 정신없고 떨리고, 뭐가 뭔지 모르겠더라고요. 시아버지가 '이 색시 아니면 결혼 안 시키겠다'고

박돈수·현화수 부부. 1992년 박씨의 고희를 기념해 촬영했다.

하니 할머니들이 궁금하셨던 거지요."

그렇게 상면(相面)한 다음날 제기동 집으로 약혼반지가 도착했다고 한다.
"친정아버지, 어머니께서 '이거 뭐꼬, 뭐꼬?' 그러셨어요. 시댁에서 아주 정중하게 가지고 오셨어요."

―결혼은 빙허와 월탄 두 사람 사이 약조가 있었던 모양이네요.
"젊은 시절, 사돈 맺자는 약속을 하셨는데 한번은 한밤중에 시아버지께서 큰소리로 '이리 오너라!' 하며 제기동 집을 찾으셨어요. 친정아버지는 그때 안 계셨는데, 어렸을 때 저를 본 뒤로 궁금하셨던 거지요. 문을 열고 나가니, 저더러 '담배를 피워야 하는데 성냥이 없으니 좀 켜 다오' 그러셔요. 이분에게 긋고, 저분에게 그어 드릴 때, 성냥 불빛으로 제 얼굴을 찬찬히 보셨다고 해요. 나중 들어 보니, 저 보러 일부러 찾아오면 친정아버지가 화내실까 봐 몰래 오신 거였어요.
　이런 말씀도 하셨어요. '새벽에 손님이 찾아와도 닭 잡고, 말없이 술상을 차리는 네 친정어머니의 딸이라면 괜찮겠지 싶어 데려왔다'고요."

　―빙허보다 월탄 선생의 의지가 더 강했군요.
　"그럼요. 강했죠. 그런데 당시 박씨 집안은 부유했지만 현씨 집안은 가난했어요. 한번은 결혼 전 시어머니가 제기동 집을 찾아오셨어요. 시아버지가 부득부득 가 보라고 하셨던 거예요. 그런데 집이 너무 남루하고 화장실도 삐걱삐걱하는 나무판자니… 마음이 언짢으셨겠지요. 시어머니는 부잣집 며느릿감을 이미 물색하고 계신 상태였어요.
　처음 혼사 말이 오가자 박씨 집안에서 다 반대를 하는데 시할아버지께서 '너희가 반대하면 뭐 하나. 시아버지가 좋다면 그만이지' 하며 영(令)을 내리셨대요. 그런데 결혼하려 해도 돈이 있어야지요. 어떻게 해요. 이바지 음식을 들일 때, 시아버지께서 몰래 뒤에서 돈을 다 보내 주셨어요. 그 고마움을 지금도 잊을 수 없어요."

　―주례는 육당 최남선 선생이 섰다고 하더군요.
　"그분이 현씨 집안하고 먼 친척이라고 들었어요."

　그러나 현 여사가 결혼한 뒤 빙허 선생은 두 달 만에, 친정어머니는 남편과 사별한 뒤 친정인 대구로 돌아갔지만 이듬해 지병으로 사망했다.

"월탄, 시아버지 노릇 제대로 하셨다"

천애(天涯) 고아가 된 며느리에 대한 시아버지의 사랑은 지극했다고 한다. "시아버지께서 엄하셨지만, 짓누르지 않고 다정하게 대해 주셨어요. 항상 자애와 미소가 가득했던 분이셨어요. 흔히 말하는 고부 갈등도 없었어요. 시어머니께서 화가 나면 부엌칼로 도마를 탁탁 치셨는데, 그러면 시아버지께서 마당과 마루를 오가며 헛기침을 하세요. 그럼 도맛소리가 조용해져요. 시아버지가 사랑채로 돌아가시면 도맛소리가 다시 나요.(웃음) 그때 시아버지께서 저더러 '시어머니께 잘하지 그러냐'고 나무라셨다면 반항하는 마음이 들었을 텐데 전혀 안 그랬어요. 항상 웃으며, 괜히 집 안을 돌아다니고, 화제를 돌려 얘기하면 미운 감정이 싹 가셨어요. 시아버지 노릇 참 잘하셨어요. 시어머니도 얌전해서 화가 났을 때 도마는 두드렸지만 저를 나무란 적은 없었어요. 싸움 날 일이 없었어요."

―남편 박돈수씨는 어떤 분이었나요.

곁에 있던 현 여사의 막내딸 박동란씨는 "아버지께서는 평생 화내거나 찡그리는 것을 모른 얌전한 분이었다"고 말했다.

현 여사가 말을 이었다.

"평생 화내는 걸 못 봤습니다. 시아버지 말씀을 100% 따랐어요. 시아버지가 콩을 팥이라고 해도, 알면서도 그걸 받아들였어요. 절대 거역하는 법이 없었어요. 은행에 다녔는데 너무 곧고 말 수도 적었어요."

월탄 박종화 선생은 생전 손녀들에게 "꽃필 때 갔으면" 하고 말했지만 눈이 펑펑 쏟아지던 1981년 1월 13일 세상을 떠났다. 오척 단구에 달걀이 큰

기자와 대화를 나누는 현화수 여사와 가족들.

얼굴. 달을 좋아해서 '달여울'이란 뜻의 아호(월탄)를 썼었다. 일제 말기 시인 정지용(鄭芝溶)과 함께 창씨개명을 거부하고 일제의 문인보국회도 불참했다. 해방 후 정사적(正史的) 장편 역사소설로 민족문학의 길을 개척했다. 주요 작품으로 《금삼의 피》 《다정불심》 《월탄 삼국지》 《임진왜란》 《세종대왕》 등이 있다. 문화훈장 대통령장, 국민훈장을 받았다.

―월탄 선생께서 작품집이 나오면 며느리보고 읽어 보라고 하셨나요.

박동란씨는 "할아버지께서 저희들에게 읽어 보라 그러지는 않았다"며 이렇게 말했다.

"식사 때는 상 셋을 차렸는데 할아버지와 아버지는 각각 독상, 할머니와 저희 6남매가 한상에서 먹었어요. 식사하며 책 내용에 대한 말씀을 하셨던 기억이 나요."

월탄은 유명무명을 가리지 않고 문인 후배, 제자들의 출판기념회, 결혼식에 빠짐없이 다녔고 취직 부탁도 발 벗고 나섰다고 한다. 지방의 무명 문인들로부터 편지가 오면 반드시 답장할 정도로 인자했다. 소설가이자 공직자(통일원 고문, 통일주체국민회의 대의원)로 분주했지만 집안일도 세심하게 살폈다고 한다.

현 여사는 "시아버지께서 말년에 간암을 앓았다"고 했다.

"술을 좋아하셔서 저녁식사 시간이 2시간이었어요. 매일 반주로 정종 반(半) 되는 드셨으니까요. 하지만 병원 가길 싫어했어요. 시어머니께서 병원 검진 받다 폐렴으로 돌아가셨거든요. 남편도 교통사고로 다리 한쪽을 잃은 뒤 병원 자체를 싫어했어요. 또 일찍 알았다면 치료했을 텐데 그땐 몰랐어요. 돌아가시기 전, 병명을 알았을 땐 이미 손을 댈 수가 없었어요. 집에서 돌아가셨습니다."

월탄 선생은 하루도 빠짐없이 일기를 썼다고 한다. 현 여사의 말이다.

"메모 형식으로 쓴 일기가 20~30권이 돼요. '오늘은 100원을 썼다,' '오늘 친구가 왔다'는 내용의 짤막한 글인데, 누가 보여 달래도 안 빌려줬어요."

딸 박동란씨는 "딸들에게도 안 보이셨다. 벽장 속에 꼭꼭 숨겨 놓고 문을 걸었다"고 볼멘소리를 했다.

—이제 공개하셔도 될 텐데요.

"남에게 빌려주면 잃어버리니까 안 보여줬어요. 한 권이라도 없으면 이 빠진 것처럼 되잖아요."

이 대목에서 현 여사의 눈빛이 비장해 보였다. 며느리를 그토록 아꼈던 시아버지 마음을 평생 간직하려는 뜻일까, 하는 생각이 들었다.

"할아버지(시아버지)가 손주들에게 참 잘해 주셨어요. 학교 일은 다 해 줬으니까. 학교 간다고 하면, 학비까지 대주고 6남매 공부를 다 가르치셨어요."

―수학이나 영어도요?

"예를 들어 '너 뭐하고 싶냐'고 묻고 어떤 계통으로 어떻게 하라고 길을 열어주셨어요. 딸 다섯 중 세 명이 모두 그림을 배웠는데 돈이 많이 들어갔어요. 시아버지께서 다 뒤치다꺼리하셨어요."

―두 거장을 아버지로 모셨습니다. 두 분 생각이 많이 나시죠?

"뭐라고… 어른들을 평할 수가 있겠어요. 다 좋은 분이셨어요. 며느리에게, 딸에게 그 이상 좋을 수 없었어요."

〈그 먼 나라를 알으십니까〉의 신석정 후손들

"한의(韓醫)와 불전(佛典) 버리고 시의 길 열어"

당시(唐詩)를 좋아한, 도연명(陶淵明)을 꿈꾼 시인이었다. 평생을 자연과 생활을 노래하고 백자와 벼루, 붓, 한지와 함께한 그의 시에는 문향(文香)과 묵향(墨香)이 배어 있다. '목가(牧歌)시인'이라 불린

전주 '비사벌 초사'에서 시인 신석정

그는 한국 시단에서 독특한 서정 세계를 구축했다.

195

시인 신석정(辛夕汀·1907~1974)은 도연명이 될 수 없었던 가혹한 시대에 태어나 은사(隱士)를 꿈꾸며 수많은 서정시를 남긴 인물이다. 평생을 전북 부안과 전주에 머무르며 1,500여 편의 시를 썼다. 대표작으로 <그 먼 나라를 알으십니까> <아직 촛불을 켤 때가 아닙니다> <꽃덤풀> 등이 있다. 해방과 6·25를 겪으며 그의 시정신은 비판적 저항시로 나아갔으나 거칠지 않은 서정의 면모를 그대로 이었다.

178cm의 훤칠한 키에다 서구적인 쌍꺼풀, 약간의 코멘소리, 해학이 뛰어난 말씨, 섬세하고 다정다감하며 악하지 못한 마음씨 등과 관련한 시인의 추억담은 여전히 전주와 부안에서 회자한다. 부안읍에 '석정문학관'이 세워지고 해마다 '석정문학제'가 개최되고 있으며, 석정기념사업회가 2014년 출범, 상금 3,500만 원(중견시인 3,000만 원, 신인 500만 원)을 내건 '석정문학상'이 작가들을 들뜨게 한다. 시인이 떠난 지 40년이 넘었지만 그의 이름은 여전하다.

기자는 신석정의 슬하 8남매 중 3남인 광연(辛光淵·80)씨를 만났다. 장남과 차남은 이미 사망한 상태다. 경기도 안양에 거주하는 그는 ≪동아일보≫ 기자와 ≪경인일보≫ 논설위원을 역임했다.

"아버지는 8남매 모두를 부안에서 낳으셨어요. 문학 공간으로 부안과 전주의 무게가 비슷하지만 생애 후기에 역사성과 철학성의 완숙미가 더 깊어졌다고 할까요? 하지만 부안에서 쓰신 초기 시가 더 많이 알려졌어요."

시인은 전북 부안읍 동중리(東中里)에서 태어나 여덟 살 무렵 선은리(仙隱里)로 이사해 그곳에서 부안보통학교를 다녔다. '신선이 은거한(仙隱)' 마을은 평생의 문학적 토양이 되었다.

"'선은동'은 비산비야(非山非野)라 할 전원에 자리 잡은 아담한 마을입니

신석정이 손수 짓다시피 마련한 삼간초옥 청구원의 현재 모습. 1935년 무렵 지어졌다고 한다. 시인의 8남매가 모두 이 집에서 태어났다.

다. 마을 앞산이자 부안읍의 뒷산이 상소산(上蘇山)입니다. 이 산에서 서북쪽으로 내려온 산줄기 끝 쪽 작은 구릉에 안긴 마을이 선은동이죠. 이름부터가 동화 속 나라처럼 들리는 이 마을에서 아버지는 첫 시집 ≪촛불≫(1939년 간행)과 둘째 시집 ≪슬픈 목가≫(1947년 간행)를 내셨어요. 전주로 옮기셨던 마흔다섯까지 줄곧 부안에서 사셨습니다."

―시인이 남긴 1,500여 편의 시 가운데 어떤 시를 가장 좋아하세요.
"초기작인 <그 먼 나라를 알으십니까>를 가장 좋아합니다. '산비탈 넌지시 타고 내려오면, 양지 밭에 흰 염소 한가히 풀 뜯고, 길 솟은 옥수수밭에 해는 저물어 저물어, 먼 바다 물결소리 구슬피 들려오는…' 이 구절은 상소산을 내려와 선은동에 이르는 길의 여정과 너무 흡사합니다."
평생을 부안과 전주를 못 벗어난 그가 어떻게 정지용(鄭芝溶), 박용철(朴龍

喆), 김기림(金起林), 편석촌(片石村), 김영랑(金永郞), 이하윤(異河潤) 시인 등 서울의 기라성 같은 문인들을 만나 '시문학파'가 됐을까.

"아버지는 25세 무렵인 1930년 상경해 동대문 밖 대원암(大圓庵)에 있던 '중앙불교전문강원'에서 만해(萬海) 선생과 더불어 당대 거벽으로 추앙받던 석전(石顚) 박한영(朴漢永·1870~1948) 선사에게 불전(佛典)을 배우셨어요."

그 무렵 한국 불교계의 사상적 지도자였던 석전은 수많은 제자를 길렀는데 문인 중에는 육당 최남선, 춘원 이광수, 벽초 홍명희, 위당 정인보, 조지훈, 신석정, 서정주 등이 그의 가르침을 받은 것으로 전해진다.

그러나 석정은 학문으로서 불전을 배웠을 뿐이었다. 대신 총독부 도서관을 찾아 루소와 타고르 등의 서적을 탐독했고 노장철학에 빠져들었다고 한다. 이 무렵 시문학파 시인들과 교류하게 됐었고 1931년 10월 ≪시문학≫지 3호에 <선물>이라는 시를 싣게 된다.

"1935년 2월 어머니의 부음 소식을 듣고 귀향하기까지 서울에 머무르셨죠. 문우(文友)들의 만류를 뒤로하고 다시 부안으로 내려와 초가삼간의 집을 짓고 옥호를 '청구원(靑丘園)'이라 부르셨어요. 그곳에 은행나무, 벽오동, 목련, 산수유, 철쭉, 신우대, 등나무 등을 심으셨는데 8남매 모두 청구원에서 나고 자랐습니다."

현재 청구원이라 부른 신석정의 고택은 '전라도 기념물 제84호'로 지정돼 있다.

"돌이켜보면 아버지는 천생 시인이 되게끔 좋은 환경을 타고나셨던 것 같아요. 한학을 깨치고 한시를 곧잘 지으셨던 증조부와 조부의 가르침을 받으

신석정의 아들
신광연 선생

며 자란 데다 산 높고 물 맑고 바다가 푸른 고향의 산천 또한 일조가 됐을 겁니다. 여기에 아버지의 풍부한 감수성이 더해져 그분만의 독특한 시의 세계를 이루지 않았을까 여겨져요.

또 소년 시절, 마을 어른들이 집으로 들여보낸 참외 꾸러미를 보시고 '얼마나 참외밭가에 서성댔으면 이런 것을 주었겠느냐'고 호되게 야단친 조모님의 조백(早白)도 영향을 미쳤다고 봐요. 이런 일도 있었어요. 초등학교 6학년 무렵, 한 하급생이 수업료를 못 내 전교생 앞에서 발가벗겨지는 벌을 받자, 아버지가 스트라이크(동맹 파업)를 주도해 무기정학을 받았어요. 불의를 외면하지 않던 올곧은 성품이셨죠. 아버지는 분명 '목가시인'이셨으나 시 속에 부조리한 현실을 은유적으로 노래하셨어요."

광연씨는 청구원에 대한 추억이 많다고 했다.

"이른 봄 제일 먼저 화신(花信)을 전하는 꽃은 개나리와 닮은 '영춘화'였어요. 거실이자 아버지의 서재이기도 했던 큰방 남쪽 유리창 밖 자그마한 돌무덤 가운데 심어진 영춘화는 겨울이 채 가기도 전에 연황색의 가녀린 꽃을 터뜨려 청구원에 봄을 불러들였어요. 더러는 늦은 눈발이 흩날릴 때, 성급히 피어나 삭막한 정원이 생기를 띠게 만들었습니다."

'대승기신론' 수업 끝내고 박용철 집 찾아

신석정은 마명(馬鳴) 정우홍(鄭宇洪)의 소개로 1930년 중앙불교전문강원에서 불전을 배운다. 그러나 불경보다는 문학에 마음이 갔다. 승려들을 규합해 ≪원선(圓線)≫이라는 프린트 회람지를 만들어 돌려 읽곤 했다. 시인은 1931년 10월 ≪시문학≫ 3호에 시 <선물>을 발표하고 시사(詩史)에 굵직한 이름을 올렸다.

'시문학파'는 용아(龍兒) 박용철(朴龍喆·1904~1938)의 출자로 만들어진 시 동인지 ≪시문학≫(1930년 3월~1931년 10월)을 중심으로 활약했던 시인들을 말한다. 박용철, 김영랑, 정지용, 정인보, 이하윤, 신석정 등이 이에 속한다. 동인지는 3차례 발간으로 막을 내렸지만 신선한 비유와 회화적인 이미지로 한국문학사에 뚜렷한 족적을 남겼다.

시문학파 시인들과 신석정의 인연은 1931년 말로 거슬러 올라간다. ≪시문학≫지와 인연이 되어, 하루는 용아(박용철)가 석정에게 '틈을 내서 꼭 한 번 와달라'는 엽서를 보냈고, 석정은 '대승기신론' 수업이 끝난 길로 종로 낙원동 박용철 집을 찾아갔다. 그의 집은 시문학파의 소굴이었다.

때마침 까만 두루마기를 입은 '촌뜨기' 정지용과 양복바람의 화가 이순석이 나타나고 술상이 차려졌다. 시인 이하윤도 그 자리에서 처음 만나 알게 됐다. 한잔 술을 들이켠 정지용이 일어서서 자신의 <향수>를 낭랑한 목소리로 읊고 뒤이어 신석정과 김영랑·박용철·김기림의 시를 줄줄 외더란다. 용아의 집은 시낭독과 노래, 문학적 담론이 끊이지 않는 곳이었다. 이런 인연으로 석정은 평생 시문학파 시인들과 문통(文通)을 나누었다.

석정은 잡지 ≪조광≫(1939년 10월호)에 쓴 산문 <슬픈 구도(構圖)>에서 이렇게 당시를 회고했다.

> …더구나 틈만 있으면 낙원동에 있는 시문학사(詩文學社)에 박용철을 찾아가 지용 선배와 어울려 술을 마시게 되고, 때로는 주요한 선배를 찾아가 동광사(東光社)를 드나들었고, 불교사(佛敎社)에 들러 한용운 스님을 만나 뵙는 것이 거의 주기적인 일과이고 보니, 숫제 불경 공부는 될 턱이 없었다.…

계속된 신광연씨의 회고다.

"청구원 초기에 심긴 나무들이 나이테를 늘리면서 이내 숲을 이루자 계절마다 곤줄박이, 박새, 동박새, 비비새 등 귀여운 새들이 드나들며 더러는 둥지를 틀어 새끼를 치기도 했어요. 어느 해 늦가을에는 숲이 우거진 정원 안에 작은 개울이라도 있으리라 싶었던지 청둥오리가 짝지어 내려앉는 진풍경을 보았지요.

그 시절, 아버지는 청구원을 가꾸시며 주경야독으로 식견을 넓히고 시작(詩作)에 정진, 시집 ≪촛불≫과 ≪슬픈 목가≫를 내셨는데 해가 설핏하면 촛불을 밝혀 놓고 밤이 이슥도록 작품을 짓고 다듬으셨죠. 한 번 쓴 작품을

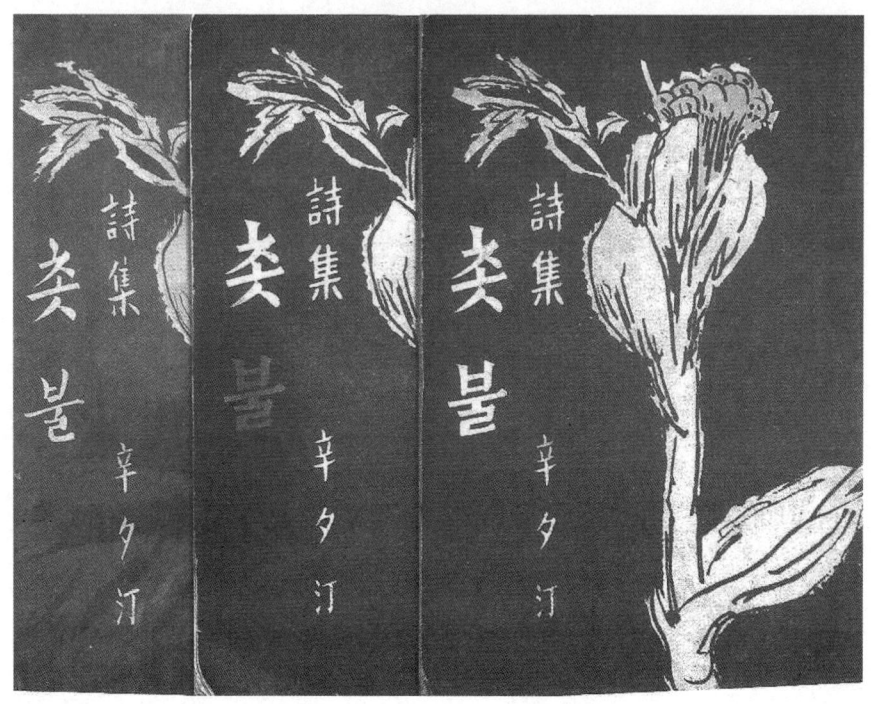

신석정의 첫 시집 ≪촛불≫의 3종. 오른쪽이 1939년판(인문사刊), 가운데가 1952년판(대지사), 왼쪽이 1960년판(대문사).

완성하기까지 두 번, 세 번 퇴고하며 되짚어 낭송할 때 그 낮으면서도 그윽했던 아버지의 목소리는 나를 먼 꿈나라로 이끌어주던 달콤한 자장가가 되었습니다."

청구원에는 여러 문인이 그를 찾아왔다. 황해도에서 중학교를 갓 졸업한 문학소년 장만영(張萬榮·1914~1975)과 고창에서 중학교를 다니던 서정주(徐廷柱·1915~2000) 또한 매년 찾았다.

경성 제2고보 출신인 시인 장만영은 김억(金億)에게 시를 배웠고 ≪양(羊)≫ ≪축제≫ 등 8권의 시집을 펴냈다. 훗날 ≪서울신문≫ 출판국장을 지냈고 문

1933년 봄. 왼쪽부터 신석우, 석정, 석갑, 그리고 친척 신기태

예지 ≪신천지(新天地)≫와 학생문예지 ≪신문예(新文藝)≫를 주간(主幹)하기도 했다.

≪조선일보≫ 교열부 기자를 역임한 장만영 시인의 아들 석훈(대한언론인회 전문위원)씨의 회고다.

"1935년 아버지 장만영은 신석정 시인의 처제와 결혼했는데 그 인연은 청구원에서 시작됩니다. 신석정 시에 매료된 문학청년 아버지는 할머니에게 쌀 한 말로 인절미를 만들어 달라 하여 황해도서 떡을 지고 전북 부안의 청구원으로 찾아간 겁니다. 석정 시인의 풍모와 인격에 반한 아버지는 더 깊은 인연을 맺고 싶어 '저 장가 보내주세요'라고 청했다고 해요. 시인은 즉각 아내의 16세 여동생 박영규(朴英圭)를 소개해 주었어요. 너무 어린 소녀인지라

203

시인 장만영(앞)과
신석정.

3년간 편지만 주고받다가 혼례를 올렸습니다."

서정주도 신석정을 자주 찾아왔다. 젓갈과 천일염으로 유명한 '곰소만(灣)'을 사이에 두고 북쪽 부안은 신석정, 남쪽 고창은 서정주의 고장이다. 이번에는 신광연씨의 말이다.

"아버지보다 8세 아래인 서정주 시인이 처음 청구원을 찾았을 때 일입니다. 한 농부가 밀짚모자를 쓰고 열심히 일하고 있었는데 한참을 쳐다봤다고 해요. 농투성이 모습이 시 쓰는 양반 같지 않았다는 것이죠. 그런 인연으로 두 분은 많은 정을 나누셨는데, 1943년인가 당시 흑석동에 살던 미당(未堂)에게 <흑석고개로 보내는 시>라는 헌시를 쓰셨어요."

이 시는 미당의 <문둥이>에 대한 일종의 화답시다. 미당이 '해와 하늘빛이/문둥이는 서러워//보리밭에 달 뜨면/애기 하나 먹고//꽃처럼 붉은 울음을 울었다'고 노래하자 석정은 '정주여/나 또한 흰 복사꽃 지듯 곱게 죽어갈 수도 없거늘/이 어둔 하늘을 무릅쓴 채/너와 같이 살으리라/나 또한 징글징글하게 살아 보리라'고 적었다.

서정주와 신석정은 닮은 점이 많다. 두 사람 모두 '중앙불교전문강원'에서 당대 석학인 박한영에게 학문으로 불전을 배웠고 두 사람 모두 불교 대신 문학으로 꽃을 피웠다. 부안과 고창이란 문학적 공간도 닮아 있다.

창씨개명 거부해 군서기 그만둬

신석정 시인이 낙향 후 면서기와 군서기로 일한 사실은 잘 알려지지 않았다. 일제가 식량통제를 강화하기 위해 마련한 조선식량영단(朝鮮食糧營團)에서 일한 경력도 있다. 그러나 일제가 창씨개명을 요구해 시인은 그 자리를 박차고 나왔다고 한다.

"아버지는 창씨개명을 차일피일 미루고 있었어요. 그때가 1940년 12월쯤이었다고 해요. 경찰서에서 출두령이 떨어지자 아버지는 고원(雇員)직을 팽개치고 어딘가로 피해 시 창작에만 몰두하셨다고 해요.

그리고 1945년 5월 무렵, 읍사무소에 몸담고 있던 선친의 후배(윤종성)가 '인비(人祕)'가 붙은 공문을 들고 아버지를 찾아온 일이 있었어요. 공문에는 '정신대로 보낼 여성 50명을 6월 말까지 모집하라'는 상부 지시가 담겨 있었답니다. 아버지는 강한 어조로 '알아서 처리하라'고 하셨는데, 아버지 말씀의 속뜻에 따라 공문서를 불태웠다고 해요.

그해 6월 말, 상부의 지시를 묵살한 경위를 추궁키 위해 칼 찬 일본 군부가 읍장실로 들이닥쳤다고 합니다. 일본인 읍장은 '지시공문이 없었다'고 변명했고 급기야 내부조사가 이뤄졌어요. 말이 50명이지, 이전부터 정신대 소문을 들은 마을 주민들은 자녀들을 일찍 혼인시켜 버리거나 멀리 남의 집에 숨겼지요. 그런데 얼마 후 광복이 되면서 모두 안도하게 됐습니다.

일본이 패망한 뒤에도 부안읍사무소에서는 정신대 비밀공문 증발사건이 심심찮게 재론됐다고 합니다. 덕분에 마을 처녀들을 지킬 수 있었으니까요. 그 후배가 다시 아버지를 찾아와 상의했다고 해요. 아버지는 '이제 우리 천국이 왔는데 무엇을 주저하느냐. 당당히 밝히라'고 했고, 다음날 큰소리로 실토했더니 모두 박수를 쳐주었다고 합니다."

신광연씨는 이런 얘기도 들려주었다.

"초등학교 2학년 때 광복을 맞았는데 어려운 형편 탓에 노상 나막신을 신고 다녔어요. 그해 늦봄 어느 날, 20리가 넘는 친척집 제사에 나막신을 끌고 간 일이 있었어요. 제사 음식이 너무나 먹고 싶어 물어물어 찾아갔죠. 한참을 걸어 찾아갔는데 아버지를 보자 무엇이 서러웠던지 그만 울음이 터지고 말았어요. 돌아오는 길, 아버지는 제 손을 잡고 해변 모래밭을 걸으시며 '먼 길을 어렵게나마 찾아온 것은 잘한 일이지만 그렇다고 눈물을 보인 것은 사내답지 못하다'고 다독여주신 일이 떠오릅니다.

아버지는 꼭 친자식만이 아니라 이웃집 아이들이라도 상처를 입으면 청구원으로 데려와 약을 발라주었고, 걸인들에게도 이따금씩 밥상을 차려줄 정도로 측은지심이 많았어요. 한번은 한센병 환자가 찾아왔는데 어머니에게 상을 차리라 하더군요.

이런 이타적(利他的) 마음은 타고나기도 하셨지만 불교전문강원에서 배운 불가의 영향도 있었을 겁니다. 또 아버지가 평소 존경했던 톨스토이의 영향도 있었을 것으로 보입니다. 아버지는 농노를 해방시키고 농토를 나눠준 톨스토이의 박애주의 사상을 존경하셨어요."

―시인의 '자연애'는 고통스런 현실과 어떤 관련이 있나요?

"제가 부안중학교 1학년 때 아버지가 이런 말씀을 하셨어요. '집에서 기르는 닭이나 오리의 머릿수는 세지만 날아가는 기러기는 몇 마리인지 세지 않는다'고요. '사람살이를 떠나서는 어떤 장르이든 간에 예술의 존재 이유가 없다'는 부연말씀도 하셨어요. 아버지 작품 속 자연에는 가혹한 현실이 은유적으로 담겨 있어요."

―시인의 아들로 산다는 것은?

"기자로 평생 살았지만 아버지처럼 글을 잘 쓰고 싶었어요. 저에겐 (아버지 존재가) 자랑이었으나 아무개의 아들이란 게 늘 부담스러웠어요."

1952년 시인은 부안의 '청구원'에서 전북 전주시 남노송동 '비사벌 초사(艸舍)'로 이사한다. 비사벌은 전주의 옛 이름이다. 이 무렵 시인은 전주고 국어교사로 재임한다. 40평 남짓한 이 집 마당에는 각종 화초와 나무 40여 종이 가득해 마치 식물원 같았다. 생을 마감한 1974년까지 22년여 간을 지내며 시집 《빙하》(1956)와 《산의 서곡》(1967), 《대바람 소리》(1970)를 집필했으며, 또 유고 수필집 《난초잎에 어둠이 내리면》과 유고 시집인 《내 노래하고 싶은 것은≫도 이곳에서 썼다.

"아버지는 전주고 재직 시절, 한동안 학교 사택을 주거로 삼아 전전하시다가 말엽쯤 남노송동 주택가에 집을 마련해 '비사벌 초사'라고 이름 짓고 청구원에서 옮겨 심은 신우대, 모란, 수련 등을 가꾸셨어요.
젊어 청구원에서 기거하던 시절부터 가까운 벗들과 산행을 즐겼고, '초사'에서도 여가가 생기면 기린봉과 완산칠봉, 승가산, 남고산 등 주변 산들을 오르내렸고 때로는 한라산과 지리산까지 원행(遠行)하시며 시상을 다듬으셨어요."

광연씨는 "아버지가 시작의 영감을 산에서 구했고 시집 ≪산의 서곡≫ 서두에 '침묵은 산의 얼굴이니라' '숭고는 산의 마음이니라' 같은 글귀를 쓸 만큼 일상에서도 산을 닮고자 하셨다"고 회고했다.
시인은 1947~49년 김제 죽산중, 1949~50년 부안중, 1954~61년 전주고(52년 지역 ≪태백신문≫의 편집고문을 잠시 맡기도 했다), 1961~65년 김제고, 1965~72년 전주상고 교사로 재직했다. 사실 시인은 초등학교 졸업이 유일한 학력이다. 사범대를 졸업했거나 대학에서 교직을 이수한 일은 없다.
"처음에는 교육청이 아닌, 학교재단에서 학생 기성회비 일부를 떼어 월급을 주었다고 합니다. 교원 자격증이 없으셨으니 정식 교원은 아니었던 셈이죠. 나중 교육청에 논문 한 편을 제출해 교원 자격증을 받았습니다. 잘 가르치셨고 시인으로 명성이 있었으니 가능했던 것 같아요."

─교사로서 아버지는 어떠셨나요.
"5·16쿠데타가 나면서 김제고로 쫓겨가기 전까지 7년간 전주고에 재직하셨던 기간이 아버지에게는 교사로서 황금기였어요. 저도 아버지의 전주고 부임과 함께 이 학교에 입학해 부안중에 이어 다시 아버지를 은사로 모시게 됐어요.

어느 학생이 아버지에게 '행복이 무엇이냐'는 다소 생뚱한 질문을 했는데 아버지는 즉답을 피한 채 며칠을 고심하다 원고지 9장가량의 '행복론'을 지역신문에 기고할 만큼 가르침에 정성을 다하셨어요."

광연씨는 "아버지는 수업시간이면 매양 교과서의 범주를 벗어나 재기 넘치는 유머와 에피소드 등으로 학습의욕을 북돋우셨다. 또 '남을 밟지도, 밟히지도 말라'며 천부(天賦) 인권을 강조하셨다"고 했다.

시인이 마지막을 보냈던 '비사벌 초사'는 현재 타인이 소유하고 있다. 8남매가 외지에 나와 사는 바람에 1994년 부득이 집을 팔았다고 한다.

현재 전주시는 그곳을 매입해 문학공간으로 조성할 계획이다. 전주 한옥마을의 최명희문학관, 강암서예관과 연계시킨다는 구상이다. 다만 사업비 확보가 어려워 추진이 중단된 상태다. 그는 "우리 집을 구입한 분이 초등교사 출신인데 나무나 식물에 관심이 많아 본래 모습을 유지하고 있다"고 했다.

4대째 이어온 한의사 집안

신석정 시인은 '옥성당(玉成堂)'이란 옥호로 4대째 이어온 한의 집안 3남 2녀 중 차남으로 태어났다. 형(辛錫鉀·1904~1975)과 동생(辛錫雨) 모두 한의업에 종사했다. 신석갑의 아들 조영(朝永)은 경희대 한의예과를 나와 원광대에서 박사학위를 받았으며, 원광대 광주한방병원 내과과장, 전주한방병원장을 역임했다. 현재 옥성당이란 간판은 쓰지 않는다고 한다. 슬하에 2남 1녀를 두었는데 사위는 양의(洋醫)이다.

중앙고보를 나온 수재였던 석정의 동생 석우는 해방 후 출판사를 다니다가 낙향, 형 석갑에게 한의술을 배웠다. "한의 자격증은 없지만 지역에서 소문난 명의로 환자가 '어디 아프다'고 말하면 '거기가 아니라 저기'라는 처방으로 환자를 감탄케 했고 그와 대화하면 병이 반절은 나았다"는 일화가 전해진다.

신석우는 3남 3녀를 낳았는데 다섯째가 대한간호협회장과 이화여대 간호대학장을 지낸 새누리당 신경림 의원이다. 3남 중 장남(신희영)은 중등교사, 차남(신태영)은 건설업, 3남(신철)은 고려대 안산병원 호흡기내과 교수다. 중동(中東)에서 건설업으로 성공한 신태영씨가 거금을 쾌척, 시인의 추모사업이 활기를 띠었다고 한다.

신씨 집안을 잘 아는 한 인사의 이야기다.

"신석정 시인은 불교전문강원 수학을 제외하고는 초등학교 졸업이 유일한 학력이었어요. 그는 '내가 영어 공부를 좀 했더라면…' 하는 말을 자주 했을 만큼 학력 콤플렉스가 있었죠. 석정보다 세 살 위인 형 석갑은 관동대지진 때 중도에 귀국했지만 일본 유학을 다녀왔고, 서울 YMCA 영어반에서 <논개>로 유명한 시인 변영로(卞榮魯)에게 영어를 배우기도 했어요. 동생인 석우도 서울로 유학 보내 중앙고보를 졸업했는데 유독 석정만 초등학교 이상의 교육을 시키지 않았으니까요. 그래서 석정은 아버지(辛基鎰)에게 적지 않은 아쉬움을 가졌다고 합니다."

이에 대해 신광연씨는 이렇게 말했다.

"할아버지는 차남인 아버지를 한의사로 길러 가업을 잇게 할 작정이셨던지 초등학교 취학 무렵에 이미 약방에 나와 일을 거들라고 하셨어요. 아버지

1968년 11월 한국문학상을 수상할 당시 신석정·박소정 부부. 박종화, 김동리(右)의 모습도 보인다.

는 그게 싫어서 약재를 저울에 달라고 하면, 근을 틀리게 해 꾸중을 자청하는 등 조부의 뜻을 거슬렀다고 합니다. 심지어 소학교조차 못 다니게 하는 바람에 뒷집에 사는 고모할머니께 담 너머로 책보를 넘겼다가 빈손으로 집을 나가 되받아 등교했다고 합니다."

그러나 3형제는 우애가 좋기로 부안에서 소문이 날 정도였다고 한다.

신석정 시인은 부인 박소정(朴小汀·1910~1997)과 사이에 4남 4녀를 부안에서 모두 낳았다. 장남 효영(辛孝永·1929~1994)은 큰아버지(辛錫蕃) 밑에서 한의업에 종사했다. "≪동의보감≫을 줄줄 외고 부안, 김제 등지에서 명의로 이름이 높았으나 아버지가 일제치하 창씨개명을 거부하는 바람에 학교를 못 다녀 한의사나 약종상 자격증은 없었다"고 한다.

효영씨는 아들 셋을 두었는데 장남(辛柳三)은 교보생명 전무, 차남(辛樹一)

211

은 고교 교사, 3남(辛喜森)은 동원대 교수(국문학)를 지냈다.

차남(辛悌永·1929~1950)은 전주농고를 나와 부안 동진초등학교 교사로 재직하다 6·25 당시 의용군으로 끌려가 실종됐다. ≪동아일보≫ 해직기자 출신인 3남(辛光淵·1938~)은 초등학교 교사를 지낸 이수자(李秀子)와 결혼해 1남 2녀를 두었는데 아들(辛尙樂)이 정형외과 의사다. 전주시청 농업기술센터장을 역임한 4남(辛光漫·1945~)은 1남 1녀를 낳았다.

시인은 작품 곳곳에 딸들의 이름이 등장할 만큼 딸들을 사랑한 것으로 전해진다.

'일림아/촛불을 꺼라/소박한 정원에 강물처럼 흐르는 푸른 달빛을 우리 침실로 맞아와야지…'(<푸른 침실> 중에서), '난이와 나는/산에서 바다를 바라보는 것이 좋았다'(<작은 짐승> 중에서)라는 식이다.

장녀(辛一林·1931~)는 전주사범을 졸업해 초등교사로 재직했다. 시조시인이자 전북대 교수인 최승범(崔勝範)과 결혼해 아들 셋을 두었다. 차녀(辛蘭·1935~)는 부안여중을 나와 초등학교 교사인 박창근(朴昌根)과 결혼해 1남 2녀를 두었다. 초등학교 교사를 지낸 3녀(辛小淵·1940~)는 한·호주 친선협회장인 문건주(文建柱)와 결혼해 아들 둘을 낳았다. 장남(문훈)은 건축가, 차남(문준)은 의사다. 초등학교 교사를 지낸 4녀(辛葉·1942~)는 경복고 국어교사를 지낸 이영식(李榮植)과 결혼해 1남 2녀를 두었다.

신광연씨의 말이다.

"직계후손 중에 아버지 뒤를 이어 문인이나 예술가가 된 이는 없어요. 한의·한약에 종사한 가업(家業) 때문인지 의학 전공자가 많지요.

놀라운 사실은 아버지가 돌아가신 지 40년이 넘었는데 갈수록 아버지 시가 더 사랑받고 있다는 겁니다. 재작년 시 낭송가 30여 명이 결성한 '한국 신

가운데 신석정·박소정 부부를 중심으로 오른쪽부터 반시계방향으로 3녀 소연, 큰며느리 김순이, 차녀 란, 장녀 일림, 맏사위 최승범, 아동문학가 최승렬, 3남 광현, 당질 예영, 사촌 희영, 4녀 엽이다.

　석정 시낭송협회'가 생겼는데, 국내 100여 개의 문학관 중 한 인물을 협회 이름으로 내세워 활동하는 시낭송가협회는 없다고 합니다. 그것도 전북이 아닌 부산에서요. 고향에 문학관이 생기고 문학상이 제정됐는데… 어쩌면 평생을 시골에서 살아 저평가됐는지 몰라요. 사후 재평가를 받고 있다는 생각이 들어 기뻐요.

　2년 전에 일본 NHK 기자 출신인 하타야마(畑山康幸) 씨가 편지를 보내왔어요. 1962년 무렵인 학창 시절, 일본 교과서에 실린 아버지의 시 〈등고〉에 매료돼 오사카대 조선어과에 입학하게 됐다고요. 이 교과서에는 〈등고〉와 함께 중국 루쉰의 〈고향〉, 인도 타고르의 〈종이배〉가 실렸다고 합니다. 또 1930년대 말 영문학자 정인승씨가 아버지의 〈임께서 부르시면〉을 영역(英譯)해 노벨문학상 수상자인 예이츠(Yeats)에게 직접 찾아가 소개한 일도 있다고 해요.

 지금도 아버지의 시에 대한 새로운 이야기가 계속 발굴되고 있어요. 아버지의 시사적(詩史的) 위치의 새로운 복원을 기대하고 또 기다리고 있습니다."

〈향수〉의 정지용 후손들

"더는 납북·월북에 매달리지 않았으면"

1988년 납북(拉北)·월북(越北) 작가에 대한 해금조치가 이뤄진 후에야 비로소 세상에 얼굴을 내민 작가가 시인 정지용(鄭芝溶·1902~1950)이다. 해금이 되고 다시 소개된 '넓은 벌 동쪽 끝으로 / 옛이야기 지즐대는 실개천이 휘돌아 나가고'의 〈향수〉는 정지용의 시사적(詩史的) 위치를 굳이 설명할 필요가 없게 한다. 이 시는 지용이 22세가 되던 1923년 3월에 쓰였지만 절창(絶唱)의 울림

시인 정지용.

은 세월을 뛰어넘는다.

일제 식민지가 끝나고, 우리말로 마음껏 글을 쓰고 노래 부를 수 있었던 광복 공간에서 '운문은 정지용, 산문은 이태준(李泰俊)'이란 말은 그저 빈말이 아니다. 훗날 김윤식(金允植) 서울대 명예교수는 정지용을 '당대 제1급의 천재적 시인'이라 표현했다. 하지만 격렬했던 좌우대립과 6·25사변을 거치며 정지용·이태준이란 이름은 오랜 세월 금기어가 됐다. 두 사람 모두에게 '월북 작가'란 꼬리표가 붙은 것이다.

1980년대 들어 정지용이 자진 월북이 아닌 납북이었다는 사실이 전해지면서 그에 대한 연구가 본격화됐다. 정지용의 아들 정구관(鄭求寬·2004년 작고)씨가 오랜 세월 아버지에게 씌워진 월북의 멍에를 벗기려 노력한 결과였다.

정구관씨는 1988년 2월 민음사가 두 권짜리 ≪정지용전집≫을 간행하자 권두언(<다시 햇빛 보게 된 아버님의 글>)에서 이런 심경을 밝혔다.

…혹여나 아버님께서 돌아오실까 하여 그 숱한 세월을 가슴 졸이시다 가신 어머님의 눈시울에는 이슬이 마를 날이 없었습니다. 망연(茫然)히 먼 산을 지키시다가 떠가는 구름을 따라 어머님은 손을 저으며 가셨습니다. 이렇게 애절히 기다리시는 어머님의 마음을 저야 어찌 그 반분인들 알 수가 있었겠습니까? 단 한 순간이라도 이런 어머님을 위로할 수 있었다면 지금 이렇게 후회스럽진 않을 것입니다.…

바이크캠프 정운영(鄭運永·57) 대표는 정지용의 손자다. 산악·도로용 자전거와 전기 자전거를 판매하거나 분해·정비하는 일을 하고 있다. 현재 서울 도봉구 방학동에 거주하고 있다.

정지용의 손자 운영씨.

정지용의 아들 구관씨.

그는 "제가 문인의 길을 걸었다면 할아버지의 무게감이 컸을 테지만 문학 쪽 일을 안 하다 보니까 그런 무게감은 없다"고 말했다.

또 "1988년 해금되기 전까지 정확히 할아버지가 누구인지 알지 못했다"며 "학창 시절 때 알았다면 문학에 더 관심을 가졌을 텐데 누구도, 심지어 아버지도 할아버지의 존재에 대해 일절 말씀이 없으셨다"고 했다.

"학창 시절 백일장에 나가 상을 탔는데 뜻밖에도 아버지 말씀이 '절대 글을 쓰지 말라'는 것이었어요. 차라리 그림을 그리라고 하셨죠. 그땐 영문을 몰랐습니다. 돌이켜보면, 혹시라도 제가 불이익을 받을까 하는 심정에서 그렇게 말하셨다고 생각돼요(연좌제 때문에). 한 달에 한 번은 검은색 지프를 탄 가죽점퍼의 사복경찰들이 찾아오는데 스트레스 안 받을 사람이 어디 있겠어요."

월북 문인 120여 명에 대한 해금조치가 내려진 것은 1988년 7월 19일이다. 시인이자 국문학자였던 정한모(鄭漢模) 당시 문화공보부 장관이 이른바 7·

19조치를 단행했다. 당시 사상의 굴레에 갇혀 호명되지 않는 작가들에 대해 국문학계는 목말라 했던 터였다. 빈궁(貧窮)문학과 프롤레타리아 혁명을 앞세운 카프(KAPF·조선프롤레타리아예술가동맹), 광복 직후 좌우 이데올로기의 첨예한 대립 등 빼놓지 말아야 할 한국 현대문학의 큰 이슈들이 가려졌었다.

―할아버지가 시인인 사실을 언제 알았나요? 해금 후인가요?

"제가 군에 입대해 참모총장의 근접경호를 맡게 되면서 알게 됐어요. 신원조회를 받게 되자 처음으로 아버지가 할아버지 애기를 하셨어요. 군 수사대에 정식 의뢰해 월북이 아니라 납북됐다는 통보를 받았어요. 군 수뇌부를 근접 경호하는 이의 가족 중에 월북한 사람이 있다면 군에서 경호를 맡겼을까요? 그때부터 아버지도 (해금에) 자신감을 얻게 됐어요. 숨기지 않고 할아버지의 해금을 위해 3~4년간 많은 노력을 하셨어요."

그는 이런 말도 덧붙였다.

"할아버지가 시인이란 사실을 뒤늦게 알게 됐을 땐 아버지가 원망스럽기도 했어요. 진작 알았으면 혹시 제 안에 내재된 문학적 재능이랄까, 그런 것들을 끄집어내지 않았을까 하는 아쉬움 때문이었어요."

"할아버지는 월북이 아니라 납북"

정지용은 1947년 ≪경향신문≫ 주간을 그만둘 당시 서울 불광동 녹번리에 살았다. 어느 날 ≪이북통신(以北通信)≫이라는 주간지에 '지용 월북'이라

1930년 시문학 동인 창립 당시 정지용(윗줄 오른쪽). 아랫줄 왼쪽부터 김윤식, 정인보, 변영로, 윗줄 왼쪽부터 이하윤, 박용철.

는 기사가 나오자 직접 출판사를 찾아다니며 해명한 일도 있다. 그러나 1950년 7월 어느 날, 좌익 계통의 제자가 무슨 일이 있다며 찾아와 함께 잠깐 시내에 나간 후 종적이 사라졌다.

"아버지께 들은 얘기론 '제자 만나러 간다'며 집을 나선 것이 마지막이었대요. 그 다음에 여러 설이 있잖아요. 소요산 기총소사(掃射)설, 평양감옥 폭사(爆死)설, 그 다음에 거제도 포로수용소 수감설까지 별별 얘기가 다 나왔습니다. 저는 평양감옥 폭사설을 가장 신빙성 있게 생각합니다. 군 수사대가 제게 전해준 내용이기도 하고요."

정구관씨는 <아, 내 아버지의 향수>라는 글에서 '1950년 7월 어느 날 모시 고의바지 저고리 차림으로 문안(서울) 잠깐 다녀오마는 말씀을 뒤로 남기고 나간 뒤 북으로 끌려갔다'고 표현했다.

'소요산 기총소사설'은 1950년 가을 정지용이 북으로 가던 중 경기도 동두천 소요산에서 미군 전투기의 기총소사에 절명했다는 설이다. 2001년 '8·15 민족통일대축전'에 참가하고 돌아온 도종환(都鍾煥·시인) 국회의원이 북한 수필가 석인해로부터 들은 "1950년 가을 경기도 소요산 근처에서 정지용이 미군 폭격으로 사망했다. 그때 함께 있었고 시인의 시신을 묻었다"는 말이 전해지면서 회자했다.

거제도 포로수용소에 있었다는 주장도 있다. 정지용이 북에서 대남 영어방송을 강요당하고 나중 UN군에 의해 포로로 잡혀 포로수용소로 호송됐다는 것이다. 정운영씨는 "전혀 불가능한 얘기다. 일고의 가치가 없는 얘기라고 생각한다"고 했다.

'평양감옥 폭사설'은 제4·5대 국회의원을 지낸 계광순(桂光淳·작고)에게서 나왔다. 그의 회고록 ≪나는 이렇게 살았다≫에 실린 내용이다.

…우리는 서른세 명이 모두 한방에 있게 되었다. 그중에서 기억에 있는 사람을 꼽아보면 경기도경국장 옥선진, 경북도경국장 장수창, 치안국 수사과장 박명진, 전 보도연맹 간사장 박우천, 시인 정지용, 국회의원 김상덕, 야담가 신정언, 사무국장 차윤홍, 전 서울방송국장 홍양명 제씨였다.…

계광순은 문학평론가 백철(白鐵·작고)과 만난 자리에서 그때 일을 자세히 털어놓기도 했다. 대표적인 정지용 연구가인 김학동(金學東) 서강대 명예교수도 "여러 정황으로 보아 9·28 수복 때 평양으로 이감돼 미군의 평양폭

1946년 창경원에서 이화여전 제자들과 함께. 왼쪽에서 세 번째가 딸 구원, 네 번째가 정지용.

격 때 죽은 것이 틀림없다"고 주장하고 있다. 평양에 끌려가기 전 정인택, 김기림, 박영희 등과 함께 인민군 정치보위부에 잡혀갔던 사실은 작가 최정희(崔貞熙·작고)에 의해 알려지게 됐다. 그녀가 쓴 <탄금(彈琴)의 서(書)>에 나오는 대목이다.

  … "나는 자수할 아무런 일도 하지 않았어요. 오직 글을 썼을 뿐이에요."
  "괴뢰정권 아래서 글을 썼다는 것도 반동입니다. 자수해요."
  강압적으로 나오는 남자의 태도를 어디서 보았던지 정지용 시인이 불쑥 튀어나왔다.
  "그 강아지 같은 사람이 뭘 잘못했다고 자수하라는 거요. 대한민국에서 가장 백지같이 산 사람일 거요."

정지용 시인은 나를 감싸주었다.

정지용 시인은 20명 가까운 동료들과 자기는 자수하러 나서면서도 날더러는 그냥 있으라고 당부했다. 그러던 정 시인은 돌아오지 못했다. 정 시인은 자수하러 가면 돌아 못 오는 일이 있을 것을 알고 있었던 모양이다. 그래서 내게 가만히 있으라고 당부했던 모양이다.…

정지용의 행로를 둘러싼 여러 억측

―해금 이후 정지용의 시와 산문을 읽으며 어떤 생각이 들었나요.
"다른 시인이 쓴 작품을 읽을 때와 느낌이 다르다는 점이겠죠. 마치 남의 옷을 빌려 입은 것과 내 옷을 입은 차이랄까요? 구체적인 문학적 평가 같은 것이 아니라 무조건 좋은 느낌이었죠."

―아버지 정구관씨는 정지용의 복권을 위해 애를 많이 쓴 것으로 알고 있어요.
"아버지는 해금 이후 '지용회'를 통해 복권 활동하셨는데 제가 그 당시 직장생활을 했어요. 대기업 샐러리맨의 삶이 그렇잖아요. 정신적 여유가 없어 신경을 못 썼어요. 저는 행사 때나 따라가는 정도였지요."

'지용회'는 정지용의 시 정신을 기리기 위해 해금 직후인 1988년 창립된 모임으로 현재 유자효 시인이 회장으로 있다. 매년 정지용 문학상을 발표하는데 작년 제26회 정지용문학상에는 나태주 시인의 시 〈꽃 2〉가 선정됐다.

또 옥천군과 옥천문화원은 매년 정지용 생가가 있는 옥천읍 일원에서 '지용제'를 개최한다. 정운영씨는 "유족 입장에서 고맙고, 영광스러운 일이다. 다만 문학적 행사를 자치단체가 실적으로 삼고, 하나의 수단으로 이용하려는 부분이 있어…"라며 부담스러워 했다.

—선친은 어떤 일을 하셨나요?

"저는 청주에서 태어났는데 아버지는 당시 양계장을 하셨어요. 정확히 말해 병아리를 부화시키는 일이었어요. 그러다 유통 회사에 취직했고 1970년대 초 서울에 올라오면서 비닐 만드는 공장을 경영하셨죠. 할아버지의 해금을 위해 애쓸 때는 다른 일을 못 했어요. 오직 그 일에만 매달렸죠."

정구관씨가 정지용을 그리며 쓴 <아, 내 아버지의 향수>에는 이런 구절이 나온다.

…생활경제는 0점짜리시지만 자식들의 잘못에 한 번도 용서 않으시고 매로 다스리던 아버지. 6·25 이후 월북으로 오인받아 온 식구가 월북자 가족, 혹은 월북 작가의 아들이란 소리를 들으며 갖은 수모와 온갖 슬픔 속에 숨어 살게 한 아버지. 그래도 한번도 원망스럽지 않은 아버지. 후세에 다시 사람으로 태어난다면 나는 이 아버지의 아들로 태어나 그곳에서 아버지를 모시고 함께 살란다.…

정지용은 12세 때 은진(恩津) 송씨인 송재숙(宋在淑)과 결혼했다. 10명이 넘는 자녀가 태어났지만 3남 1녀만이 장성했다. 장남 구관씨는 2004년 작고했고 차남 구익(求翼)씨는 가톨릭 사제(司祭)를 양성하는 함경도 원산의 '덕원신학교'에 진학했으나 6·25 때 병사했다.

6·25 때 행방불명된 삼남 구인(求寅)씨는 지난 2001년 2월 제3차 이산가족 '북측상봉단'으로 서울에 와 51년 만에 재회했다. 당시 구관씨는 "행방불

정지용, 송재숙 부부와
어린 시절 장남 구관.

명된 아버지를 찾겠다고 집을 나서는 네 뒷모습을 본 뒤 50년이 지나서야 다시 만나게 됐구나"며 동생 구인씨의 얼굴을 어루만졌다.

딸 구원(求園)씨는 현재 서울 노원구에 거주하고 있다. 기자는 구원씨에게 전화를 걸었으나 건강이 좋지 않다는 이유로 인터뷰를 사양했다.

다시, 정지용의 손자 운영씨와의 대화다.

—정지용의 〈향수〉를 보면 '사철 발 벗은 아내'라는 표현이 나와요. 부부애를 느끼게 하는 구절입니다. 실제 생활은 어땠습니까.

"글쎄요. 부부생활 자체가 문제가 있었다는 말은 못 들었어요. 원만한 삶을 사셨던 것으로 기억합니다. 아버지 회고에 따르면, 할아버지가 월급(정지용은 휘문고등보통학교 영어교사로 광복 전까지 재직했다)을 타시면 세어

정지용의 삼남인 정구인(中)씨가 2001년 2월 26일 서울 센트럴시티 이산가족 상봉장에서 형 구관(左)씨, 여동생 구원씨를 만나 울음을 터뜨리고 있다.

보는 일도 없거니와 축을 내는 법도 없었고 봉투째 할머니께 전했다고 합니다. 교사 월급으로 생활을 꾸리기가 힘겨웠을 겁니다."

정구관씨의 <아, 내 아버지의 향수>에 이런 일화가 실려 있다. 서울역 대합실에서 웬 여자가 대성통곡을 하는 광경을 정지용이 목격했다. 공교롭게도 그날은 월급날이었다. "왜 우느냐"고 물으니 "아들을 만나러 왔다가 못 만나고 노자마저 몽땅 소매치기를 당했다"고 말했다.

정지용은 월급을 봉투째 건네며 "이 돈은 우리 식구 한 달 먹고살 돈이니 집에 도착하는 즉시 부쳐달라"고 부탁했다. 그러나 아무리 기다려도 월급은 돌아오지 않았다. 그 사연을 들은 아내는 "정 불쌍하면 기차표나 한 장 사줄 일이지, 월급을 봉투째 주다니요"라고 말했다고 한다.

정운영씨는 "아버지의 회고에 따르면, '기차표나 한 장 사줄 일이지…'라는 할머니의 말씀이 '평생 처음 듣는 남편에 대한 불평이요 바가지'였다"고 말했다.

정지용의 아내 송재숙은 이후 재봉틀을 전당포에 잡히고 외상값은 사정사정 미뤄놓고 윗돌 빼내 아랫돌 고이는 생활을 꾸려가느라 고생이 말이 아니었다. 그래도 그 일을 입 밖에 내는 일은 없었다고 한다.

―이산가족 상봉 이후 정구인씨 소식은 들었나요?

"그 이후 연락할 방법이 없었어요. 언젠가 브로커가 접촉을 해왔었어요. '북에서 어렵게 살고 있으니 송금해 주면 전하겠다'고요. 거절하니 그 뒤로 연락이 끊겼어요."

좋은 시구가 떠오르면 혼자 웃기도 해

휘문고보 교사 시절, 정지용은 어떤 모습이었을까. 기자는 월간지 ≪민성(民聲)≫(1946년 9·10월 합본호)에 실린 정지용의 제자 김광현(金光現)이 쓴 글(<내가 본 시인>)을 입수했다.

…시인은 수업시간에 시상이 떠오르면 "자습해!" 하며 소리치곤 창밖을 내다보며 혼자 흥겨워 방긋방긋 웃으며 아름다운 시구를 담뿍 입속에 물어 혀(舌)를 굴리었다. (중략) 중학교 3학년쯤 되면 시를 좋아하는 생도들이 생기게 되어 정지용 선생도 이런 제자들의 청을 들어 시에다 음을 붙여 성악가 못지않게 노래

를 불렀다. 생도들은 박수는 물론 발을 굴리며 '앙코르' '앙코르'를 외치며 교실이 떠나갈 듯 소리쳤다.

그러나 천만뜻밖에도 시인은 격분하여 "이놈… 을, 이놈들! 그래 유행가인 줄 알고…"라고 말했다. 이것은 참말 오해였다. 이 박수와 앙코르는 중학생들의 장난이 아니고, 순진한 소년들의 감탄의 솔직한 표현이었던 것이다.…

시인 선생님은 학생들 사이에서 인기가 있었고 휴식 시간에는 교무실에 앉아 습작을 한다든가 운동장에 나가 혼자 시상(詩想)을 다듬고, 좋은 시구가 떠오르면 독소(獨笑)하는 일도 많았다고 한다.

광복 이후 정지용은 이화여자전문학교로 직장을 옮겼다. ≪한가람 봄바람에-이화(梨花) 100년 야사(野史)≫에는 이런 구절이 나온다.

…1930년대의 한국문단에 모더니즘 시인으로 이름을 드날리던 정 선생은 1945년 10월 개강과 함께 부임해서 3년간 국어와 영어, 라틴어를 담당했다. 애주가 호주가인데다 이름까지 비슷해서 학생들은 그에게 '정종'이라는 별명을 붙였지만 그의 시인 기질과 휴머니즘을 좋아하고 따랐다.

눈 오는 겨울밤에 제자들과 마차를 타고 동대문까지 가서 넉넉잖은 월급을 털어 '형제주점'의 추어탕을 사주기도 하고 가난한 학생에게는 아낌없이 도움을 주기도 했다. 자신이 가난하므로 모든 가난한 사람을 사랑했다. (중략) 목에는 늘 명주 목도리를 두르고 다녔는데 학생들은 그것이 아마 두루마기 동정을 못 갖춰 그런 것일 것이라고 했다.…

정운영씨에게 시인이 아닌 교사(교수)로서 정지용에 대해 물었으나 "이런 식으로 확인하면 한계가 있다. 디테일하게 아버지에게 듣지 않았다"고 말했다.

―할아버지 제사는 어떻게 모십니까.

"돌아가신 날짜를 모르지만 아버지가 사망신고를 하셨어요. 사실은, 사망신고를 안 해야 되는데 하고 말았어요. 주위에서 '그래야 (과거사) 정리가 된다'고 권했지만, 일부 출판사들의 농간도 있었다고 봐요. 제가 느끼기에 저작권 문제도 있고…

가상의 어느 날을 정해 제사를 모시다 지금은 성당에서 위령미사를 올립니다. 기일(忌日)은 할아버지가 태어나신 음력 5월 15일로 정했어요."

―할아버지 시 중에서 제일 좋아하는 시는 무엇인가요?

"〈장수산 1〉을 좋아합니다. 제 인터넷 아이디도 장수산으로 쓰고 있어요."

끝으로 그는 기자에게 이렇게 당부했다.

"아직도 할아버지와 관련된 이야기를 들어보면 월북이냐, 납북이냐에 매달립니다. 심지어 그분의 외곽에 있는 에피소드와 흥밋거리에만 온통 관심을 가져요. 이제는 그분이 가슴으로 쓴 시와 작품만 봐주세요. 더는 정치적 이념에 휘둘리지 않았으면 좋겠어요."

〈목마와 숙녀〉의 박인환 후손들

"문학이 아버지를 죽였지만 불행한 시인은 아니었다"

1950년이라는 전쟁과 허무, 비탄과 우울 속에서 술과 낭만으로 시를 썼던 이가 박인환(朴寅煥·1926~1956·강원도 인제 출생) 시인이다. 끼니를 거르는 가난한 시인이었지만 몇 푼 안 되는 고료(稿料)로 조니 워커와 럭키 스트라이크(담배)를 좋아한 멋쟁이였다. 폭격의 상흔이 가득한 서울 명동을 주름잡던 문인 중에서 박인환만큼 지적

20대의 박인환 시인.

이며 세련되고, 낯설면서 감성이 풍부한 시어(詩語)를 다룬 시인은 없었다. 가장 1950년대다운 시인이었다. ≪경향신문≫ 종군기자로 포연 속을 누볐고, 그 슬픔을 만가(輓歌)로 노래 부를 줄 알았다.

박인환 하면 우선 <목마와 숙녀>가 떠오르고 '지금 그 사람 이름은 잊었지만, 그 눈동자 입술은 내 가슴에 있네'로 시작되는 <세월이 가면>이 생각난다. 이 시는 1970년대 혼성 듀엣 뜨와에 므와(佛語로 '너와 나')의 박인희가 부르면서 대중에게 알려졌다. <목마와 숙녀>는 노래가 아닌 낭송이지만 박인희의 애절하고 청아한 목소리로 큰 사랑을 받았다.

시인은 1955년 유일한 시집 ≪박인환선시집(朴寅煥選詩集)≫을 내고 1956년 3월 20일 심장마비로 갑자기 세상을 떠났다. 불과 서른한 살의 나이였다. 당시 그의 아내는 서른, 2남 1녀 아이들은 9살·7살·4살이었다. 9살이던 박세형(朴世馨·67)씨는 그날 밤 아버지의 마지막을 기억했다.

"우리 집은 서울 세종로 135번지(지금의 교보빌딩 뒤편) 디귿자 한옥이었어요. 집 가운데 펌프로 우물물을 푸는 마당이 있었는데 그날 아버지가 술을 드시고 들어와 토를 하시니 제가 등을 쳐 드렸습니다. 입에서 활명수 같은 냄새가 났던 것으로 기억해요. 안 되겠다 싶어 어머니는 의사 선생님을 모시러 뛰어가셨어요. 그때 밤 9시가 넘고 있었어요. 안타깝게도 어머니는 빈손으로 오셨습니다. 이미 아버진 눈을 감으셨어요."

그와 가깝던 문우의 증언으로는, 죽은 이상(李箱·1910~1937)의 기일(忌日·3월 17일)을 즈음해 사흘 동안 술을 마셨고, 죽던 그날은 화가 김훈이 사주는 자장면을 한 그릇 먹었을 뿐 빈속이었다고 한다. 그는 염상섭·박종화·

1955년 박인환(오른쪽)과 그의 시 <세월이 가면>을 작곡한 이진섭(가운데), 박태진.

현진건 같은 당대 주호(酒豪)가 아니라 그저 풋술을 즐기던 여린 시인이었다. 술을 이겨 내지 못한 것이다.

"당시 부모님은 사랑채를 쓰셨고 저는 외조부와 한방을 썼어요. 아버지가 돌아가시던 날, 밤늦게 외조부가 잠든 저를 깨웠어요. '이놈아, 네 애비가 죽었다'시며… 초등학교 1학년이던 제가 어떻게 죽음을 이해할 수 있었겠습니까.

눈을 비비며 어머니가 계신 사랑채로 갔더니 아버지 시신이 옥양목으로 덮여 있었습니다. 얼굴이 하얘요. 눈은 감고 있었고요. 아버지 친구였던 송지영… 이봉구 시인의 증언은, 눈도 못 감았다고 하던데 제 기억으로 그런 것 같지는 않았어요."

나에게는 왜 아버지가 없을까

계속된 그의 말이다.

"삼우제를 지내고 돌아오니 사흘 동안 계속 비가 내렸습니다. 저는 댓돌에 앉아 비를 바라보며 생각했어요. 다들 아버지가 돌아가셨다고 우는데 도대체 어디로 간 것일까, 하고 말이죠."

장남 박세형씨는 그러나 31세 때 떠난 아버지의 죽음이 점점 깊이 다가와 오래도록 가슴을 짓눌렀다고 한다.

"어린 시절, '아버지는 왜 별안간 죽을 수밖에 없었을까' '나는 왜 아버지가 없을까' 하는 생각에 사로잡혔어요. 15살 때는 마음속으로 '아버지보다 16년을 덜 살았다'고 되뇌었고, 서른이 되자 '아버지보다 1년을 덜 살았다'고 생각했는데, 아버지보다 오래 살면서 더는 죽음을 떠올리는 공포는 사라졌어요."

그는 이런 말도 했다.

"시인 이전에 아버지는 처가살이를 할 수밖에 없는 무능한 생활인이셨어요. 자력으로 솔가해 자식을 부양할 생활인이 아니었습니다. 너무 참혹했어요. 당시 고료만으로 생활할 수 있는 이가 몇이나 됐을까요?"

생전 박인환은 세탁소에 맡긴 스프링코트를 찾을 돈이 없어 두꺼운 겨울 외투를 봄까지 걸치고 다녔다고 한다.

박인환의 아들 세형씨.

박세형씨는 연세대 국문과를 나왔다. 영문과 최인호(崔仁浩·1945~2013)는 같은 학번이고 마광수(馬光洙) 교수는 국문과 1년 후배. 같이 수업 듣고 막걸리 잔을 기울이던 사이였다고 한다.

"국문과 신입생 오리엔테이션을 하는데 지방 출신들이 70%나 됐어요. '나는 어느 고교를 나왔는데, 고2때 전국백일장에서 1등을 했다'는 얘기부터 '을유문화사에서 나온 세계문학전집을 10번 읽었다'는 얘기까지 문학 꽤나 하는 친구들이 많았어요. 저는 이렇게 소개했죠. '연대 정외과에 떨어져 재수해서 왔다'고요. 그리고 한마디 덧붙였죠. '아버지가 시인 박인환인데, 그렇다고 시 쓰러 온 것은 전혀 아니다.'"

마음속으로 절대 아버지처럼 문학을 하진 않겠다고 다짐했다고 한다.

"문학이 아버지를 죽였기 때문이죠. 그렇게 느낄 수밖에 없었어요. 문학을 안 했다면 평범하게 사셨을 테니까요. 집안의 가장은 결혼해 땅에 발붙이는 걸 먼저 해야 한다고 생각했어요."

하지만 피는 못 속이는 것일까. 장성해 현대건설 리비아 현지 업무부장이었던 그가 회사 구조조정에 반발, 사표를 던진 일이 있다. 1년 넘게 회사와 송사(訟事)를 벌였는데 "그때 저절로 시가 나오더라"고 했다.

"직장에 다닐 때는 몰랐는데 제가 바닥으로 떨어져 보니 시가 저를 구제하더군요. 정신없이 썼어요. 유명한 미술평론가인 친구놈이 제게 '미적 감각이 놀랍다'고 할 정도였어요."

시인이 살았던 세종로 135번지는 박인환의 처가였다. 그곳은 현재 교보생명 광화문 본사 사옥 뒤쪽이다. 그는 처가살이를 한 것이다.

"제 외조부는 일제시대 은행지점장을 하셨고, 창덕궁 이왕직(李王職)에서 회계를 담당하던 분이셨어요."

이왕직은 일제 강점기 이왕가(李王家)와 관련한 사무 일체를 담당하던 기구다. 한일병탄 이후 이왕직은 대한제국 황실이 아닌 일본의 궁내성(宮內省)에 소속됐다. 시인의 장인은 고종의 재산과 재정운영을 맡았다고 한다.

"외조부는 딸만 둘을 두셨는데, 어머니는 맏딸과 14살 차이가 나는 둘째셨어요. 그렇게 어여삐하시며 애지중지로 키우셨어요. 그런 사랑을 받아서인지 어머니 성격이 의존적이셨어요. 평생 모든 재화를 처가를 통해 받았으니 돈 개념도 없으셨어요. 원서동(창덕궁 인근) 시댁에서 밤마다 친정이 그리워 우셨다고 해요. 딸 소식이 궁금한 외조부가 퇴근길에 들르셨는데 그때마다 우는 모습을 보셨어요.

하는 수 없이 외조부가 조부에게 얘기해 신접살림을 처가로 옮겼습니다. 아버지는 수레에 한가득 책을 싣고 처가로 들어가게 됐다고 합니다."

시인의 아내는 귀하게만 자라서였는지 생활력이 없었고 비현실적이었다고 한다.

"어깨 폭이 좁아 어머니처럼 한복이 잘 어울리는 여성을 본 적이 없어요. 키가 170cm로 늘씬했고 진명여고에 다닐 때는 농구선수셨는데 포지션은 포드였어요. 얼마나 날렵하셨을까 가끔 생각해 봅니다. 또 어머니만큼 얼굴 화장이 아름다운 이가 없다는 생각을 하며 자랐어요. 그런 분이 서른에 청상이 되어 평생을 홀로 사셨어요."

―맏이는 아버지를 가장 많이 닮잖아요. 어머니와의 관계는 어땠나요.
"사실, 저와 어머니는 편한 사이가 아니었어요. 뭐랄까 묘한… 생활 안에 불화가 있었던 것 같아요. 불화의 원조는 제 안에 남아 있는 아버지에 대한 감정의 찌꺼기가 아니었을까 생각해 봅니다.
어머니 나이 고작 서른에 애가 셋이었잖아요. 절망의 깊이를 이해한들 어린 자식들은 알 수가 없을 겁니다. 어머니는 사랑채 벽면을 빼곡히 둘러쌌던 아버지의 흔적(책)을 죄다 비워버렸습니다. 넝마주이가 다 가져갔어요. 아버지 옷가지들도 없애버리셨어요. 우리집처럼 선친의 유품이 없는 집이 없을 거예요. 그저 사진 몇 장밖에."
시인의 부인 이정숙은 작년 87세로 사망했다.

박인환이 운영했던 '茉莉書舍' 이야기

관립 평양의학전문학교(3년제)에 다니던 박인환은 광복 이후 서울로 돌아왔다. 그리고 아버지한테서 받은 3만 원과 작은 이모에게서 2만 원을 얻어 종로 3가 2번지(지금의 낙원동 입구), 이모의 포목점 바로 옆에다 서점을 열었다. 서점은 문인들의 사랑방으로 유명했던 '마리서사(茉莉書舍).' 김광균·김규동·이봉구·박영준·김수영·이시우·설정식·김기림 같은 문인들이

박인환·이정숙 부부가 명동에 출연하면 마치 폐허 속의 학(鶴)과 같았다고 한다.

서울 종로3가 2번지, 파고다공원 근처에 있던 서점 마리서사. 박인환이 즐겨 읽던 문화예술 서적이 가득했다고 한다.

드나들었다.

"혹자는 '주인이 서점에 없고 장사는 안 되는 데다 책 사는 사람도 파는 사람도 아닌 문학청년들이 모여서 떠드는 소굴'이라 말하곤 했어요. 마리서사에 진열된 책 대부분이 아버지의 외국문학 서적이었대요. 시인 김수영은 '마리서사를 빌려, 우리 문단에도 해방 이후 짧은 기간이긴 했지만 가장 자유로웠던 좌우 구별이 없던 봉마르트 같은 분위기였다'고 했지요. 아버지는 문우들과 모여 저녁을 먹더라도, 자기가 밥값을 내고 싶어 했어요. 책 판 돈은 대개 그렇게 나갔어요."

시인은 서점 손님으로 왔던 이정숙을 알게 되어 마침내 약혼하기에 이른다. 서점은 영업부진으로 몇 년 안 가 문을 닫지만 시인은 반려(伴侶)를 찾은 셈이다.

"두 분은 마리서사에서 처음 만나셨어요. 여성잡지사 기자였던 어머니의 사촌언니(이석희)와 우연히 서점에 들렀대요. 문을 열고 들어서니 쪽방 같은 곳에서 여름 모시옷을 시원하게 차려입은 청년이 나와 자리를 권하는데, 그게 바로 아버지와의 첫 만남이었다고 해요.

두 분은 많은 시간을 명동에서 보냈는데 어머니가 아버지 시의 첫 독자였어요. 시를 쓰면 꼭 어머니께 먼저 보여드렸습니다. 또 그 무렵 개봉하던 영화는 거의 모두 보았다고 하고 두 분이 명동에 나타나면 문우들이 '한 쌍의 학(鶴)과 같다'고 말했대요."

광복 후 미군정 시절 MPEA(미국 8대 메이저들의 외국배급 카르텔)의 한국사무소가 1946년 생겼다. 정식 명칭은 중앙영화배급소. 이곳에서 미국 할리우드 영화를 독점 배급했다. 한국영화는 연간 4~5편에 불과했다.

당시 이정숙의 사촌언니 이석희의 남편 임동규씨가 중앙영화배급소에 재직하고 있었다. 그가 박인환에게 시사회 초대권이나 개봉관 표를 두 장씩 자주 주었다고 한다. 박인환·이정숙 두 커플은 하루가 멀다 하고 충무로 바닥을 누볐다. 그래서인지 시인은 생전 많은 영화비평을 남기기도 했다.

"아버지가 경기중에 다닐 때부터 시와 영화에 관심이 많았다고 해요. 당대 문인처럼 서양문물을 체감한 유학파도 아닌 분이 어떻게 첨단의 모던한 현대시를 쓸 수 있었을까요? 저도 불가사의하다고 생각돼요. 항간에는 아버지가 경기중을 자퇴한 것으로 알려졌는데 사실이 아니에요. 경기중에 다닐 때 지금의 서울시의회 별관 자리에 있던 부민관에서 영화를 보다 선생님에게 들켜 퇴학을 당했다고 들었어요. 아버지 이모부에게 전해들은 이야기로는 학창시절 아버지의 책상 서랍을 열면 외국영화 포스터가 두르륵 굴러 나왔대요."

1948년 5월 결국 두 사람은 덕수궁에서 결혼식을 올린다.

"그런데 이런 일이 있었어요. 결혼 날짜가 잡히면 함이 오잖아요. 사주단자에 적힌 아버지의 실제 나이가 어머니보다 1살밖에 많지 않은 거예요. 그 동안 아버지는 당신 나이보다 5살 많게 얘기했던 모양입니다. 그것을 두고 처가가 실망을 하고 두 분이 티격태격했는데 당시 우리 집 뒤편으로 꽤 깊은 개울이 있었어요. 아버지가 화가 나서 물속으로 터벅터벅 걸어가셨대요. 그러곤 유리병으로 자기 손을 확 찍더라는 겁니다. 감추려 했지만 몇몇 결혼식 사진에는 흰 붕대를 감고 있는 모습이 나와요."

1948년 이른 봄 박인환과 아내 이정숙은 많은 문우들의 축복을 받으며 결혼식을 올렸다.

"박인희의 낭송 〈목마와 숙녀〉는 통속적"

박인환의 사후 20주기가 된 1976년 후손들은 생전 아버지가 펴낸 ≪선시집≫(전체 54편)에다 이후 발표된 시, 미발표 유작(遺作), 첫 시집에서 빠진 이전 시들을 더해 시집 ≪목마와 숙녀≫(61편)를 펴냈다.

"본래 첫 시집 ≪선시집≫은 한정판으로 나왔었는데, 출판사에 불이 나 시중에서 보기가 어렵게 됐어요. 물론 월간지, 문학지 등에서 아버지의 시 일부를 초록(抄錄) 전재한 경우가 몇 차례 있었으나, 이렇게 거의 모든 시편을 묶은 것은 처음이었습니다.

아버지는 생전 어머니에게 '혹시 내가 죽으면 내 시집이 잘 나갈 거'라고 말씀하셨다고 해요. 그게 어쩌면 현실화됐습니다. ≪목마와 숙녀≫가 10만 부 이상 팔렸으니까요. 자식들 결혼할 때 인세의 도움을 조금씩 받아 시집, 장가갔으니 말이에요."

―많은 시 중에서 시집 제목을 왜 '목마와 숙녀'로 정했나요.
"'한잔의 술을 마시고 우리는 버지니아 울프의 생애와 목마를 타고 떠난 숙녀의 옷자락을 이야기한다'라는 도입부가 리드믹하지 않습니까. 그 시 속에 뭔가 많은 그림이 들어 있는 듯한 느낌이 들어요. 1971년인가 72년인가 박인희라는 가수가 낭송을 해 크게 알려진 후였어요."
지금 들어 봐도 박인희의 감성적 목소리에 실린 <목마와 숙녀>는 쓸쓸함이 묻어 있다. 유신(維新)이라는 시대적 분위기까지 더했다. 당시 '문학이 죽고 인생이 죽고 / 사랑의 진리마저 애증의 그림자를 버릴 때 / 목마를 탄 사랑의 사람은 보이지 않는다 / 세월은 가고 오는 것/ 한때는 고립을 피하여 시들어 가고 / 이제 우리는 작별하여야 한다(중략)'에서 뭔지 모를 멜랑콜리한 슬픔에 전 국민이 젖어들었다.
그러나 박씨는 박인희의 목소리가 마음에 들지 않는다고 했다.
"시에다 음악을 붙이는 것은 시적 이미지를 혼란시킬 수 있어요. 시는 그냥 언어로 읽고 행간으로 느껴야 하는데 박인희의 낭송과 배경음악은 가슴을 우려내려는 통속적 색채가 많아요. 괜히 아버지 생각을 왜곡시켜 놓은 것이 아닌지 몰라요."

… 사랑은 가고 / 과거는 남는 것 / 여름날의 호숫가 / 가을의 공원 / 그 벤치 위에 / 나뭇잎에 덮여서 / 우리들 사랑이 사라진다 해도 / 지금 그 사람 이름은 잊었지만 / 그의 눈동자 입술은 / 내 가슴에 있어 / 내 서늘한 가슴에 있건만…

— <세월이 가면> 전문

한국전쟁 이후 문인들의 사랑방이었던 '명동쌀롱'에 모인 예술가들이 박인환의 시에 즉흥적으로 멜로디를 붙여 소위 '명동 엘레지'로 알려진 시가 <세월이 가면>이다. 1950년대 명동의 주점 <은성>에서 탄생한 것으로 회자한다. 은성은 탤런트 최불암(崔佛岩)씨의 어머니가 주인. 곡은 박인환의 절친인 이진섭이 만들었다. 박씨의 말이다.

"시는 말이죠. 영감이 떠오르면 후닥닥 금방 쓰잖아요. 굳이 퇴고를 안 하죠. 마치 신이 내린 것처럼 씁니다. 그런데 작곡은 달라요. 시어에 맞춰 작곡을 해야 합니다. 아버지 시에 즉흥적으로 곡을 붙일 수 있었을까, 하는 생각이 들기도 해요. 조금 의심스럽습니다."

그러면서 그는 <세월이 가면>의 악보를 본 일이 있다고 회고했다.
"돌아가시기 한 달 전쯤 됐나요? 세종로 집으로 아버지와 이진섭 선생이 와자지껄하게 오셨는데, 그날 8절지 도화지에 <세월이 가면>이 적혀 있었는데 좀 특이했어요. 콩나물 대가리 같은 음표는 없고, 아라비아 숫자가 잔뜩 있었거든요. 처음엔 몰랐는데 나중에 보니 음표더라고요. 예를 들어 '도·미·솔' 하면 '1·3·5'라는 식으로….
아버지는 목소리가 좋으셨어요. <세월이 가면>은 어머니도 아버지와 함께 불렀으리라 추정해요. 왜냐? 제가 어렸을 때 사랑채에서 두 분이 함께 불렀던 상송이 아직도 생생하니까요."

─어떤 상송인가요.
"무슨 말인지는 몰라도, '라모나'라고 하는 노래였어요."

그는 상송의 리듬을 콧노래로 불렀다.

"요절 시인의 시가 지금도 회자하고, 학생들의 문학 교과서에 소개되고 있다는 사실이 놀랍지 않으냐"는 말에 그는 이렇게 말했다.

"아버지가 명동을 활보할 당시 다 어렵고 참혹하던 시절이었고 아버지는 불행하게 가셔야 했어요. 그런데 돌이켜보니 결국 아버지는 불행한 시인이 아니었어요. 사람들은 지금도 (아버지 시를) 좋아하고, 그 감정을 행간으로 느낄 수 있으니까요."

소박스

서점 '마리서사(茉莉書舍)'의 유래는 "마리 로랑생의 이름에서 나왔다"

박인환의 서점 '마리서사'의 이름은 독특하다. 어떤 연유로 그런 이름이 붙여졌을까. 일부 문인들은 '마리'라는 명칭이 일본의 모더니즘 시인 안자이 후유에(安西冬衛)가 31살 때 출간한 첫 시집 ≪군함 말리≫에서 왔다고 주장한다. 말리(茉莉)란 외래종 떨기나무의 일종. 당시 말리를 일본에선 '마리'라 불렀다고 한다. 시인 김수영도 훗날 "박일영(朴一英)이란 화가가 '서점 상호를 시집 ≪군함 말리≫에서 따 준 것'이라 말했다"고 기억했다.

그러나 장남 박세형씨는 다른 설을 제기했다.

"아버지는 프랑스의 여류 예술가였던 마리 로랑생(Marie Laurencin)을 좋아하셨는데 그분의 이름 '마리'와 관련 있다는 얘기를 어머니께 들었습니다. 마리 로랑생은 당대 피카소, 기욤 아폴리네르 등과 교우(交友)하신 분입니다. 자유로운 환상과 감상을 화폭에 담은 독특한 화가였다고 해요. 저나 어머니는 《군함 말리》보다 '마리 로랑생'에서 유래하고 있다고 믿고 있어요."

〈논개〉의 변영만·영태·영로 후손들

"청렴한 변씨삼절卞氏三絶, 후손들은 후광 업지 못해"

'논개'의 시인 수주(樹州) 변영로 (卞榮魯)는 위로 3명의 누나와 2명의 형, 그리고 1명의 여동생이 있었다. 이 중 아들 삼형제는 중국의 3소(蘇·소순, 소동파, 소철)에 빗대 변씨삼절(卞氏三絶)이라 불린다. 저마다 한국 근·현대사에 자주 등장하는 인물이다. 모두 일제시대 때 창씨개명, 신사참배를 거부한 대쪽들이다.

수주의 큰형인 산강재(山康齋) 변영만(卞榮晩)은 한학자이자 성균관대

시인 변영로.

245

변영만의 장손
호달씨.

교수를 역임했다. 이승만(李承晩) 대통령 재임 시절, 반민특위 재판장을 지냈다.

수주의 둘째형인 일석(逸石) 변영태(卞榮泰)는 영어에 능통해 서울 중앙학교 영어교사로 오래 재직하다 해방 후 고려대 교수가 됐다. 이승만 정권 시절, 외무장관으로 발탁됐고 국무총리까지 역임했다.

수주 변영로의 본명은 영복(榮福)이었다. 시를 발표할 때 '수주' 혹은 '변영로'란 이름을 썼는데 60세 때인 1958년 서울지방법원의 재판을 통해 '영로'로 정식 개명했다. 수주라는 아호는 맏형 변영만의 것이었으나 변영로가 달라고 청해 갖게 됐다고 한다. 수주란 이름은 고려 때 고향(경기도 부천)의 옛 명칭이다. 현재까지 부천시 고강동에는 밀양 변씨들이 많이 모여 살고 있고, 바뀐 도로명 주소도 '수주로'다. 삼형제 묘가 모두 이곳에 있다.

기자는 수주문학상 운영위원장인 시인 구자룡씨와 밀양 변씨 대종회, 변씨 삼형제 후손들을 만나거나 전화로 통화해 행적을 물어보았다. 1세대 후손들은 대개 사망했거나 해외에 거주하고 있어 연락이 닿지 않았고 몇몇 후손

수주 변영로의 가족들.

은 인터뷰를 꺼려 취재가 쉽지 않았다.

변영만·영태·영로 삼형제의 '거대한' 위상과 비교하면 후손들은 대체로 조용히 살아가고 있었다. 변영로의 막내딸 인숙(仁淑·미국거주)씨를 제외한 1세대 후손 대부분이 세상을 떠났다고 한다.

산이 높으면 골도 깊다고 했던가. 변영만씨의 장손인 호달(鎬達)씨는 "세 분 할아버지는 사회 칭송을 받았지만, 후손들은 볼 것이 없다. 후광을 업지 못했고, 업혀 주려고 노력도 안 하셨다"고 말했다. 그 역시 경기 부천에 거주하고 있었다.

취재 과정에서 만난 한 후손은 이런 말을 했다.

"선대에 꽤 재산이 많았다고 해요. 그런데 이 세 분 할아버지 대에 이르러 재산을 다 없앴다고 합니다. 그분들이 후손을 위해 뭘 해 준 게 없어요. 자녀들 취직 하나 안 시켰어요. 그래서 지금 사는 형편이 다 지질해요."

변영만 · 홍명희 · 최남선과 더불어 '경성삼재京城三才'

변영만(1889~1954)은 아버지 변정상(卞鼎相)이 경흥군수로 있을 때(10세) 시를 지었을 정도로 머리가 트였다고 한다. 법률가 · 학자 · 문필가 · 시인 등으로 한국 근대사에 자주 등장하는 인물이다. 고문(古文)의 대가로 일컬어질 만큼 왕성하게 한문 문장을 창작했다. 그러나 한국 근 · 현대문학 장르에 한문학(漢文學)이 주도권을 잃던 시기여서, 처음부터 현대시로 나갔던 동생 변영로보다 덜 부각됐다.

한때 정인보(鄭寅普), 최남선(崔南善)과 함께 삼총사라 불릴 정도로 교분이 두터웠으나 최남선이 일제와 협력하며 다른 길을 택하자 평생 등을 돌렸다고 한다. 최남선과 길에서조차 외면할 정도로 의절했다. 혹자는 변영만과 홍명희(洪命熹) · 최남선(혹은 정인보) 세 사람을 일컬어'경성삼재(京城三才)'라고 불렀다.

변영만은 16살 때(1905년) 한성(漢城) 법관양성소에 다녔으며 1908년 보성전문학교 졸업과 동시에 고등문관 시험에 합격해 23세까지 법관생활을 했다.

목포 법원에 있을 때 일본 통감부 모자를 쓰기 싫다고 집어던지고 미련 없이 법복을 벗었다고 한다. 그렇게 사직하고 집으로 돌아가자 아버지 변정상이 아들 등을 두드리며 "과연, 내 아들이다!"라고 했다고 한다.

528쪽 분량의 《변영로 연구》(2012)를 펴낸 시인 구자룡씨는 "판사를 그만두고 상해에서 다시 남양으로 떠돌다가 국내로 돌아왔다. 이후 법학 대신 한학과 영문학을 연구했다. 그는 잡지와 번역서 등을 통해 국민정신을 각성시키고 제국주의 폭력성을 경계시키는 글을 썼다"고 말했다.

이후 서울 수송동에서, 혹은 신의주에서 변호사 사무실을 열었다는 얘기는 있으나 구체적으로 어떤 변론(辯論)을 맡았는지 알려지지 않았다. 밀양 변씨의 한 후손은 "변호사 일을 거의 하지 않았다"고 했다. 대신 각 지방의 사찰과 막내 여동생 변영애(卞榮愛)의 집 등으로 방랑했다고 한다. 해방 후 정부가 서울 미아리에 마련해 준 집에서 운명했다. 시인 구자룡씨의 말이다.

"한학과 영문학, 산스크리트어(梵語)의 권위자로 한때 역경원(易經院)에서 일하기도 했다는 기록이 있어요. 한 연구자의 자료를 보면, '변영만은 성품이 까다롭고 상스러운 음식을 싫어했으며, 골동품 모으기를 좋아했으나 싫증을 잘 느껴 팔기도 잘했다. 그리고 이미 읽은 책과 필요한 책을 서점에서 맞바꾸는 기인이기도 했다'고 합니다."

기자와 만난 한 후손은 이런 말을 했다.

"한학자이자 법률가로서 이름이 높았다고 들었습니다. 할아버지는 서울대 법대 전신인 한성법관양성소를 나왔는데 2014년 서울대 법대동창회에서 '자랑스러운 서울법대인'으로 선정하기도 했어요. 신사참배도 안 하시고 창씨개명도 안 하셨으니 일찍 법복을 벗을 수밖에 없었어요.

영만 할아버지는 슬하에 외아들을 뒀는데 그 아들이 머리를 심하게 다쳤어요. 뇌손상을 당하면서 선대의 정신적 유산이 다 단절돼 버렸습니다. 또 (영만 할아버지가) 역마살이 있었는지 사찰을 전전하며 본가를 찾지 않았습니다. 그래서 당숙들이나 그 아래 6촌들과 자연 거리가 멀어졌어요. 세 분 할아버지가 한자리에 계신 것을 본 일이 없어요."

변영태, 신생 독립국의 외무장관과 총리가 되다!

변영태(1892~1969)는 대한민국 제3대 외무부장관(1951~1955)과 제5대 국무총리(1954 · 외무부장관 겸임)를 역임했다. 신생 독립국의 외무부장관과 국무총리를 지내면서 중요한 업적을 이뤘다는 평가다. 영어와 중국어에 능통했는데 서울 중앙학교에서 영어교사로 30년을 근무했다고 한다. 일제 말에는 창씨문제로 낙향해 3년간 농사를 지었다.

해방 이후 고려대에서 영문학 교수로 재직하고 있다가 1946년 이승만 대통령에게 발탁돼 외교관의 길로 들어섰다.

변영태 장관의 첫 외교업적은 필리핀과의 수교였다고 한다. 대외교섭의 첫 시도가 필리핀이었는데 당시 필리핀은 한국과 비교해 모든 면에서 앞선 나라였다. 이 대통령이 크게 칭찬했다는 기록도 있다. 독도에 대한 한국외교의 기본입장도 그에 의해 확고해졌다. 1954년 독도에 등대를 설치하고 '태극기,' '한국령'이라는 표지를 세웠다.

밀양 변씨 대종회에 따르면, 변영태가 허약한 체질에다 불치병으로 고생했는데 1년간 자신의 오줌을 받아먹고 완치됐다고 한다. 아령을 열심히 해

1963년 8월 29일 서울시민회관에서 정민회 창당대회에서 변영태가 연설을 하고 있다.

'아령 전도사'를 자처했고 경보대회에 나가 우승한 일도 있다. 형 변영만과 다르게 독실한 기독교 신자였다는 기록이 남아 있다.

변영태는 슬하에 4남 3녀를 두었다. 6·25 당시 서울 공대생이었던 맏아들(변두수)은 인민군에게 총살당했다. 둘째(변지수)와 셋째(변혜수)는 일찌감치 미국으로 이민을 떠났다. 넷째(변종수)는 휘문고에서 영어교사로 재직했다고 한다. 변영태의 아들들은 장수하지 못하고 대부분이 세상을 떠났다. 한 후손은 기자에게 이렇게 말했다.

"장관, 총리까지 한 유명한 할아버지이지만, 집안을 위해 해 준 게 없어요. 서울 법대를 나온 한 친척이 외무장관 시절의 영태할아버지를 찾아간 일이 있어요. 인맥을 통해 자리 하나 잡을까 싶어서 찾아간 거지요. 영태할아버지

251

왈(曰), '대학에서 공부했으니 이제 고향에 내려가 농사나 지어라'고 했답니다. 서울 법대를 나온 집안 조카에게 농사를 권하신 분입니다. 그 말을 듣고 그 조카는 화가 나 미국 이민을 갔다고 해요.

누구는 집안사람 중에 한 명만 출세하면 사돈의 8촌까지 다 거둔다고 하는데 우리 집안은 그런 게 전혀 없었습니다."

―정말 청렴한 분이었네요.

"청렴결백했지만 (집안이) 다 죽어가는데… (집안에) 전혀 도움이 안 됐지요."

이런 일도 있었다. 형 변영만이 세상을 떠나자 고향 마을이 서울에서 온 장례행렬로 장사진을 이뤘다. 하지만 당시만 해도 경기 부천은 '깡촌'과 다름없었다. 장례행렬이 변영만의 선산까지 가기에 길이 엉망이었다. 질척하고 비좁은 논두렁, 밭두렁을 건너야 했다. 한 후손의 이야기다.

"장례행렬이 엄청났어요. 당시 장화 없이 못 다닐 정도로 길이 질척였는데, 고향 사람들이 변씨 할아버지들을 엄청 욕했어요. 자기 고향에 길 하나 안 닦아 놨다고요. 비석 세울 때도 차가 논두렁에 다 빠졌잖아요. (차가 고장이 나) 수리비를 (문중에서) 다 물어줬어요. 남들에겐 곧고 기인이라 평가되지만… 그래요, 기인은 맞지요."

그는 이런 말도 했다.

"그 일 있고 얼마 뒤, 고향 파출소장이 윗사람에게 청해 도로포장을 추진했다고 해요. 자기 딴에는 그런 공을 자랑하러 외무장관이던 영태할아버지를 찾아갔다고 합니다. 그런데 영태할아버지가 '누가 너더러 도둑놈 잡으랬지 도로를 닦으라고 했느냐면서 되레 야단을 쳤다고 합니다. 그 파출소장이 결국 해임됐다는 얘기도 전해져요. 그런 분이 무슨 고향발전을 시키겠어요?"

변영로, 또 다른 일장기 말소사건으로 ≪동아일보≫ 떠나

변영로(1898~1961)는 1916년 기독교청년회관 영어반을 졸업하고 그곳의 영어반 교사가 됐다. 2년 후에는 모교인 중앙학교의 영어교사가 됐다. 이 학교에 둘째형 변영태가 재직 중이었다고 한다.

1927년 이화여전 교수가 됐다. 앞서 1924년 시집 ≪조선의 마음≫을 내고 문명(文名)이 높아지자 이 대학이 초청한 것으로 전해진다. 이 시집에 <논개>가 담겨 있다. <논개>는 1922년 ≪신생활≫ 4월호에 처음 실렸다.

구자룡 시인은 "이화여전에서 영문학과 조선문학을 가르쳤다. 지금의 혜화동 네거리 근처의 혜화초등학교 앞 조그만 한옥서 살았는데, 일설에 따르면, 장택상(張澤相)이 사준 집이라고 한다. 이 집에 1931년까지 거주했다"고 밝혔다.

변영로는 1931년 미국 산호세대학에 들어가 2년간 수학 후 귀국했다. 유학은 장택상의 후의로 이뤄진 것이라고 한다. 1933년 ≪동아일보≫ 기자로 입사했는데 취재보다는 일본에서 오는 통신문 번역 일을 주로 했다. 1936년 9월 일장기 말소사건에 관련돼 퇴사했고, 잠시 투옥당했다는 이야기가 전해진다.

변영로의 아들 천수(天壽·작년 11월 작고)씨가 쓴 저서(≪강낭콩보다 더 푸른 그 물결 허드슨 강으로 흘렀네≫)에 이런 이야기가 실려 있다.

수주가 ≪동아일보≫ 자매지인 ≪신가정≫ 주간으로 있을 때다. 일장기 말소사건으로 ≪동아일보≫가 폐간당하자, 수주는 손기정(孫基禎) 선수가 모교인 양정고등보통학교 운동복을 입고 달리는 사진을 구했다고 한다. 그는 손기정의 상반신을 잘라 두 다리만을 확대해 '세계를 제압한 두 다리'란 제목을 붙여 잡지 표지에 게재했다. 이를 본 일본 형사들이 수주를 찾아왔다. 그는 태연히 이렇게 말했다.

"손 선수가 무엇을 가지고 세계를 제패했소. 머리를 가지고 했겠소, 팔로 했겠소? 그의 무쇠 같은 두 다리로 세계를 제패한 것 아니겠소? 그러니 화보의 효과를 100% 내려고 그의 두 다리만을 확대하여 게재한 것이오."

일경(日警)들은 잘려나간 사진에 일장기가 있다며 사진 윗부분을 내놓으라고 호통쳤다.

사원이며 사환 할 것 없이 사내의 모든 사람이 동원돼 쓰레기통을 뒤졌으나 사진이 없었다. 일경들은 저러다가 틈을 봐서 도망치지나 않을까 생각했는지 수주의 양옆을 바싹 따라다녔다.

우여곡절 끝에 찾은 상반신 운동복 사진에 다행히도 일장기가 없었다. 하지만 그 일로 변영로는 결국 ≪동아일보≫를 떠나게 됐다.

변영로의 주위를 항시 떠나지 않은 물건이 있었는데, 물부리·돋보기·사전(관 속에 넣음)·파리채·재떨이·요강이었다고 한다. 또 할머니가 편애해 기른 탓에 성격이 몹시 까다로웠다. 이어령(李御寧) 전 문화부장관에 따르면, 수주는 예술적 성격에다 항상 감정이 충만해 신분이나 지위에 상관없이 사람을 대했으며 싫고 좋음이 분명했다고 한다. 칭찬과 욕설, 따귀 갈기는 것 등을 때와 장소를 가리지 않고 하는 분명한 성격이었다. 정치에는 통 관심이 없었고 자유당을 싫어했다. 그러나 이승만 대통령은 존경했다.

변영로와 가난한 두 아내

변영로는 15세 때 17세의 아내 이흥순과 결혼, 3남 2녀(鐵壽·成壽·眞壽·石壽·恭壽)를 낳았다. 1934년 아내가 세상을 떠나자 이듬해 양창희와 결혼해 3남 1녀(甲壽·文壽·千壽·仁淑)를 두었다. 현재 미국에 거주하는 인숙씨를 제외하고 형제가 모두 세상을 떠났다. 고(故) 변천수씨의 저서에 배다른 형제들에 대한 회고가 실렸다.

…이복 동복의 구별의식이 전혀 없다. 그렇다고 아기자기한 형제애도 없다. 이복 남매들은 2년 터울이고 동복 삼형제는 연년생이라고 올망졸망한 우리 남매들은 배가 고플수록 다툼이 잦아졌다. (중략) 시인의 후처로 들어와 사는 어머니의 신접살림은 구절양장을 넘듯 기가 막히게 힘들었다. 아버지는 시 하나만 잘 썼을 뿐 가난했다. 아버지는 가난뱅이도 모자라 술주정뱅이까지 겸했다. …

… 아홉 식수가 기거하던 흑석동 솜틀 방앗간집의 문간방은, 낡디낡은 원룸만도 못한 단칸방이었다. 너무 허술해 바람이 마구 휘젓고 들어왔다. (중략) 이런 상황에서 대란이 일어났다. 맏이인 철수형이 집을 나가 홀로 끝없는 방랑생활을 시작한 것이다. 중앙고보를 나와 일본 유학을 다녀온 철수형은 장남답게 아버지를 가장 많이 닮은 천재였다. 그런 아들이 집을 나가 버렸으니 집안 분위기는 아

주 침울했다. 설상가상으로 둘째 누나 석수가 장티푸스를 앓다가 세상을 떠나고 말았다. 줄초상이 난 듯 집안 분위기가 말이 아니었다. …

… 아버지 삼형제는 하나같이 창씨개명과 신사참배를 거부하는 바람에 식구들의 고생이 갑절로 늘어났다. 당시 총독부는 가난한 가정에 구호미를 배급했지만 창씨개명을 안 한 조선인에게는 그마저도 제외했다. 나(변천수)도 학교에서 벤첸슈(일본식 발음)로, 개명을 거부한 집안의 자식으로 낙인 찍혀 알량한 급식배급의 특혜를 누리지 못했다. …

염상섭은 수주가 세상을 떠나자 1961년 3월 17일 ≪민국일보≫에 변영로와 두 아내에 대한 이런 글을 썼다.

… 젊었을 적 한때 매일같이 잔을 나누고 수주의 집 내실에까지 끌려 들어가서 반야(半夜)가 기울도록 대취한 일이 한두 번이 아니었던 것도 기억에 새롭다. 넉넉지 않은 살림에 싫은 내색 한 번 보인 일 없이 젊은 주붕(酒朋)들의 술 치다꺼리를 하여 주시던 무던한 그 부인도 고마웠거니와, 그분이 돌아간 뒤에 또한 전 부인에 못지않은 현 부인을 맞아 해방 후로는 유복한 가운데 말년을 보낸 것도 고맙고 다행한 일이었다고 생각한다. …

변씨 삼형제의 성격

변씨 삼형제 가운데 명정(酩酊)의 풍류는 변영만과 변영로가 같지만, 변영

변영만 삼형제의 묘가 있는 경기도 부천의 밀양 변씨 선산.

태는 근검절약했다고 한다. 특히 '변영만은 성격이 괴팍하고 기인적이었고 변영태는 곧고 성실했으며 변영로는 좀 과격한 성미였다'고 전해진다. 모두 가난하게 살았고 자유분방한 사고를 지녔지만, 저속한 말을 쓰면 난리가 났다.

세 사람의 사이는 어땠을까. 깊이는 알 수 없으나 이런 일이 변씨 문중에서 회자한다. 밀양 변씨 한 인사의 이야기다.

"구전(口傳)으로 들은 얘기인데 이승만 대통령이 변영만할아버지에게 법무부장관을 시키려고 했대요. 그러나 완강히 거절을 하셨답니다. 당시 낙원동에 살 때였는데 이 대통령이 영만할아버지 마음을 돌리려고 쌀이니 숯이니 보냈는데 그걸 집안에 들여놓지 못하게 했대요."

이 인사는 "그래도 안 되자, 영만할아버지를 움직이게 하려고 영태할아버지를 외무부장관에 기용했는데 그 일로 형제간 의가 갈라졌다"며 "그 뒤로

영만·영태할아버지가 한자리에 계신 것을 본 적이 없다"고 했다.

변영만과 변영로는 사이가 어땠을까. 형 변영만이 1950년 반민특위 재판장을 맡은 적이 있었다. 그는 한때 절친했으나 변절의 이유로 멀어진 최남선을 직접 심리했다고 한다. 6·25 사변이 나고 변영로가 부산으로 피란을 갔는데 어느 날 최남선과 가까운 사람이 찾아와 이런 말을 했다.

"육당이 전진(戰塵) 속에서 지은 시조를 모아 출판하려는데 서문을 꼭 수주에게 써 달랍디다."

변영로는 잠시 고민하고 나서 이렇게 말했다.

"육당으로 말하면 문학인으로서 저명한 친일파이지만, 그것을 육당에게 모두 뒤집어씌울 필요가 있나. 하지만 사적으로는 사백(舍伯·변영만)과의 관계도 있고 하니 중화(中和)적인 견지에서 쓰겠다."

그런데 육당의 시조집이 여러 해를 두고 나오지 않자 변영로는 자신이 쓴 서문이 잘 보존되어 있는가를 매우 궁금히 여겼다고 한다. 한국 근현대사에서 변씨 삼형제는 각기 다른 영역에서 독특한 족적을 남겼다. 형제들은 자유분방하면서도 서로를 구속하지 않으며 저마다 개성 있고 지조 있는 삶을 택했다. 이들은 하나같이 불결·불순·부정·불의에 맞서거나 완강히 혐오했다. 그러나 그런 강직과 방랑·풍류를 지켜보던 가족들은 가난했고 고통스러운 시간을 보내야 했다. 한 후손의 이야기다.

1955년 오스트리아 빈에서 열린 국제펜클럽 대회에 변영로는 한국대표 자격으로 참여했다. 출국에 앞서 변영로와 시인 모윤숙, 김광섭이 인사하고 있다.

"세 분 할아버지는 지체 높게 사셨지만 한 분은 사찰로, 산으로 떠돌아다니셨고, 한 분은 강직하게 자기 길만 가셨고, 한 분은 평생 술에 취해 사셨어요. 당시 어린 저희와 대화가 거의 안 됐어요. 하지만 그런 선각자(先覺者)가 계셨기에 오늘날 한국사회의 뿌리가 깊어진 것이 아니겠어요?"

〈상록수〉의 심훈 후손들

"상록수 정신이 한국 근대화 이끌어"

심훈(沈熏·본명 大燮·1901~1936)은 짧은 생애 동안 시와 소설, 산문, 영화평을 쓴 문필가이자 《조선일보》 학예부 기자였으며 자신이 직접 대본을 쓰고 각색·연출한 무성영화〈먼동이 틀 때〉(1927년)를 제작한 영화감독이었다. 또 1926년 이경손 감독의 흑백영화〈장한몽〉에서 여주인공 심순애를 못 잊는 이수일 역으로 분(扮)한 전방위 예술인이었다.

시인이자 소설가 심훈.

심훈이 충남 당진시 송악면 부곡리에 내려가 손수 지은 집이다. 심훈은 이 집을 '필경사'라 이름 붙였고 이곳에서 <상록수>를 썼다.

그는 한국 농촌계몽운동의 시작을 알린 장편소설 ≪상록수≫를 탈고한 후 영화화하기 위해 동분서주하다 장질부사(장티푸스)로 사망했다. 고열의 감기증세를 앓다가 인삼을 달여 먹은 것이 장질부사로 변해 경성제대 부속병원에 입원했으나 1936년 9월 16일 오전 8시 숨을 거뒀다.

두 형(심우섭, 심명섭)이 지켜보는 가운데 임종한 후 경기도 용인의 선영에 안장됐다가 충남 당진군 '필경사(筆耕舍; 충청남도 지정기념물 107호)' 옆으로 이장했다.

'밭 가는 농부의 마음으로 글을 쓰겠다'는 뜻의 필경사는 심훈이 장조카 심재영(沈載英, 1912~1995, 심훈의 큰형인 심우섭의 장남)이 살던 충남 당진시 송악면 부곡리에 내려가 손수 지은 집이다. 심재영은 ≪상록수≫에 등장

1935년 8월 13일 《동아일보》 창간 15주년 문예작품 현상공모에 심훈의 <상록수>가 당선작에 선정됐음을 알리는 기사.

하는 주인공 박동혁의 실제 인물로 알려져 있다.

심훈이 이름 붙인 필경사에서 장편 《상록수》를 55일 만에 탈고한 것으로 전해진다. 이 작품은 1935년 《동아일보》 창간 15주년 문예작품 현상공모 당선작으로 뽑혀 9월 10일부터 이듬해 2월 15일까지 연재됐다. 그러고 보니, 《상록수》가 쓰인 지 올해로 꼭 80년이 된다.

기자는 충남 당진으로 내려가 후손을 만나고 작품배경이 되는 현장을 둘러보았다. 당진 부곡리는 동쪽으로 아산만이 있고, 서쪽으로는 송악산이 보이는 곳이다. 심훈 선생이 살던 시절엔 필경사 앞으로 쪽빛 바다가 넘실댔겠지만 지금은 바다를 메워 건립한 국가산업단지(부곡공단)가 시야를 압도하고 있었다. 그야말로 찢어지게 가난했던 한곡리(《상록수》 배경으로 등장하는 '한곡리' 마을의 비참한 농촌이 바로 당진 부곡리다)가 80년 만에 상전벽해(桑田碧海)를 이루고 있었다.

이곳에서 청송심씨 안효공파의 26세손이자 심훈의 장조카 심재영의 아들 천보(天輔·76)씨를 만날 수 있었다. 그는 40여 년간의 미국생활을 정리하고 4년 전 귀향했다. 심훈의 유품 등 414점을 당진시에 기증, 필경사 인근에 심훈기념관이 세워졌다. 심천보씨의 말이다.

"1930년 5월, 열아홉 되던 아버지(심재영)께서 당진 부곡리에 정착해 야학과 공동경작회(共同耕作會)로 농촌운동을 이끄셨어요. 또 서울에서 가난에 지치고, 항일작가로서 길이 막힌 심훈 선생을 당진으로 오게 하셔서 삶을 재정비하게 도와드렸습니다."

서울 태생(노량진)인 심훈은 1932년 충남 당진으로 내려와 소설 《영원의 미소》와 《황공의 최후》 《상록수》 등을 썼다. 심훈에게 당진은 문학 산

심재영(왼쪽)과
젊은 시절 심천보.

실의 공간이었던 셈이다.

"선친이 부곡리에 처음 왔을 때 방에 종이로 도배한 집이 5~6호밖에 없었지만 얼마 지나지 않아 도배하지 않은 집이 대여섯 집에 불과할 정도로 생활수준이 나아졌다고 합니다. 농촌계몽운동에의 헌신을 담은 ≪상록수≫가 일제 강점기 전국 곳곳의 수많은 젊은이에게 내 나라, 내 고장을 지키고 나라를 다시 세우는 길을 일깨워 주었다고 생각합니다."

충남 당진과 ≪상록수≫, 그리고 조카 심재영

농촌계몽소설 ≪상록수≫는 ≪조선일보≫의 문자보급운동을 소재로 한 작품이다. 심훈이 신문기자 시절(1928~1931) 문자보급운동의 전 과정을 직접 지켜보았을 것으로 추정된다.

소설의 주인공인 농림학교 학생 박동혁과 여자신학교 학생 채영신은 '○○일보사 주최 학생계몽운동 귀환 보고회' 석상에서 처음 만나게 된다. 여기서 ○○일보가 바로 ≪조선일보≫다.

두 사람은 연인의 감정과 동지적 결속을 느끼며 학교를 자퇴하고 박동혁은 한곡리로, 채영신은 청석골로 내려가 야학과 조합을 설립해 일제 강점기 농촌현실을 고발하고 고리대금업자와 일제의 간섭 등 부조리와 맞선다. 작품 말미에 박동혁은 일경에 수감돼 있는 동안 채영신은 과로로 쓰러져 끝내 세상을 떠나고 만다. '끝까지 싸워 달라'는 그의 유언을 가슴에 새기며 한곡리로 돌아왔을 때 박동혁을 가장 먼저 반긴 것은 농우회관 낙성식 때 심은 상록수였다.

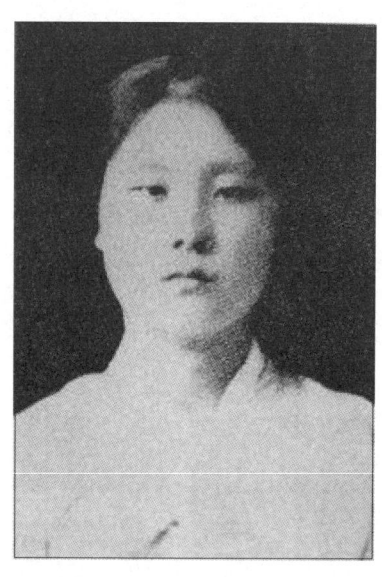

≪상록수≫의 여주인공 채영신의 실제 모델 최용신.

―≪상록수≫에서 박동혁의 모델이라는 심재영 선생은 어떤 분이었나요?

"아버지는 1912년생인데 서울에서 태어나 열아홉에 당진에 내려온 뒤 한 번도 이곳을 떠난 적이 없었어요. 경성공립농업학교(서울시립대 전신)를 나왔는데 농업학교에 진학하신 이유도 심훈 선생의 영향을 받았다고 합니다. 1923년경 중국에서 돌아온 심훈 선생이 우리집(서울 노량진) 행랑채에서 살던 조준기(趙俊基)라는 친구 분과 대화하시는 걸 우연히 듣게 됐는데, 말씀 속에 '농업학교를 나와서 농업과 농촌을 위해 일하는 것도 보람 있는 일'이라는 겁니다.

아버지는 오래도록 그 말씀이 마음에 남아 경농(경성농업학교)에 진학했고 졸업 후에는 농촌계몽운동의 뜻을 세워 당진에 내려와 야학당을 세우셨죠. 아버지는 바보처럼 살았습니다. 자신의 이익만을 좇지 않고 바보처럼 살아서 후세에 빛을 남겼다고 생각해요."

1930년 심재영이 경농을 나와 충남 당진에 정착하자 이듬해 심재영의 조부모인 심상정·해평윤씨 부부가 내려왔고 한 해 뒤에 심훈 내외 역시 당진을 찾았다.

"아버지 말씀이 심훈 선생과 어린 시절, 한집에 오래 살았고 아버지를 무척 귀여워했다고 합니다. 언제나 빈털터리셨던 심훈 선생은 일제의 요시찰 인물로 서울에서 실직하고 어렵게 사셨어요. 아버지가 '시골로 내려오시라'고 권하니 세간도 없이 갓난아이와 부인만 데리고 당장 오셨다고 합니다."

당진에 정착한 심훈은 조카 심재영의 집에서 소설 ≪영혼의 미소≫(1933년 7월부터 34년 1월까지)와 ≪직녀성≫(1934년 3월부터 35년 2월까지)을 ≪조선중앙일보≫에 연재했고 ≪상록수≫도 완성했다. 또 심훈의 3남(재건·재광·재호) 중 둘째와 셋째가 당진에서 태어났다.

심훈은 충남 당진에 내려와 '필경사'를 짓기 전까지 장조카 심재영의 사랑채에 머물렀다. 사랑채 앞에선 심천보씨와 아내 이경애씨.

─심훈과 심재영 두 분 사이는 어땠나요.
계속된 심천보씨의 증언이다.

"11살 차이였는데 어린 시절 한집에서 나서 자랐으니 가까운 사이였겠죠. 심훈 선생은 조카들을 사랑했는데 아버지의 동생(沈載雄)이 일찍 돌아가시자 시 <비오는 밤>과 <웅의 무덤에서>를 쓰셨어요. 그만큼 조카를 사랑했던 겁니다."

두주불사에 항상 가난에 쪼들려

심훈은 심재영이 이끄는 부곡리 '공동경작회' 회원과 가까이 지내면서 피폐한 농촌현실을 직접 경험했다. 그래서 조카를 주인공으로 해 쓴 소설이 ≪상록수≫였다.

"심훈 선생이 ≪상록수≫를 쓸 당시 소설 제목을 두고 고민을 했는데 하루는 아버지 심재영에게 '상록수, 상청수, 해당화, 여명 중에서 어느 제목이 마음에 드느냐'고 물었다고 합니다. 아버지가 '상록수의 어감이 좋고 농촌은 녹색이 어울릴 것 같다'고 하셨는데 심훈 선생도 같은 생각이었대요."

―당시 농촌현실은 어땠나요. 공동경작회는 무슨 일을 했죠.
"아버지가 부곡리에 처음 왔을 때, 지주 겸 자작농이 전체 1할 정도였고 자작 겸 소작농이 2할, 나머지 7할이 순 소작농이었다고 합니다. 또 문맹이 8할, 소학교 취학률이 3할, 가옥은 거의 초가였고 1년 농사를 지어 그해 1년 동안 식량을 마련할 수 있는 자급농가는 겨우 2할 정도였다고 해요. 아버지는 당시 상황을 '한마디로 비참 그것이었다'고 표현하셨지요.

아버지는 부곡리 청년 12명과 함께 공동경작회를 만들었는데 소작답을 약간 얻고 간석지(干潟地)도 개간했어요. 회원 모두 함께 일하고 함께 봉사하는 조직이었지요. 매년 수입을 저축해 3년 후에는 자작답이 2,400평, 소작답이 2,400평이 됐다고 합니다."

하지만 일제 말기, 마을 청년들이 강제 징용으로 떠나게 되고 양곡 공출로 식량 사정이 악화돼 공동경작회의 운영이 어려워졌다고 한다. 설상가상으로 일제의 압력으로 결국 10년 만에 해산하고 말았다.

―≪상록수≫의 기본 골격인 박동혁과 채영신의 러브스토리는 어떻게 해서 나왔나요.

소설 속 '박동혁'의 실제 모델이 심재영이라면, '채영신'의 실제 인물이 최용신이다. 최용신(1909~1935)은 YWCA의 농촌 파견교사로 임명되어 1931년 경기도 화성군 반월면(현재의 안산시 본오동)에서 농촌 아이들을 가르치며 문맹퇴치운동을 펼치다 사망한 인물이다. 과로사로 26살의 짧은 생을 마감한 사실이 알려지자 1,000여 명의 조문객이 찾아와 함께 슬퍼했다는 일화가 전한다. 심천보씨의 말이다.

"심훈 선생은 ≪상록수≫의 여자주인공 때문에 고민을 많이 했다고 해요. 하루는 신문기사에 난 최용신의 안타까운 사연을 읽고서 아버지를 찾아와 이렇게 말씀하셨다고 합니다. '재영아, 됐다! 찾았다!'고요. 실제로 최용신이 살던 마을도 2~3번 찾아가고 두 사람의 러브스토리를 구상한 겁니다. 소설 속 박동혁과 채영신은 사랑하는 연인이자 동지였지만 실제 인물인 심재영과 최용신은 전혀 모르는 사이입니다."

심훈 문중에 따르면, 생전 심훈은 항상 두꺼운 수첩과 만년필을 들고 다니며 글 쓰는 데 소재가 될 만한 것은 모두 기록했다고 전한다. 주로 밤에만 글을 썼는데 당시엔 전기가 들어오지 않아 남포등 아래에서 집필했다. 두주불사(斗酒不辭)여서 기자시절, 안 가 본 술집이 없을 정도였고 취하지 않은 날이 거의 없었다. 그러니 월급이 항상 부족했고 항상 가난에 쪼들렸다고 한다.

심천보씨의 말이다.

"심훈 선생은 경성제1고등보통학교(현 경기고)에 입학했다가 3·1만세사건의 학생 주동자로 몰려 학교에서 퇴학, 옥고를 치렀어요. 그때 어머니(해평윤씨)에게 쓴 <감옥에서 어머님께 올린 글월>이 아직 남아 있어요. 그 글에 이런 표현이 있습니다.

'어머님께서는 조금도 저를 위하여 근심치 마십시오. 지금 조선에는 우리 어머님 같으신 어머니가 몇 천 분이요, 또 몇 만 분이나 계시지 않습니까?'

그 나이에 죽음과 삶의 길을 헤아리는 지혜의 글을 쓴다는 게 놀랍습니다. 출옥 후 중국으로 갔다가 귀국해 연극단체를 조직했고 《동아일보》와 《조선일보》 기자생활을 했는데 월급도 나오기 전에 술을 마셔 버려 생활고를 겪었다고 합니다. 큰형 심우섭이 근무하던 경성방송국에 아나운서로 입사했는데 자꾸 저항을 해서… 오갈 데가 없으니 당진으로 내려온 것이죠."

―저항을 했다는 말씀은….

"일본에 저항했다는 것이죠. 큰형 심우섭이 '방송국에서 아나운서나 해라'고 취직시켜 줘도 자꾸 사상관계로…."

《조선일보》 김정형의 <20세기 이야기-1930년대>에 따르면, 경성방송국 아나운서로 근무할 때 일본 천황과 관련된 방송원고를 고의로 빼먹어 방송국을 그만두게 됐다고 한다.

심훈 가(家)의 엇갈린 운명

―심훈 선생은 가족 중에 누구의 영향을 가장 많이 받았나요.

"제게 증조모가 되는, 선생의 어머니인 해평윤씨 할머니 영향을 많이 받았다는 생각이 듭니다. 증조모는 지혜롭고 차분한 분이었어요. 반면 증조부는 대머리에다 다혈질이었어요.

증조모는 제가 열일곱 때 돌아가셨는데 어린 시절 저와 한방에서 지냈죠. 맛난 것이 생기면 장롱 속에 숨겨 뒀다가 제가 학교에서 돌아오면 꺼내 주시곤 했는데 한번은 이렇게 말씀하시는 겁니다.

젊은 시절, 당신께서 아들 3형제를 낳아 꽃방석에 앉을 거라 생각하셨다고요. 왜냐면 우섭·명섭·대섭(심훈) 아들 3형제 모두 똑똑하고 잘났으니까요. 그런데 셋째가 옥살이를 한다는 소식이 들리더니 가장 먼저 세상을 뜨고, 둘째는 납북당해 소식을 모르고… 아들 셋 모두가 구설수에 올랐으니까요. 증조모께서는 '내가 무슨 얼굴로 밖에 나다닐 수 있냐'며 평생을 두문불출하셨습니다."

심훈의 어머니 해평윤씨는 지혜롭고 인자한 여성이었다. 서울 은로보통학교 교장과 신북면장을 지낸 남편 심상정(沈相珽)이 중풍으로 쓰러지자 얼굴 한 번 구김이 없이 묵묵히 병수발을 들었다고 한다. 그녀의 아버지 윤현구는 조선 말 3대 문장가로 꼽히는 윤희구(尹喜求·1867~1927)의 막내로 시·문·화(詩文畵)에 능했다고 전해진다. 문중에 따르면, 윤씨 어머니는 덕망이 있고 기억력이 뛰어났으며 목소리가 낭랑해 시조를 읊으면 사람들이 감탄할 정도였고 친척들의 모임에 윤씨의 시조 읊기가 반드시 들어 있었다.

심훈의 큰형이자 심재영의 아버지인 심우섭(沈友燮·1890~1948)은 경성휘문의숙 1회 졸업생으로 보통문관시험에 합격했다. 조선총독부에서 총무과, 문서과 등 다양한 부서에서 일했고 경성방송국 한국어방송 과장, 총독부 기관지인 《매일신보》 이사, 동민회(同民會) 이사도 역임했다. 동민회는 1924년 4월 조선독립을 주장하는 사상이나 사회주의 이념을 비판하고 내선융화

충남 당진 심훈기념관에 세워진 심훈 동상 옆에 선 심천보씨.

등을 선전하기 위해 조직된 친일단체다.

경성방송국에 근무한 심우섭은 당시 한국인 가운데 가장 많이 조선총독과 만났던 인물로 알려져 있다. 문재(文才)도 있어, 1914년부터 1919년까지 ≪매일신보≫에 신소설 〈형제〉〈산중화(山中花)〉〈주(酒)〉 등을 연재해 심훈보다 먼저 문단에 이름을 올렸다. 심천보씨는 조부 심우섭을 이렇게 평가했다.

"심우섭할아버지는 최남선, 이광수, 진학문, 이상협 같은 분들과 친한 사이였고 춘원 이광수의 소설 ≪무정≫ 속 '신문기자 신우선'의 실제 모델이었다고 합니다. ≪한국방송70년사≫(1997)를 보면, 마흔다섯 무렵인 1935년 경성방송국 3대 제2방송과장으로 계실 때 아나운서에게 우리말의 정확한 발음을 가르쳐 주었다고 합니다. 당시 아나운서는 전문학교나 대학 출신이 대부분이었지만 학교에서 우리말을 배우지 못해 발음의 잘잘못을 가리지 못했다고 해요. 예를 들어 고기압을 일본말같이 '고오기압'이라고 길게 읽고 '고기압'이라고 짧게 읽을 줄 몰랐다는 겁니다."

둘째 심원섭(沈元燮)은 일찍 남편과 사별해 홀로 살았다. 슬하에 자식이 없어 조카 심재영이 있는 충남 당진에서 평생을 살다가 말년에 서울로 이사를 갔다고 한다.

셋째 심명섭(沈明燮·1898~?)은 선린상업학교를 졸업하고 일본에 유학, 아오야마(靑山)학원 신학부를 졸업한 뒤 감리교 목사가 됐다. 1937년 ≪기독신문사≫ 이사를 지냈고 38년부터 41년까지 경성 중앙교회 담임목사, 42년에는 감리신학교 부교장이 됐다.

심명섭은 해방 후 기독교교육협회 부총무를 맡아 활동하다 6·25 때 납북돼 생사를 알 수 없다. 또 심명섭이 낳은 2남 2녀의 자녀도 지금까지 소식이 끊어진 상태다. 당시 두 아들(재철, 재천)은 서울대생이었고 두 사위 중 한 명은 서울대 교수였다고 한다. 문중에 따르면, 심명섭의 자녀들과 사위들이 북한에 생존한 것으로 파악하고 있다.

문중 관계자의 말이다.

"심훈 선생과 심재영 선생은 애국적 인물이자 이른바 '상록수 정신'을 이 땅에 퍼지게 한 지사입니다. 2000년 8월 15일 김대중 정부는 심훈 선생에게 건국훈장 애국장을 수여했어요.

반면 심훈의 형인 심우섭과 심명섭은 당대 뛰어난 인물이자 선각자들이었지만 친일이라는 시각에서 자유로울 수 없어요. 또한 일부 심훈가의 후손들 중 북한에 사는 분도 있어요.

집안 내에 자랑스러움과 비극, 아픔이 공존할 수밖에 없는 것은 식민지와 해방, 전쟁과 분단을 겪은 우리 민족의 고단한 현실과 다르지 않다고 봅니다."

심훈 4남매의 관계는 어땠을까. 심천보씨가 말을 받았다.

"막내(심훈)는 재주가 있었지만 큰형님(심우섭)을 굉장히 어려워했다고 합니다. 심우섭은 성격이 불같은 데다 장손이어서 동생들이 꼼짝도 못했다고 해요. 원섭·명섭 남매는 여성이고 목사여서 성격이 차분했다고 합니다."

심훈가에 따르면, 심훈은 검은 뿔테 안경을 쓴 엄숙해 보이는 외모와 달리 다정다감하고 장난기가 심했다고 한다. 어느 날 심훈이 《조선일보》 학예부 동료인 안석주와 함께 길을 걷다가 일본 순경의 엉덩이를 툭툭 건드렸다. 순경이 뒤를 돌아보았지만 신사 두 사람이 걷고 있어 어쩌지 못했다고 한다. 한참 가다가 또 그러고, 또 그러고 했으나 어찌나 동작이 날쌘지 끝내 잡지 못했다.

두 번의 결혼과 후손들

심훈은 두 번 결혼했다. 순종의 가까운 친척이자 한일병탄 당시 일제로부터 조선 왕족으로 대우받아 후작(侯爵)이 된 이해승(李海昇)의 여동생과 1917년 결혼했다. 처음엔 아내의 이름이 없어 심훈이 직접 해영(海暎)이란 이름을 지어 주었고 신문물을 배우게 하려고 아내를 진명학교에 보냈다.

그러나 이해영이 아이를 낳지 못하자 별거하고 끝내 헤어졌다. 그리고 1930년 열아홉의 무희(舞姬)인 안정옥(安貞玉)과 혼인한다. 심훈과 안정옥은 나이 차가 11살이나 됐다. 심훈가 관계자의 말이다.

"심훈과 이해영이 6~7년 가까이 살았다고 하는데 아기를 낳지 못해 별거하다 끝내 이혼을 하셨어요. 서울 명륜동에 살았는데 이혼 후에도 친척들이 명절에 인사드리러 찾아뵙곤 했어요. 호적에는 정리가 됐다지만 이전처럼 집안 할머니로 모셨어요. 6·25 때는 당진으로 피란을 왔습니다. 이해영할머니는 조카 둘을 친자식처럼 키웠는데 모두 자수성가했습니다. 그 중 한 분이 서울대병원 신장내과 교수가 되었어요."

심훈의 둘째 아내 안정옥은 무용가 최승희가 후계자로 삼으려 했을 정도로 재능이 뛰어났고 근화여학교(덕성여대 전신)를 수석으로 졸업한 재원이었다고 한다. 안정옥은 아들 셋을 낳았다. 장남 재건(在健)은 1932년, 차남 재광(在光)은 1934년, 삼남 재호(在昊)는 1936년생이다.

장남 재건은 서울 휘문고를 다니다 6·25 때 행방불명이 됐다. 거제 포로수용소에서 봤다는 이가 있지만 종적을 감추었다. 심훈가에 따르면 "한국전쟁 때 북으로 갔다. 북한 체제에 저항해 나중 어려운 삶을 살다가 사망했다"고 전해진다.

차남 재광은 일찌감치 미국으로 이민을 떠나 해양생물학으로 박사학위를 받았다. 슬하에 자녀는 없다.

삼남 재호는 《동아일보》 기자를 하다 미국으로 이주했다. 슬하에 1남 3녀를 두었는데 아들이 중국 베이징에서 변호사로 활동하고 있다.

충남 당진은 심훈과 상록수의 고장으로 기세를 올리고 있다. 1977년부터 지금까지 '심훈상록문화제'를 열고 있고 '심훈기념관'을 개관했다. 또한 심훈의 문학정신을 연구하기 위해 '심훈문학연구소(소장 최원식)'가 문을 열었다. 심천보씨가 심훈문학연구소 이사장을 맡았다. 그의 말이다.

"인하대 최원식 교수와 중앙대 방현석 교수가 중심이 돼 박사급 연구자들이 심포지엄을 열고, 학술지 발간, 심훈 연구자들에게 경제적 지원도 할 생각이 있어요. 심훈문학 연구의 국제화를 실현하기 위해 연구자 교류네트워크와 창의적 미래인재를 양성하기 위한 심훈문학교실 운영 등 다양한 활동을 펼치게 됩니다.

심훈과 심재영 선생 같은 선각자는 세상에 없지만 그분의 상록수 정신은 여전히 살아 있다는 생각이 듭니다. 많은 '인간 상록수'들이 한국농촌운동의 모델이 되어 조국 근대화를 이뤄 냈으니까요."

소박스

영화감독 심훈

〈먼동이 틀 때〉는 조선 名畵 5위

시인이자 소설가, 신문기자였던 심훈은 영화배우로 출연한 적이 있고 무성영화 감독으로 데뷔하기도 해 주목을 받았다. 1927년 일본으로 건너가 일활(日活) 촬영소의 무라타미노루(村田實) 감독 밑에서 6개월 동안 영화수업을 받았다. 당시 일본영화 〈춘희〉에 단역으로 출연, 한국인 최초로 일본영화에 출연했다는 기록도 있다.

심훈은 귀국 후 영화 〈먼동이 틀 때〉를 직접 원작・각색・감독해 단성사

심훈이 감독한 영화 <먼 동이 틀 때>(1927)에 출연한 강홍식의 모습.

에서 개봉했다. 서울대 박정희 연구교수에 따르면 '조선영화에서 처음으로 하나의 숏(shot) 안에서 카메라를 이동해 촬영하는 팬(pan·좌우돌림) 기법을 보여주었다'고 한다. ≪조선일보≫ 학예부 안석주는 '우리가 모든 조선영화를 불살라 버린다면 이 영화를 남겨 놓는 데 과히 부끄럽지 않다'(≪조선일보≫ 1929년 1월 27일자)고 평가했을 정도다.

≪조선일보≫ 제1회 영화제(1938년)에서 실시한 '조선 명화(名畵)의 추천 투표' 결과, 무성영화 부문에서 2,810표를 얻어 5위를 차지했다. 1위는 <아리랑 전편(前篇)>(4,947표)이었다.

3,000원의 제작비를 들여 만든 <먼동이 틀 때>는 5만 명의 관객을 모았다. 1926년 개봉한 나운규의 <아리랑>이 1,200원의 제작비로 15만 명의 관객을 모은 것과 비교하면 흥행 면에서 사실상 실패했다. 이후 심훈은 영화감독을 접고 1928년 ≪조선일보≫ 기자로 입사했다.

〈진달래꽃〉의 김소월 후손들

"어떤 분은 소월素月을 만난 것 같다며 손잡고 울어"

김소월(金素月·1902~1934·본명 金廷湜). '국민시인'이라 불러도 손색없는 시인이다. 민요풍의 7·5조 자수율로 20세기 한국의 기념비적인 서정시 〈진달래꽃〉을 비롯해 〈엄마야 누나야〉 〈초혼〉 〈산유화〉 〈먼 후일〉 〈못 잊어〉 〈금잔디〉 '낙엽이 우수수 떨어질 때~'로 시작하는 〈부모〉에 이르기까지 수많은 작품을 남겼다. 문학평론가 조연현(趙演鉉)

국민시인 김소월.

은 "1920년대에 천재라는 이름으로 불릴 수 있는 거의 유일한 시인"이라고 소월을 평가했다.

서른두 해를 보낸 짧은 생애 동안 시인은 벽초(碧初) 홍명희(洪命憙・1888~1968)의 딸 실단(實丹)과 결혼해 딸 구생(龜生)・구원(龜源)을 낳은 뒤 내리 아들 넷을 더 낳았다. 준호(俊鎬)・은호(殷鎬)・정호(正鎬)와 소월이 죽은 후 유복자로 태어난 낙호(洛鎬) 등이다.

6남매 중 맏딸 김구생과 3남(男) 김정호만이 6・25를 거쳐 남한에 정착했고 나머지는 북에 남아 생사를 알 수 없다.

김구생은 1957년 천안에서 사망했다. 슬하에 은숙(55)과 영돈(53) 남매를 두었던 김정호는 2006년 지병으로 별세했다. 그의 아내 염경자(簾慶子)는 보다 앞서 2003년 세상을 떠났다. 김정호는 6・25 당시 북에서 인민군으로 참전했다가 생포돼 반공포로로 풀려난 뒤 국군에 재입대하는 곡절을 겪었다. 소월의 친자(親子)임을 숨겨오다 남북으로 흩어진 가족내력을 처음 공개했다. 1957년인가 58년 무렵의 일이다.

이후 몇몇 출판사로부터 받은 《소월시집》 인세(印稅)로 사업을 계획했으나 실패했다. 소월의 시를 사랑하는 월탄(月灘 朴鍾和)과 미당(未堂 徐廷柱), 시인 구상(具常), 이효상(李孝祥) 국회의장 등의 추천으로 1967년 국회도서관 경비실에서 근무한 일도 있다.

김정호의 맏딸 은숙씨는 "어린 시절, 미당 선생님을 '서정할아버지'라고 불렀다. 나를 무릎에 앉히시고 손녀처럼 대했다"고 했다. 그녀가 결혼할 때 미당 선생이 직접 주례를 섰다.

은숙씨는 현재 충남 아산에 살고 있다. 몇 년 전 온양의 송악저수지 부근

김소월의 손녀 은숙씨.　　　　　　김소월의 3남 정호씨.

에서 닭백숙·닭볶음탕·보신탕·붕어찜 같은 음식을 팔았다. 그러나 보증을 잘못 서는 바람에 식당을 날려버렸다. 그녀의 남편 김원배씨는 절치부심하다 충남 아산 장존동에서 배터리 판매업을 시작했다.

충남 아산에 정착한 소월의 손녀

은숙씨는 할아버지 소월로 인해 평범하게 살 수 없었다. 소월을 둘러싼 확인이 어려운 설(說)과 소문, 오류와 과장에 가슴 아파해야 했다. '소월이 아편을 먹고 자살했다'는 설이 대표적인 예다. 생전에 김정호는 "돈 벌겠다고 글 쓰는 사람들을 상대로 고소를 한다거나 싸우고 싶지 않다"고 했으나 가족들은 오래 상처를 앓았다. 그녀는 기자를 보자마자 이렇게 말했다.

"인터뷰 안 해. 나오면 뭘 해. 그 얘기가 그 얘기지. 기자들이 덧붙이는 경향이 많아요. 그래서 저나 동생이나 기자를 안 만나려 해요. 보이는 그대로 글을 써줘야 하는데 동정심 유발하는 글을 쓰고. 우린 이만큼 살고 있는데, 물론 아버지 대는 가난했지요. 어렸을 때는 그랬지만 지금은 사는 게 중산층이잖아요. 그런데도 초라한 모습으로, 유명한 할아버지의 자손이 (어렵게) 살아가고 있다고. 그래서 어쩌라고요? 가난하게 살 때 누가 쌀 한 가마니 갖다 준 적이 있나요? 어쩌라고요."

기자도 오래전 '소월의 친자가 봉천동 언덕배기 단칸방에서 산다'거나 '소월의 아들이 레코드판 외판원으로 산다' '소월 손녀의 고교시절 학비를 서정주가 댔다'는 문단 이면사를 읽은 적이 있다. 은숙씨의 말이다.

"(주위 사람들이) 소월할아버지를 위해 해주는 것도 없이 이러쿵저러쿵 말하는 거야. 사람들이 제가 소월의 손녀라고 (돈)봉투라도 받는 줄 알아요. 전두환(全斗煥) 정권 때인 1981년 문화훈장 '금관(金冠)'을 받았을 때 '몇 천만 원 받았느냐'고 그러고. 기가 막힌 거지.

소월 시를 사랑해 주는 일이야 감사하지만 나를 이용하려 접근하는 경우가 더 많았어요. 세상살이가 힘들어서 그런지 모르지만 아버지도 할아버지 때문에 오만 군데 끌려다니고, 할아버지에게 누(累)가 되지 않으려 노력하신 분입니다."

은숙씨는 '소월의 아들'로 살아야 했던 아버지 정호씨의 삶을 이렇게 그렸다.

"서울 가면 김소월을 알리는 '소월로'도 있고 소월시비도 있어요. 시는 즐

서울 남산 소월로에 있는 소월 시비.

겨도 시인의 발자취나 후손에 대한 배려는 너무 무심한 게 세상인심입니다. 아버지는 혈혈단신이셨으니 의지할 곳 하나 없었어요. 월남한 누님(金龜生)이 계셨지만 일찍 돌아가셔서 거의 왕래가 없었어요. 어머니(簾慶子)는 항상 병치레가 잦았어요. 아버지는 누굴 짓밟고 올라가거나 하는 건 꿈에도 못 꿀 분이었어요. 아코디언, 그림, 서예, 글 등 재능이 많았어요. 아버진 평생 일기를 쓰셨고 때로 시도 쓰셨어요. 아버지 필체를 볼 때마다 전 깜짝 놀라요. 할아버지 육필과 너무 유사해서요."

"서울 가면 '소월로'도 있고, 소월시비도 있고…"

이번에는 은숙씨의 남편 김원배씨와 이야기를 나누었다.

"아들이 올해 대학 4학년입니다. 문과는 아니고, 컴퓨터IT학과에 다녀요. 문과는 적성에 안 맞는다고 해서 취업 잘되는 과를 택했어요. 인근 배제대에 '소월대학'이 있어서 보낼 생각도 있었는데 원서만 내고 진학은 안 했습니다."

—아들이 하나밖에 없어요?
"서른아홉이 되어 아들을 하나 낳았는데 뭘 또 낳아요?"

—시인의 명성에 비해 기념관이나 문학관 같은 게 없네요.
소월의 고향이 평북 정주군이란 점이 걸림돌이다. 정지용문학관(충북 옥천)이나 박인환문학관(강원도 인제), 이육사문학관(경북 안동) 등은 시인 생가가 있는 고향의 자치단체가 발 벗고 나서 세웠다.
그래도 소월의 아들 정호씨가 생존했던 1990년대 소월 기념사업이 활발히 진행된 적이 있다. 10억여 원의 큰돈을 모았으나 끝내 사업이 무산됐다. 이후 인계자가 나타나지 않아 기탁금은 모두 반환됐고 기념사업마저 유야무야됐다고 한다. 원배씨의 계속된 말이다.

"몇 년 전 경북 상주에 사시는 분이 자기 땅을 희사해 소월기념관을 짓겠다고 해서 가봤더니 속셈은 영리 목적이더군요. 거절하고 그냥 올라왔어요. 쉽지 않은 일이에요. 장인어른(김정호)도 무척 바라고 원하셨는데 생전에 이루지 못하셨어요.

제가 식당 할 때 소월의 육필원고 복사본을 액자에 넣어 식당 한쪽에 걸어보았어요. 소월 시인에게 내린 문화훈장 '금관'도 걸어두었죠. 충남교육청 장학사분들도 다 찾아오시고 문인들도 전국에서 많이 찾아오셨어요. 그런데 시골이라 그런지 '이것 다 뭐야. 조상 팔아 장사한다'는 등의 이야기를 듣고 낯 뜨거워한 적이 한두 번이 아니었어요."

다시 은숙씨는 이렇게 말을 받았다.
"그래도 진짜 멀리서 찾아오시고, 어떤 분은 소월 시인을 만난 것 같다며 제 손을 잡고 우시는 분도 계셨어요. 물론 개중에는 '소월의 손녀면 손녀지' 하는 분도 있었고요. 사람 사는 게 다 그렇지요."

―소월이 할아버지라는 것을 어려서부터 아셨죠?
"그럼요."

―느낌이 어떻던가요.
"자부심이나 책임감이 있고, 또 할아버지만큼 못하는 것에 대한 위축되는 점도 있었어요. 중고교 때 선생님도 다 아시니까 어쩔 수 없이 학교 문예반에 들어가야 했고…."

―소월의 시는 곡으로 많이 불렸는데 노래는 잘하시나요?
"노래는 좀 하죠."

―글이나 시는?
"나이가 먹으니까 뭔가 글을 쓰고는 싶은데, 잘 안 돼요. 아버지는 하셨어요. 아버지는 소질이 있으셔서 슬픈 감정을 글이나 그림으로 표현하실 줄 아셨어요. 아코디언이나 기타도 잘 치셨고요."

―기타도요?
"누구한테 배운 게 아니라 독학으로 땡동땡동 하시다… 그런 재능으로 아버지가 공부를 하셨더라면…"

―다 가난한 시절이었잖아요. 소월의 후손이라 해서 더 나을 것도 없었고.
"아버지는 열심히 사셨지만 독하지 못했어요. 자린고비처럼 줄 것 안 주고 살았더라면 이 정도로 안 살았을 텐데…. 아버지가 사람들에게 잘 베푸셨어요. 누굴 만나도 주머니에 몇 푼 있으면 당신이 술값 내려 하시고, 제가 중학교 다닐 때 아버지가 제게 술을 가르쳤어요. 제사지낼 때 음복(飮福)하잖아요. 아버지는 '은숙아! 한잔하자'고 권하셨어요. 아버지 친구 분이 오셔도 '숙아! 한잔하자' 이러시고… 지금 생각하면 가엾고 왜 독하지 못했을까, 남들처럼 야비하게 사셨다면 자식도 이렇게 어렵지 않게 살았을 텐데. 나쁘게 말해 할아버지를 충분히 이용할 수도 있었지만 그러지 못했어요. 그저 고왔어요."

"나이 먹으니까 뭔가 글로 쓰고 싶어져"

그녀는 또 "그때만 해도 인세가 있던 시절이어서 덕을 보았다. 그러나 그걸 관리 못하시고 독하지 못하고 야물 차지도 못하고…"라고 덧붙였다.

―따님(김은숙)은 좀 독한가요?

"(강한 톤으로) 아버지보다 좀 나은 것 같아요. 근성이 있죠."

은숙씨의 남편 김원배씨의 말이다.

"북한에도 김소월 시인이 유명하잖아요. 생가가 있는 '평안북도 곽산'을 성역화했다는 소식도 있고, 소월 후손들도 많이 있을 테니 시인의 흔적을 북을 통해 수집하려 했어요. 북한 브로커를 통해 알아보니 그 사람들이 '돈만 주면 뭐든지 갖다주겠다'는 겁니다. 유품이든 사진이든 시 원고든 안 가리고요. 그런데 돈을 엄청나게 달라고 하더라고요."

―얼마나 요구해요?

"1,000~2,000만 원 요구하는 것은 일도 아니었어요. 엄청난 돈을 요구하는데 설사 가져와도 그게 소월의 유품인지 모르잖아요. 지금 알려진 소월의 사진도 진짜 사진이 아닙니다. 장인어른(김정호)과 처남(김영돈)의 사진을 합성해 만든 거예요. 진짜 시인의 얼굴은 누구도 몰라요. 그래도 북한에는 소월의 진짜 사진이 있을 거라 생각돼 한참동안 북한 브로커와 이야기가 오가고 했어요. 그런데 워낙 저기 하니까, 금액을 많이 얘기해서…."

―기념관을 만든다 해도 소월과 관련된 자료가 별로 없겠네요.

"장인어른께서 생전에 소월 관련 기사 스크랩과 시집류를 한 가방 가득 담아주셨는데 지금은 인천 부평에 사는 처남에게 다 줬어요. 언젠가 소월기념관을 세운다고 해서 어떤 분에게 그나마 있던 자료마저 다 갖다 줬는데 되돌려받지 못했어요."

―북한에 있는 소월 후손 이야기는 전혀 듣지 못했나요?

다시 은숙씨가 말했다.

"아버지는 인민군으로 잡힌 반공포로였잖아요. 거제포로수용소에서 남쪽을 택한 이들은 이산가족 상봉 신청을 해도 북한 측이 거부해 버린대요. 아버지도 북한 소식이 너무 궁금하셨지만 어쩔 수 없었어요. 그러니 알 턱이 없죠."

몇 년 전 북한의 ≪문학신문≫에 연재된 <소월 생가 탐방기>에 따르면 소월의 장남 준호는 목수, 둘째 은호는 평북 경공업국총국 상급지도원, 막내 낙호는 평양 설계연구기관 연구사로 살았다고 한다.

"소월 사인(死因)이 뇌일혈이란 말 듣고 뭔가 풀리는 것 같은 느낌"

국내 소월 연구가들은 소월의 사인(死因)을 음독 혹은 아편 복용으로 인한 자살로 단정 짓는 경우가 많다. 다분히 흥밋거리로 죽음을 다룬다. 다만 소월이 사망하고 이틀 뒤 생가를 직접 찾은 ≪조선일보≫ 기자는 소월이 뇌일혈로 사망했다고 부음기사를 썼다(1934년 12월 27일자).

또 문학평론가인 김윤식 서울대 명예교수는 소월이 '저다병(楮多病)'으로 죽었다고 주장한다. 저다병은 다름 아닌 각기병. "'저다(楮多)'라는 병명은 일종의 수족병(手足病)을 일컫는 우리말 '저다'에서 왔다. 수족병이란 요샛말로 팔다리가 퉁퉁 붓는 일종의 각기병 증세"라는 것이다. 은숙씨의 말이다.

북한에서 발행되는 ≪문학신문≫에 소개된 김소월의 생가.

"할아버지가 자살했다고 써놓고 아편 먹고 숨졌다는 얘기도 들려요. 그런데 가만히 생각해 보면 아버지도 할아버지처럼 뇌일혈 같은 고혈압으로 돌아가셨거든요. 원래 문진(問診)을 해보면 집안내력이 다 나오잖아요. 솔직히 뇌일혈이란 말을 듣고 뭔가 풀리는 것 같은 느낌이 들었어요.

"소월의 시를 좋아하고 연구하는 분들이 그런 사실을 밝힐 순 없나요? 북한에 후손이 살고 있고 그곳에 생가도 있으니 학문교류 목적으로 북쪽 연구 성과물을 공유할 수도 있잖아요. 그런 일을 하시는 분은 남쪽에 없는 것 같아요."

은숙씨의 목소리 톤이 점점 올라갔다.
"(학자라는 분들이) 제대로 알지도 못하며 할아버지를 만난 적조차 없지만 마치 다 아는 것처럼 왈가왈부하고… 한마디로 자기들끼리 찧고 까부는

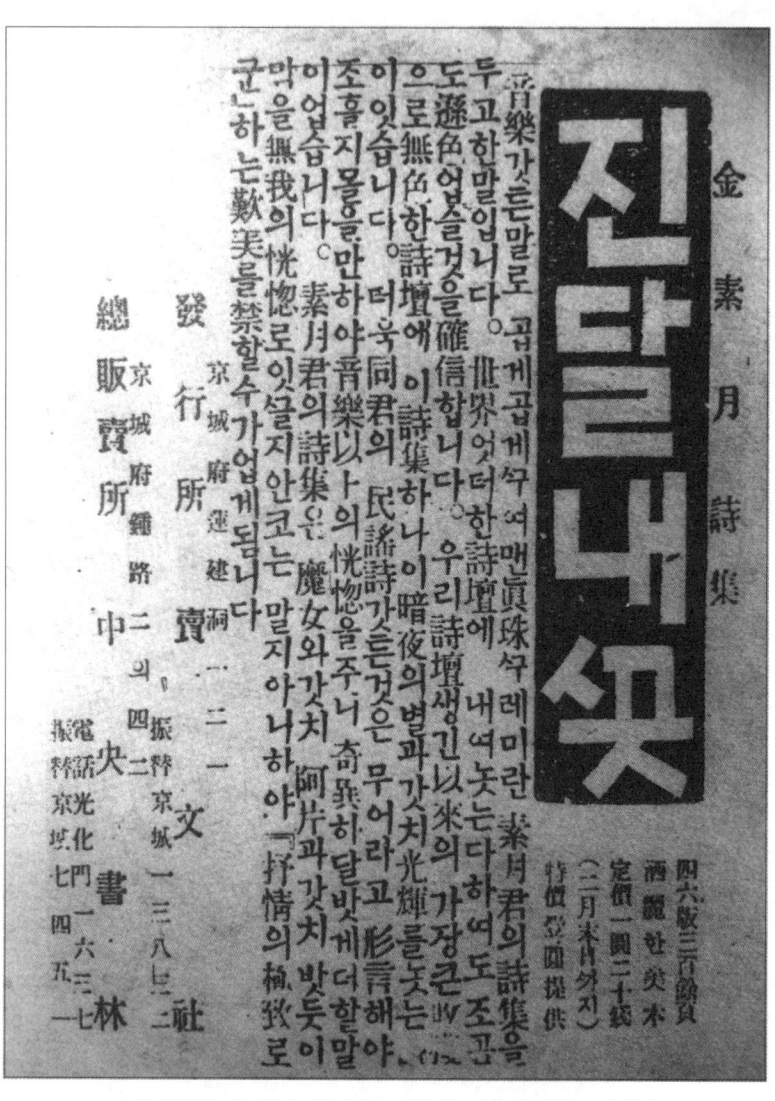

1925년 간행된 김소월의 첫 시집 《진달래꽃》을 소개하는 잡지광고.

것이죠. 죽은 자만이 알지, 알 수가 없는 얘기입니다."

그녀는 "아버지가 생전에 소월의 저작물과 관련된 인세를 제대로 받아본 적이 없었다"고 한다. "일부 성의 있는 출판사들이 인사로 사례비를 준 적은 있었다"고 기억했다.

김소월이 생전에 펴낸 시집은 1925년 12월 매문사(賣文社)가 펴낸 234쪽 ≪진달래꽃≫이 유일하다. 소월 연구가인 구자룡씨에 따르면 "최근까지 발행된 소월시집의 이본(異本)이 600여 종에 이른다"고 했다. 또 ≪가요로 듣는 소월시집≫ LP판, 소월 시가 적혀 있는 그림과 공중전화 카드 등 소월과 관련된 잡기류가 수백 종에 이르며 우리나라 최초로 영어로 번역된 영문 시집도 소월시집이고, 프랑스어판·중국어판·일본어판·러시아어판 등 외국인이 직접 자국어로 번역한 소월시집도 있다고 한다. 은숙씨의 말이다.

"어느 아파트 단지에 가면 벽에다 <진달래꽃>을 큼지막하게 써놓았다고, 가수 마야가 '진달래꽃'을 불러 인기가 올라 좋겠다고 그래요. 그러면서 '소월 가족들이 얼마나 받느냐'고 물어요. 오래전 소월 시구(詩句)를 넣은 '가리비 팍팍 뿌리옵소서'라는 피자 광고가 나왔을 때 그 회사 사장이 봉투를 가져온 게 전부입니다. 노랫말로 만든 소월 시들이 많잖아요. 한번도 쓰겠다고 찾아오거나 노래 부르겠다고 허락받아 간 이가 없어요. 함부로 소월 시인을 들쑤셔놓아도 누가 뭐라는 사람도 없고…."

―그래도 많은 분이 소월 시를 좋아하는 것은 기쁜 일이잖아요.

"맞아요. 기쁜 일이죠. 짠하죠. 괜찮은 자리에서 '소월의 손녀냐'고 물으면 으쓱해지고 자랑스러워지죠. 초췌하게 식당 할 때도 비록 할아버지 위하는 일은 못했고 북한에 사는 후손들이 어떻게 사는지 확인할 수 없었지만 자부심만은 잊지 않았어요."

―당당해지세요. 저마다의 삶이 다른 걸요.
"맞아요. 누가 '손녀딸은 시 잘 쓰느냐'고 물으면 저는 '음식으로 시를 씁니다' 그래요. 소월의 손녀가 하는 식당이라며 찾아와 '피가 흐르지 않느냐'고 하면… 감사하죠. 그런 분들을 위해 떳떳하게 뭔가를 남겼으면 하는데…."

그러면서 그녀는 이렇게 덧붙였다.
"우선은 남들한테 손가락질 안 받고 사는 것이겠죠. 그리고 돈을 벌면 할아버지 이름을 붙인 '소월장학회'나 봄가을로 백일장을 열어 학생들에게 선물을 주고 싶기도 하고…."

2부 미발굴 시와 소설 작품

신문학 운동의 회고와 전망 – 조선문학을
어떻게 추진할까?(김동인 염상섭 백철)
채만식의 유언장
Monern Life(채만식)
생명을 실감하자(나도향)
이상 김해경 추억(서정주)
고향이야기(서정주)
글의 길(一名 아내의 길, 김동인)
월하명적(月下明笛)(김동인)
대하(大河)(박인환)
가을(심훈)
작가 유정(裕貞)론 – 그 1주기를
당하여(안회남)
노동-사(死)-질병(이상화 역)
사장(沙)의 순간(신석정)

신문학 운동의 회고와 전망

– 조선문학을 어떻게 추진할까?[1]

김동인, 염상섭 양씨에게 문학을 듣는 좌담회(사회: 백철氏)

<조선문학의 스타일 탐구>

신문학운동의 선봉으로 '시어딤' 김동인씨를 중심으로 순문예 동인지 '창조'가 탄생된 것이 삼일운동보다 앞서기 1개월, 만세운동을 계기로 도처에

---

[1] 김동인(호 琴童)과 염상섭(橫步)은 당대 한국문단을 대표하는 소설가다. 서로를 잘 아는 두 사람이 껄끄러운 사이가 된 것을 두고 1930년대 조선 문단은 숙덕공론이 많았다.
　1931년 《신천지》 10월호, 염상섭의 단편 <질투와 밥>이 실렸다. 한 인텔리 청년이 술과 계집으로 재산을 탕진해 돈 많은 과부를 소실로 맞아들여 궁상맞게 산다는 내용. 소설 속 인텔리 청년이 '시인 김억'이라는 소문이 일었다.
　김억이 펄쩍 뛰어 금동을 찾아가 억울함을 호소했고, 금동은 <질투와 밥>과 맞설 단편을 썼다. <발가락이 닮았다>는 1932년 1월 《동광(東光)》지에 발표됐는데 소설 속 주인공이 횡보와 닮았다는 소문이 돌았다. 주인공 나이, 구식혼례, 빈궁한 생활, 엄청난 술고래 등이 일치한다는 얘기였다.
　이에 대해 금동은 "안서의 부탁으로 쓰여진 것이지 횡보를 모델로 한 것은 모르는 바"라고 했다.
　화가 난 염상섭이 김동인을 비난하는 글을 《동광》지에 보냈으나 당시 주간이던 주요한이 싣지 않았다.
　그러나 횡보가 그런 글을 썼다는 소문을 들은 김동인이 《조선중앙일보》에 염상섭에게 보내는 반박문을 쓰면서 두 사람간의 관계는 악화일로를 걷게 됐다. 이를 두고 조선의 지식인들이 들끓자 김동인은 "똥은 들출수록 구린내가 나는 법이니까 이런 글을 그만 쓰겠다"고 발표해 사건은 일단락이 됐다.
　1947년 11월 정비석이 《중앙신문》 문화부장으로 있을 때 화해할 자리를 마련, 문학대담을 시킨 것이다. 공식적으로 두 사람이 함께 등장하는 유일한 기록물이다.

대두되는 민족부흥의 기운에 호응하여 횡보 염상섭씨 등이 동인지 '폐허'를 발간한 것이 만세 직후였고, 다시 그와 전후하여 월탄 박종화씨 등이 동인지 '백조'로서 봉화를 들어, 이에 무(無)에서 창조로서의 고고(呱呱)의 소리를 올린 조선신문학은 이후 맥맥히 자라서 오늘 삼십년의 역사를 갖게 되었다.

회고하건데, 조선문학이 걸어온 삼십년의 발자취는 결코 순탄한 역사는 아니었다. 객관적으로는 일제의 조선어 말살이라는 강력적인 탄압 가운데에서 죽은 듯이 명맥을 부지(扶持)하였고, 주관적으로는 처참무비한 자아현실을 암중모색하면서 일보일보 암흑 속에서 피 눈물 나는 전진을 꾀하였으니 과거 반세기 간의 우리 민족이 비참하고도 처참한 운명은 그것이 그냥 신문학운동의 운명이기도 하였다.

지나온 역사는 그러하였거니와 금일 우리가 직면하고 있는 우리 문단의 현상은 어떠한가? 8·15를 계기로 당연히 활기를 띠었어야 함에도 불구하고 우리 문단은 국제정세에 지배되어 좌우의 대립이 격화되고 사상의 갈등이 우심(尤甚)해 오히려 해방 전보다 예술수준이 저조에 흘러 조선문학의 장래는 실로 한심한 바 없지 않다. 그러나 우리 민족을 살려 나가야 할 사람은 결(結)은 우리들 자신밖에 없듯이 우리 문학을 쌍견(雙肩)에 메고 나서야 할 사람도 필경은 조선문인밖에 없을 것이다.

이에 본사에서는 창간 2주년 기념일을 맞이서 조선 문학을 백년대계에 추진코저 초창기부터 오늘에 이르기까지에 연면히 작품활동을 해온 양 선배 작가에게 신문학운동의 과거와 장래에 대한 말씀을 듣고자 하는 바이다.

기자 = 해방 후 조선사회의 어느 부문이고 모두가 그렇지만 문학 방면도 역시 혼란상태에 빠져 있다고 보여 집니다. 그리고 작품수준도 해방이전보다도 오히려 떨어진다는 말을 흔히 듣게 되므로 우리 문학을 어떻게 하면 백년대계로 추진시킬 수가 있을까 이 점에 대해서 두 분 선생님의 말씀을 듣기

김동인·염상섭이 대담을 한 ≪中央新聞≫ 1947년 11월 1일자 신문.

로 하겠습니다. 그리고 오늘 사회는 지금 '조선문학 사조사'를 저술 중에 계시는 백철씨에게 부탁하기로 했습니다.

백철 = 그럼 제가 두 선배를 모시고 주로 말씀을 묻는 입장에서 사회하겠습니다. 조선신문학운동은 1919년 만세운동과 전후해서 시작되었다고 생각합니다. 물론 그 전에도 육당(六堂), 춘원(春園) 같은 이들이 신문학을 쓴 것은 사실이지만 진정한 의미에서 문학운동다운 것이 시작된 것은 '창조'시대부터가 아닌가 생각됩니다. 그때 김 선생은 '창조'의 중심인물이시고 염 선생은 '폐허'를 중심으로 활동하신 분이니까 먼저 '창조' 시대의 문학잡지 이야기를 해주십시오.

김동인 = 그때 우리 창조회는 순수문학을 조선서 시작해 보자는 것이었는데…소설은 나하고 전원택(田榮澤)밖에 없었고 작품이라야 습작수준을 넘지 못했죠.

백철 = 그때 신문학운동이 춘원문학과 질적으로 상위되는 점은?

김동인 = 춘원의 작품은 통속소설로 인정하였기 때문에 좀 더 고답적인 순문학의 수립을 지향하였지요.

염상섭 = 나는 만세 이후 1920년 10월에 '동아일보' 발간을 준비할 때 동경서 나왔습니다. '창조'는 동인군이 시작한 것인데 춘원은 평이하게 민중화하는 것은 좋으나 너무 통속적이므로 거기엔 나부터도 불만이었지요. 나도 순문학을 하기 위한 '폐허'를 동인들과 같이 만들었죠. 그 점에서 '창조'는 '폐허'보다 일일지장(一日之長)이 있었지요.

김동인 = '폐허'엔 '폐허'의 특장이 있었으니까.

염상섭 = '폐허'엔 자연주의적 경향이 상당히 명확했었지.

백철 = '창조'나 '폐허'에는 그 당시 조선문학의 전통이 없었기 때문에 주로 외국문학의 영향을 받았었지요?

김동인 = 외국문학이래야 그때 내가 읽은 것은 '톨스토이'의 작품이었는데 '톨스토이'의 사상 영향보다 '전쟁과 평화'의 사실적 묘사에만치 영향 되었으며 그를 통해서 내 문학의 길을 개척하였지요. 그러나 '톨스토이'의 사실주의가 아니라 조선적 사실주의를 만들려했죠.

백철 = 그러면 <약한 자의 슬픔> 같은 작품은 대표적 작품입니까?

김동인 = 조선소설의 스타일이었지만….

백철 = '창조'의 스타일이라 결정되겠습니다.

김동인 = 소설로 보면 춘원의 《무정》도 구어체지만 '~더라,' '~러라'를 그대로 쓰고 또 과거사와 현재사가 분명치 못했는데 그 것은 '창조' 시대에 와서 혁신이 된 셈입니다.

<리얼리즘 개척>

백철 = 그것은 문단사조적으로 관계가 있습니까?

염상섭 = 만세 이후나 지금 해방 후와 같이 사조의 혼란시대였지요. 그러나 그때 일본은 낭만주의를 지나서 자연주의가 일어나는 때요. 우리는 모두가 일본문학 분위기에서 문학수업을 했으니까 자연히 자연주의적 사실주의로 기울어졌지요. 그리고 사상적 경향으로 보면 만세사건의 실패로 인해서 현실에 환멸을 느끼게 되어 퇴폐적인 점이 많았지.

백철 = 그러면 염 선생의 〈표본실의 청개구리〉나 〈제야(除夜)〉, 〈암야(闇夜)〉 같은 전기(前期)의 작품은 역시 퇴폐주의의 영향을 받으셨던가요?

염상섭 = 물론 어느 정도로 받은 것이 사실이지요.

백철 = '창조' 시대도 사상적으로 따지자면 자연주의적인 경향이었습니까?

김동인 = 자연주의를 흉내 내려 했지요. 자연주의라고 지적할만한 것은 없고.

백철 = 김 선생은 시대사조 같은 것을 영합하시는 편입니까?

김동인 = 내 성질은 새로운 시대에 대해서는 반대입니다. 유행사조는 반대지요.

백철 = 반대하시건 찬성하시건 사조는 역시 시대의 사실인데 먼저 염 선생이 잠깐 말씀하신 퇴폐주의는 가령 '폐허'를 중심하면 그 정체가 무엇입니까?

염상섭 = 정치적 사회적으로 환멸을 느끼는 데서 온 것인데 특히 '폐허' 동인들은 모두가 가난뱅이어서 생활에 대한 불평도 있는 데다가 문학인들이라 술잔이나 마시면 비분강개가 심하고 또 한 편으로 보면 그때엔 인습타파 운동의 말기쯤 되는데 신도덕을 주장하는 반항적인 것이 있었지만 그런 것들도 제삼자로 보면 퇴폐주의로 보기가 쉬웠던 모양이죠.

백철 = 신도덕적인 것, 반항적인 것은 실제로 문학의 '모랄'이 되었나요?

염상섭 = 별로 체계적인 도덕관을 형성한 것은 없었지. 그래도 작품의 정신이 된 것은 사실입니다. 그때 우리가 현실 그 중에서도 현실의 암담면을 탐색해서 그렇게 된 것은 그런 데서 온 것이고, 또 그것이 자연주의적인 경향의 문학이 된 것입니다.

<낭만정신의 세례>

백철= 그럼 이번은 그와 반대되는 경향 즉 낭만주의의 '백조'가 등장한 사실에 대하여 말씀해주십시오.

김동인 = '백조'류 사람이 하나 왔으면 좋을 뻔했군!

염상섭 = 글쎄 말이야.

기자 = 사실 그런 생각도 했었습니다만 그렇게 되면 신경향파도 있고 또 그 뒤도 있고 해서 이번은 두 분만의 말씀을 듣기로 했습니다.

백철 = 그러니까 두 분이 직접 경험하신 것만이 아니고 방관하신 데 대해서도….

염상섭 = 내가 먼저 말씀한 바와 같이 조선은 일본의 문단현상을 직수입한 관계상 낭만주의를 뛰어넘어서 자연주의로 왔는데 그 점에서 조선문학은 '백조' 시대에 와서 비로소 낭만주의의 세례를 받은 셈이죠. 조선문학이 근대적인 의미로서 참된 문학이 되기 위해서는 근대의 온갖 주조(主潮)의 세례를 받아야 하겠으니까 그런 점에서 '백조'가 남긴 공적은 특수하다고 봅니다.

김동인 = 하여튼 백조파 사람들은 문단의 괴물들이었지! 그들의 문학은 물론이고 언행이나 복장까지도 괴상했으니까 그만치 문단의 경이였다고도 할 수 있고.

백철= 그때 낭만주의가 나오게 된 무슨 사회적 원인이 있습니까?

염상섭 = 당시는 신경향파와 프로문학이 대두할 전제로 사회운동이 왕성히 일어났는데 말하자면, 민족운동의 실패에서 민중운동으로 새로운 전환을 하던 시대죠. '백조'는 역시 이런 시대의 어떤 면을 반영하고 있는 것이 아닐까 하는데요. 민중이 사회운동에서 희망을 가지듯이 무슨 희망과 꿈을 가지려는 데에서 '로맨티시즘'이 탄생한 원인이 있지 않을까 합니다.

김동인 = 그렇게까지 사회적 원인이니 역사적 원인이니 생각해야 할까. (일동 웃음)

백철 = 그럼 그 문학원리에 대해서 김 선생….

김동인 = 아까 내가 말한 바와 같이 나는 유행하는 그 문학사조를 반대하는 사람이니까요. 그러나 사회자가 말한 바와 같이 이 자리는 객관적인 사실을 이야기하는 곳이니까 그 점에서 한 사조에 대한 반동으로 딴 사조가 오는 것은 근대의 사실이니까 '백조'적인 낭만주의는 결국 먼저 유행한 자연주의 문학에 대한 반발에서 일어난 사조의 유행이었겠지요. 아마 그때 월탄이 어딘가 쓴 것이 있지. '과거의 문학은 헐가(歇價)의 문학이고 미온적인 문학'이라고….

염상섭 = 그런 것이 있어. 하여튼 그때 그들의 독선적인 기세는 굉장했으니까.

김동인 = '백조'파에는 연소(年少) 재사(才士)가 많았지만 평론가, 작가들도 많이 나왔지. 도향(稻香), 노작(露雀), 월탄(月灘), 회월(懷月)….

〈정치추수 관념을 버리고 문학의 독자성을 찾자〉

김동인 = '백조'파 노작의 시, 도향·월탄의 소설은 지금까지도 애상적, 회고적인 점이 농후하지요.

염상섭 = 낭만주의는 회고적이고 애상적이며 따라서 병적이었으며 건설적이 못 되며 퇴폐주의와 연락되는 것도 그 때문이 아닐까. 결국 백조문학에 대한 결론은 '백조'는 조선문학의 전통위에 감정적이요 정서적인 요소를 준비해 준 사실은 중요하다고 생각합니다.

김동인 = 무엇 무엇해도 여기서 작가와 시인이 많이 나온 사실만 해도….

백철 = 그 뒤 '백조' 문학에 반기를 들고 자연주의를 비판하면서 나온 신경향파 프롤레타리아 문학을 어떻게 보십니까? 그 당시 두 분이 이 경향에 대해선 공동으로 반대하신 줄 기억합니다만은 공정한 입장에서 평가해주시기 바랍니다.

염상섭 = 신경향파나 '프로' 문학은 일언으로 말하면 정치주의의 문학이고 우리가 그때 반대한 것은 그 정치주의에 대한 것이었죠.

기자 = 결국 정치와 문제가 되겠군요. 이 문제는 해방 뒤에도 전국적으로 이야기가 되어 있는데 두 선생께서는 기본적으로 정치와 문학을 어떤 관계로 보십니까? 가령 만세 후에 있어 문학을 하신 분들이 정치를 어떻게 보셨습니까?

염상섭 = 그때는 다르죠. 당시는 민족운동 시대니까요. 문학자도 민족운동자고 민족운동이 곧 정치운동이었으니 정치와 문학은 자연히 일치된 셈이지요. 그러나 프로문학에 와서는 정치는 별개인 것인데 문학이 그 지배를 바탕으로 한다니까 거기에 모순이 있는 것이지요.

백철 = 그야 프로문학의 이론으로 보면 염 선생의 민족과 계급을 바꾸어 놓은 것이 되지 않겠습니까?

염상섭 = 그러니까 정치의 개념이 다르겠지요. 우리가 말하는 민족, 즉 정치란 우리가 별로 정치를 따로 내세우지 않고 자연히 감정적인 것이었기 때문에 문학의 요소가 될 수 있는데 '프로'문학인 경우에는 정치단체가 별개로 있고 그 정치의 도구가 되라는 것이니까 문학이 그렇게 될 수 없다는 말입니다.

김동인 = 나도 그 점은 염군과 동감이야. 문학은 정치에 따라다니는 것이라고는 생각지 않아.

염상섭 = 문학작품의 잘된 작품을 보면 생활과 정치가 반영되는 것이니까 문학이 전연 정치를 도외시한단 말은 아니지. 도리어 문학인이 정치인보다도 앞서서 시대에 대한 정치적 발언을 하는 경우가 있을 수 있으니까 다만 공식주의만은 질색이야.

백철 = 신경향파와 프로문학으로서 역시 우리 문학사상에 남겨놓은 공적도 있었지요. 김 선생, 어땠습니까?

김동인 = 없지요.(웃음)

염상섭 = 나는 그렇게까지 극단으로 생각하지 않는데, 일제시대에는 누구나 반제운동이 목표였다는 게 우리의 목적은 하나였지. 그 점에서 서로 맥이 통하는 점이 있었죠. 그들이 공식주의를 버리고 좀 더 문학적 약속을 지켰으면 문학에 대한 공적도 컸을 것이라고 생각하는데….

백철 = 문학적 수법, 그에 있어서는 신경향파 프로문학이 새로운 것을 전승할 것이 없었습니까?

김동인 = 그들의 문학은 정치 선전문학이니까 문학작품 위에도 정치선전 문구는 상당했지.

염상섭 = 그러나 그것은 문학이 아니요 문학 이외의 요소니까.

김동인 = 글쎄, '프로'문학의 특징이었겠죠.(웃음)

백철 = 프로문학 추종자들은 한때 자연주의에 대한 유물변증법적 사실주의, 사회주의적 리얼리즘…의 문제를 제출했었는데 그 점은 어떻게 보시나요?

염상섭 = 그 사실주의란 대체 어떤 것입니까?

백철 = 가령 자연주의의 평면성에 비하여 입체적…이란 것을 내세웠지요.

염상섭 = 그 입체적인 사실주의란 또 어떤 것입니까?(일동 웃음)

백철 = 생략이라는 것이 특징이 있을 것입니다. 자연주의면 하나에서 열까지를 다 묘사해서 사실성을 발휘하는 대신에 불필요한 것을 대 생략하고 특징만을 '클로즈 업'하는 데서 사실성을 발휘한다는 것입니다.

염상섭 = 글쎄요, 생략을 너무 하면 프로문학으로 불리하지 않을까요? 프로문학은 그 본질이 대중문학인데 대중이 너무 생략하는 수법의 문학을 잘 이해하게 될까. (사이) 그러나 금일 우리가 건설도상에 있어서 신문학을 건설하는 데에는 옛날 자연주의 문학과 같이 유장한 기분으로 할 수가 없으니까 생략법도 쓰고 템포도 빠르게 할 신수법을 강구할 필요가 있을 줄 압니다.

〈전통을 찾고 신인을 대망〉

백철 = 과거 문단과 현 문단을 통틀어 우리 문학에 전통이 있다면 어떤 것을 붙잡아야 하겠습니까?

염상섭 = 주조는 역시 자연주의였겠죠. 자연주의는 처음부터 나중까지 꾸준히 우리 문학의 사조요 수법이 된 셈이니까.

김동인 = 그 점은 근대문학의 한 운명이니까.

백철 = 구체적으로 조선의 단편소설은 누가 만들었다고 볼 수 있을까요?

염상섭 = 그야 여기 출석했다고 하는 말이 아니라 김동인 군이 그 일인자겠죠. 그 뒤에 빙허(憑虛)가 나오고 또 그 뒤에 상허(尙虛), 효석(孝石) 등 여러 분이 오고.

기자 = 그럼 장편소설은 누가 선구입니까?

김동인 = 춘원이 쓰기는 먼저 했지만 근대적인 장편소설을 쓴 것은 횡보(橫步)지.

백철 = 만일에 문학을 공부하는 사람들이 과거의 작가를 읽으려면 대개 어떤 사람들이 그 명부에 오르게 될까요?

염상섭 = 그야 소설을 중심하면 춘원에서 시작되어 동인, 전영택, 빙허, 월탄, 서해(曙海), 도향.

김동인 = 주요섭(朱耀燮). 그리고 회월(懷月)과 팔봉(八峯)도 소설을 많이 썼으니까.

염상섭 = 그렇지…그리고 그 뒤에 이기영(李箕永), 이태준(李泰俊), 박태원(朴泰遠), 채만식(蔡萬植), 이무영(李無影).

김동인 = 안회남(安懷南) 군의 등장은 언제쯤 되나?

백철 = 김남천(金南天), 안회남씨 등이 다 채만식씨 등과 전후해서 나온 작가지요.

염상섭 = 그 뒤에 또 있겠지. 이상(李箱)이란 기재(奇才)도 있고 김유정(金裕貞), 계용묵(桂鎔黙), 최명익(崔明翊), 김동리(金東里), 정비석(鄭飛石), 현덕(玄德) 등 대개 그런 개산(槪算)이 되지 않을까. 빠진 것은 뒤로 사과를 하기로 하고-.(웃음)

기자 = 여류작가는 어떻게 됩니까?

염상섭 = 아차, 큰 실수를 했군. 유능한 여류작가도 많은데.

김동인 = 그러니까 이제부터 우리 문단에 신인이 등장하는 데에는 이상에 열거한 작가들의 작품이 일반 청년간에 소화되게 돼야 할 터인데 상당한 시일이 걸려야 하겠거든.

백철 = 그럼, 건국도상의 신문학의 주조와 그 수법은 무엇이야 하겠습니까?

염상섭 = '리얼리즘'이지요. 역시! 물론 지금은 건설기이니까 꿈도 있고 이상도 있겠지만 그것은 결코 과거의 낭만주의와 같은 것이 아니고 현실에 발을 붙인 이상이요 꿈일 터이니까, 역시 그 문학의 기조는 '리얼리즘'이라고 봅니다.

〈현 문단에의 희망〉

백철 = 나중으로 해방 뒤 문단현상에 대해서 선배의 문단에서 한 말씀 해 주십시오.

김동인 = 순문학으로 복귀해야 되겠지요.

염상섭 = 문학의 길로 돌아와야지요. 예술가의 입장을 떠나서 좌우익 투쟁의 도구가 되어서는 안 될 줄 압니다.

백철 = 그런데 순문학이라든가 문학의 본도라든가 그 규정이 서로 다르니까 문제 아닙니까?

김동인 = 문학이야 문학이지 별 것이 있을 리 있나요? 그런데 소설을 한 30년 써보니까 소설에다가 무슨 딴 목적을 넣어서 인물과 사건을 설정해놓는 것이 무상한 생각이 들거든요.

염상섭 = 문학무상인가?

김동인 = 그저 문학이란 낭만이라 할까. 감상이라 할까. 읽고 나서 막연히 느껴지는 일종의 향수적인 것에 그 본성이 있지 않을까?

염상섭 = 나는 문학을 그렇게까지는 생각지 않는데 가끔 문학에 대해서 '니힐리스틱'한 생각을 가지게 되는 때도 있지만 그러나 문학이란 하나의 향락제보다도 영양소가 되어야 하니까 거기엔 생활이 문학의 중요한 대상이 되리라고 생각하는데…그러니까 문학의 본도라는 것은 그것이 생활이나 현실을 피해서 존립하는 문제가 아니고 그것과 정면하는 데 있는 것이되 그것이 생생한 현실, 생생한 정치가 아니고 그와 별세계인, 오직 문학이 차지하는 세계는 문학자만이 창조할 수 있는 곳이라면 문학창조의 본(本)길이란 것은 명백한 길이 있지 않을까요.

김동인 = 문학은 허구세계지. 그런데 내가 말하는 것은 그 허구세계를 너무 의식적으로 만드는데 부자연을 느낀단 말이야 … 문학이란 감흥 그대로 쓰는 것이 제일이지. 그 증거로는 노력한 작품은 모두 실패고 도리어 쉽게 써나간 작품이 좋은 작품이 되거든.

염상섭 = 그렇지도 않지. 조금이라도 노력을 가하면 가한만치 작품이 좋아지지….(일동 웃음)

백철 = 지금 문학의 본질에 대한 두 분의 말씀은 두 분의 작가적 기질이 그만치 다르시다는 것을 말씀한 것이라 생각됩니다.

기자 = 그런가 봅니다. 저는 소설을 많이 쓰지 못했으나 실제는 김 선생님 말씀과 같이 감흥을 주로 쓴 작품이 낳게 되는 것 같아요.

염상섭 = 물론 감흥의 힘도 크겠지요.

백철 = 결국 그러면 금일 문단은 두 분이 말씀하신 문학의 길로 반성하는 데서 다시 합류 일원화가 되겠다고 예상하십니까?

염상섭 = 기술적으로 어려운 점이 많겠지요. 사실 나는 지금 이름은 문학가동맹 측에 있는데 처음에 내가 문학가동맹을 생각하기는 공식주의로 고집하는 사람은 간부 측의 사람이니까 그 사람들이 퇴진을 하고 재편성이 되리라는 견해를 가졌습니다. 그러나 지금 와서 생각하면 한 망상에 지나지 못한 것 같습니다.

김동인 = 역시 문학가동맹과 문필가협회는 정치적 견해로 갈린 것이니까 먼저 그 정치를 떼버려야지….

염상섭 = 문제는 거기 있어. 문학가동맹에서도 그 정치주의를 버리고 문필가협회에서도 너무 그 순수성이란 것을 고집하지 말고 서로 양단을 버리고 중용을 취한다면 결코 합류가 가능성이 없는 것은 아니야. 건국은 문학자로서도 우선 단일한 행위에서야 도움이 될 터이니까 그 점에서 우리 문단의 통일시대를 희망치 않을 수 없지.

기자 = 대개 이 정도로 그치려합니다. 좋은 말씀 많이 해주셔서 감사합니다. 〈끝〉

(출처 = 《중앙신문(中央新聞)》 1947년 11월 1일, 2일)

채만식의 유언장[1]

"상여는 리어카… 조문은 산야꽃 한다발 가지고 오시든가"

◇ 화장. 혹 화장시설이 없으면 부득이 공동묘지로 지장(地藏)하되, 되도록 화장으로.
◇ 유골은 바다에 띄우는 것이 원이나, 아(兒) 등이 장성하여 섭섭해할지 모르니, 계남리(鷄南里) 할머니 산소 앞 서편 다박솔 밑에 매(埋).

---

1) 소설가 채만식 선생의 손자 석재(奭宰)씨가 집에서 보관해 오던 유언장을 ≪월간조선≫을 통해 처음 공개했다. 200자 원고지 7장에 걸쳐 쓴 유언장은 선생의 아들 계열(桂烈·2004년 사망)씨가 간직해 온 것이다.

채만식은 유언을 통해 '상여는 리어카 상여를 쓰고 화장을 하되 유골은 바다에 뿌려 달라'고 청한다. '리어카 상여'는 선생의 결벽증을 떠올리게 한다. 또 '산야(山野)'에서 자연화를 꺾어다 리어카 상여에다 싸 달라'고 부탁한다. 실제로 폐결핵으로 사망하자 이무영, 신석정 등 동료 문인들은 손수레로 상여를 쓰고 관 위에다 산국화·들국화를 뿌렸다고 전한다.

이를 기념하여 지난 2015년 4월 전북 군산시 임피면 공무원 20여 명이 선생의 생가 터와 묘지 주변에 들꽃(四季패랭이 등) 2000본을 식재했다.

◇ 이복업(李福業), 채규심(蔡奎深) 기타 젊은 후배들에게 부탁하여 둔 바 있으니, 상여는 리어카 상여를 쓸 것. 남의 시체(屍體)국 묻은 헌 상여에 누워 무지한 상두꾼의 호해 호해 소리를 들으며 나간다는 것은 생각만 하여도 불쾌. 다시 없습니다.

◇ 자연화(自然花)가 있을 계절이면 산야에서 자연화를 많이 끊어다가, 동절이거든 가화(假花)를 사서 리어카 상여를 싸고, 마포 한 필을 양단(兩斷)하여, 줄을 매어 젊은 사람들로 하여금 끌고 나가게 합니다. 음악 불요(不要).

◇ 수의(壽衣), 마포로 고의적삼, 두루마기, 건(巾), 보선에 한할 것.

◇ 주상(主喪), 없습니다. 둘째 중형(仲兄)님, 혹 계열(桂烈·채만식의 차남-편집자註)이 와서 함열형(咸悅兄·아내 은선홍을 지칭-편집자)의 주상을 주장(主張)하더라도 망인의 유언을 어기지 못한다고, 단연 거절할 것. 단 함열형의 와상(臥喪)을 거절하는 것은 아니니, 그 점, 저 편에 오해 없도록 설명하십시오. 평생을 불고(不顧)한 자식에게 사후 주상 노릇을 받는다는 것은 염치도, 체모에도 어그러지는 노릇입니다.

◇ 복상(服喪). 가족이 3일간 근신하고, 3일로써 탈상할 것.

◇ 사진을 한 장 택하여 두니, 그것을 대형 혹은 중형으로 확대, 안방 아랫목 또는 대청에 널어놓고, 아(兒) 등으로 하여금 늘 보며 생전의 유훈(遺訓)을 되풀이하여 주시오.

◇ 제사, 사일(死日)날. 그 사진을 내려 책상 위에 놓고 정화수 한 그릇을 고여, 상일을 기념하게 하시오. 음식물 장만 전폐(全廢).

진작부터 부탁도 하였지만 다음과 같이 간소히 행하여 주십시오.

一. 상여, 리어카 상여로.

一. 자연화를 여러분이 한 다발씩 가지고 오시든지, 계절이 아니면 가화를 만들어 상여를 덮어 주시오.

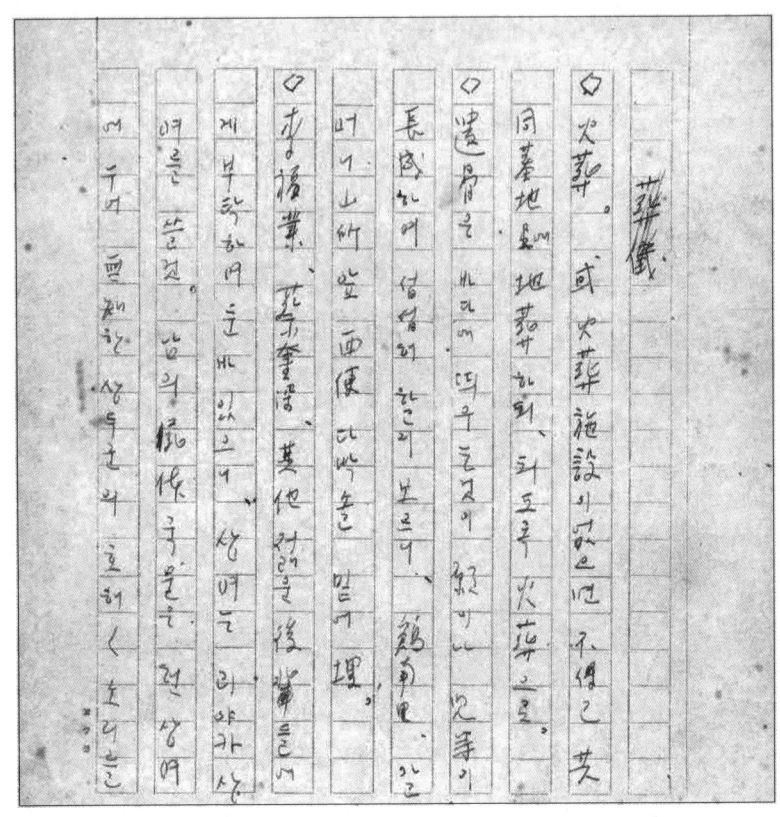

채만식의 유언장 첫장.

一. 끄는 주력(主力)은 리어카 상여 가지고 온 사람이 하겠지만 마포로 줄을 매어 여러분이 양편에서 끌어 주십시오.

一. 음악 무용(無用).

一. 만장(輓狀) 등 깃발 무용.

一. 이상원, 양근용(보험병원) 두 사람 미리 데려와 시내의 와고전청(臥告傳淸) 기타 조력 받으십시오

■ 산문 ■

Modern Life[1]

채만식

◇…日曜

무릇 '모던' 두 자(二字)와는 인연이 먼 내가 이것을 쓴다는 것이 적지 아니한 외도(外道)인 상싶다. 그러나 '여왕님의 명령'이니 거역해서는 아니 된다. 써야지.

현대 도시의 '인텔리' 등은 자극의 만성중독자들이다. 색채는 강렬한 것을 구(求)한다. 그 일례로 요즘 여자들의 의복의 빛깔과 무늬를 들면 그만이다. 음향은 소(騷)한 것을 구한다. '재즈'가 성행하는 것은 그것이 가두(街頭)의

---

[1] 1930년대 식민지 조선에 부르주아의 스포츠인 골프가 성행했다는 사실이 놀랍다. 채만식은 골프를 '조그마한 공채로 조그마한 공을 쳐서 구멍으로 넣는 얄망궂은 장난'이라 묘사한 뒤 '소꿉질 골프'라 익살스레 칭했다.
  채만식은 "만약 친구가 경성부윤(서울시장)이 된다면 골프장을 부영(府營)으로 많이 만들어 놓게 하겠다"고 말할 정도로 골프에 관심이 갔던 모양이다. 이 글은 ≪채만식 전집≫(창작과비평사 1989년, 전 10권)에 실리지 않았다.

소음을 능(能)히 이겨내는 때문이다.

'스포츠'에는 모험성(冒險性)이나 살벌성(殺伐性)을 띠운 것을 구한다. 그래서 등산과 '복싱'이 유행한다.

오락은 복잡하고도 아기자기한 것을 구한다. 그래서 '베이비 골프'가 '모던' 가두(街頭)의 일경(一景)을 이루게 된 것이다(고 나는 생각한다).

◇

'베이비 골프'라고 누가 이름을 지었든지 왜 그럴듯하기는 하지만 나더러 이름을 지으라고 했으면 '소꿉질 골프'라고 했을 것이다. 훤하니 넓은 잔디벌판에서 딱 힘있게 '골프'를 치는 흉내로 손바닥만한 마당에 열여덟 개의 다 다른 '코스'를 만들어 놓고 조그마한 공채로 조그마한 공을 쳐서 구멍으로도 넣는 이 얄망궂은 장난이 '소꿉질 골프'다.

◇

18코스가 다 다르나 또 '베이비 골프' 장마다 '코스'가 다 다르다. 그러나 근본의취(根本意趣)는 될 수 있으면 얄망궂게 만들어놓는 데 있다.

◇

일례를 들면 약 40도 가까운 경사진 '코스'가 있다면 이놈을 밑에서 딱 쳐 올리면 공이 위로 올라가기는 하나 대개는 구멍으로 들어가지 아니하고 도루 다그르르 굴러 내려오곤 한다.

≪조선일보≫ 1933년 10월 8일자에 실린 채만식의 〈모던 라이프〉

◇

 어느 '코스'든지 구멍에 집어넣기까지 친 횟수를 세어 '메모'에 적어 가지고는 18 코스를 승해서 점수가 적어야만 성적이 승편(勝便)이라는 것이다. 지금까지 '베이비 골프'니 '소꿉질 골프'니 또 얄망궂은 장난이니 한 말을 듣고 그러면 정말 아동의 유희장인가 여겨서는 오해다.

천만에!

'베이비 골프장'에 모여드는 사람들이 누구라고! 적어도 조선 서울서는 1933년 식이라고 자랑하는 새로운 감으로 새로운 맵시로 지은 양복을 입고 얼굴이 해맑고 어제저녁에 '바' ××에서 어찌어찌했다든가 쯤의 사교적 담화쯤은 척척 내어 놓을 만한 청년신사(靑年紳士)들이다. 개중에는 당당히 정식을 갖추어 '골프'바지를 입은 용사도 더러는 섞이어 있다. 또 누구인지는 모르겠으나 얼굴은 몹시 익은 숙녀도 만록총중 수점홍(萬綠叢中 數點紅)으로 섞이어 있다. 또 무슨 꼬(××子)상과 동반해 온 이도 있고 ×홍(紅)이나 △월(月)이나 ○옥(玉)이를 데리고 온 이들도 있다.

일후(日後)에 내 친구가 경성부윤(京城府尹)이 된다면 나는 그에게 권고하여 '모던 보이, 모던 걸 사절-가족동반자 두뇌노동자 대환영'이라는 패(牌)를 써 붙인 '베이비 골프장'을 부영(府營)으로 많이 만들어 놓게 하겠다.

(출처=≪조선일보≫ 1933년 10월 8일)

◼ 산문 ◼

생명을 실감(實感)하자[1]

나도향

사흘을 굶지 못한 사람이 어찌 자기 목구멍에 달려 있는 목숨이 귀한 줄을 알 수가 있으랴!

사람은 입으로는 목숨이 귀한 것 같이 말을 하면서 참으로 뼈와 피에 사무쳐 들도록 자기의 목숨이 귀한 것을 느끼지를 못하는 일이 많다. 그것을 알려면 죽을 뻔하여 보지 않으면 안 될 것이다. 밥도 굶어봐야 할 것이다.

조선은 부잣집 철모르는 자식처럼 배고픈 줄을 몰랐었다. 죽을 뻔한 일을 그리 많이 당해 보지 못하였었다.

그러더니 갑자기 집안이 거덜이 났다. 철모르는 자식은 그래도 '설마 밥

---

1) ≪나도향 전집≫은 1988년 집문당에서 상하 2권으로 출간됐다. 전체 1,000쪽이 넘는 분량이다. 스무 살에 문단에 나와 짧은 생애를 글로 완전 연소시켰다고 할까.
　<생명을 실감(實感)하자>는 전집에 실리지 않은 도향의 산문이다. 이 글은 도향이 죽은 후 1928년 1월 일본 동경에서 창간된 ≪반도산업(半島産業)≫에 실렸다. ≪반도산업≫은 상허(尙虛) 이태준(李泰俊)이 편집·발행 겸 인쇄인이다. 동경 유학 시절, 나도향이 폐병으로 피를 쏟을 때 하숙방에서 함께 기거한 이가 바로 이태준. 고(故) 하동호(河東鎬)씨가 1975년 발굴했음을 밝혀둔다.

못 먹으랴?' 하고 믿었다. 그러나 파산은 사실로 당하였다. 밥이 그의 입에 안 들어가게 되었다.

조선의 아들들아! 너희들 가운데는 아직까지도 밥이 남은 줄 알고 꿈을 꾸고 있는 자가 많다. 오늘 저녁이 없을 것들이 과대망상에 취하여 가로 뛰고 세로 뛰는 사람들이 많다.

아직 생명을 인식하지 못한 사람이 어찌 그것을 실감하여 전 자아가 목구멍에 달린 것을 절실히 느끼지 못한 자의 장래는 비누로부터 남은 방울과 같을 것이다. 그렇지 않으면 암담(暗澹)한 공동으로 물러가는 파멸(破滅)밖에는 없을 것이다.

우리는 황금으로 사는 것이 아니다. 물론 하느님의 말씀으로 사는 것은 더욱 아니다. 우리는 목구멍으로 넘어가는 밥 덩어리로 산다. 예수의 '사람은 빵으로만 사는 것이 아니라 하느님의 말씀으로 산다'(大意)는 말은 자연주의를 거쳐 현실폭로의 비애를 맛본 현대인에게는 거짓말이다. 착실한 현실에 꿈을 깬 사람에게는 잠꼬대만도 못하다.

조선 사람은 대체로 생명을 인식하지 못하였고, 또는 실천하지 못한 것 같다. 그러나 우리에게는 불원간(不遠間) 그 시련을 받아— 아니라, 벌써 받는 중이나— 그것이 민족적 생존의 가장 의미 있고 가장 큰 경험을 이룰 줄 안다. 우리는 이 자기가 내버리고 잊어버리고도 거기에 끌리어 다니던 생명을 스스로 찾아내서 거기에 그것을 알며 또는 실감(實感)한 후에 비로소 참생명이 있는 생활이 시작될 줄로 믿는 것이다.

우리는 지금 그 시련의 과정에 있다. 속일 수 없는 것은 일의 순서와 도정이다. 우리는 이 시련을 피 속까지 살 속까지 스며들도록 받자. 철저하게 받자. 그래서 그만한 새 힘을 얻자. 조금도 비관할 것은 없다.

나는 부끄러운 말이지마는 조선의 흙을 모른다. 조선의 흙의 빛이 누른지

집문당에서 1988년
간행된 ≪나도향 전집≫

검은지를 모른다. 그 냄새 또한 모른다. 어떠한 냄새가 있는지 모른다. 더구나 과학적으로 분석한 것은 더욱 모른다.

나는 조선의 산을 모른다. 어느 산에는 무슨 돌이 있고, 무슨 광물이 나고, 무슨 삼림이 있고 무슨 특산이 있는지 모른다. 그것을 더구나 숫자로 계산해서는 더욱 모른다.

나는 조선의 들을 모른다. 동해와 남해와 서해의 명물 특산을 모른다. 압록강, 두만강, 한강, 낙동강 등에서 나는 것도 모르고 그 수세와 본질은 더욱 모른다. 통계상으로는 더욱 장님이다.

나는 조선을 모르는 셈이다. 조선인으로 조선을 모르면 부끄럽지 않고 무엇이냐? 그것이 나에 그친다면 그만큼 다행한 일이 없다. 그러나 아마 온 조선 사람이 거의 그러한 것 같다. 우리는 어서 조선을 알아야 하겠다.

어떤 일본인이 한번은 나에게 이야기하기를 조선 금강산(金剛山)에는 금이 묻혔는데 그것만 파면 2000만 인구가 70년을 살 수 있을 것이라고 한다는 말을 들었다. 조선 사람아, 금강산에 금이 묻힌 것이나 알아두자. 딴 사람은 벌써 눈이 빨개서 들여다보고 있다.

조선 사람으로 남에게 자랑할 것은 아무것도 없다. 하나도 없다. 조선의 산천이 자랑거리냐? 아니다. 그것은 하느님의 자랑거리다. 조선의 역사가 자랑거리냐? 우리는 바이블을 잠깐 뒤져보자! 세례자 요한이 요르단 강에서 한 말이 있다. '너희가 마음속으로 아브라함의 자손이라 하지 말라. 하느님은 이들로써 아브라함의 자손을 만들 수 있나니라' 하였다. 그렇다. 지나간 과거에 우리는 우리의 자긍(自矜)을 붙일 수 없다.

그러면 우리의 재능이랴. 그것도 자랑이 될 것 같지 않은 것은 아니다. 그러나 그것만으로는 안 된다. 우리의 노력이다. 재생(再生)의 낙원은 노력하는 자만 들어갈 수 있는 것이다. 거대한 투기를 꿈꾸는 사람보다도 하루갈이 밭을 가는 자라야 들어갈 수 있는 것이다. 단 한 알갱이의 벼알을 타작했다 하더라도 우리의 자랑은 거기에 있는 것이다.

(출처=《반도산업(半島産業)》 1928년 1월호)

이상 김해경의 추억[1]

서정주

"선배 고아나 병자가 후배 고아나 병자 대하듯…"

내가 1936년의 ≪동아일보≫ 신춘현상 문예 시부(詩部)에 당선하기 바로 한 해 전인 1935년 가을, 나는 그때 내가 다니던 중앙불교전문학교(中央佛敎

---

[1] 시인 이상(李箱)이 해괴한 시 <오감도(烏瞰圖)>로 1934년 ≪조선중앙일보≫에 처음 등장했을 때 미당(未堂) 서정주(徐廷柱)는 겨우 스무 살 문학청년이었다. 미당은 2년 뒤 1936년 ≪동아일보≫ 신춘문예에 등단하며 정식 데뷔했다.
　미당은 5세 연상의 이상을 '박쥐 같은 귀재'라 불렀다. 미당은 이상을 평하기를 "밤중에 홍두깨처럼 불쑥 시단에 내밀고 당시 이 나라의 가장 유능한 중견 문인들의 회합이었던 구인회의 한 '멤버'가 대뜸 돼버렸다"고 했다. 미당은 1971년 ≪월간중앙≫ 10월호 <이상의 일>이라는 산문에서 '당시 우리 민족의 꼬락서니의 가장 처절한 상징'으로 이상을 묘사했다.
　산문 <이상 김해경의 추억>은 지금은 폐간된 ≪대한일보(大韓日報)≫ 1970년 1월 15일자에 실렸다. ≪월간중앙≫에 기고한 <이상의 일>보다 내용은 짧지만 1년 앞서 쓴 글로 이상의 연구자들에게 알려지지 않은 글이다.
　중앙불교전문학교 학생이던 미당은 1935년 가을, 이상을 예고 없이 찾아간다. 최하급 일본식 건물인 이상의 집(을지로 4가 뒷골목)은 오싹하게도 '박쥐나 한두 마리 살 만한' 집이었다. 그러나 처참하리만큼 날카로운 이상의 눈빛은 오래 기억에 남았다. 이후 미당은 마음속 깊이 이상을 열광했다. 산문 <이상 김해경의 추억>의 행간을 통해 미당이 얼마나 이상을 동경했는지 느낄 수 있다.

專門學校)의 동급(同級)이었던 함형수(咸亨洙)하고 함께 동숭동에 하숙하고 있던 신진 소설가 김동리(金東里)를 찾아가서 같이 '이상'이라는 괴짜를 한 번 만나보러 가자고 졸라댔다. 이상은 이보단 한 해 전인 1934년 ≪조선중앙일보≫에 연재했던 시 <오감도>와 연달아 써낸 소설 <날개> 등의 작품과 아울러 '주야'(晝夜)를 바꾸어서 사방에 작품 발표를 하고 있던 그가 소설을 쓰고 있던 김유정(金裕貞)과 친구이었던 폐병 2기 환자라는 것, 또 건축기수(建築技手) 퇴물(退物)이었다는 것-그런 소문도 흥미가 있었다.

그러나 이해 ≪조선중앙일보≫의 신춘현상 문예에 <화랑(花郞)의 후예(後裔)>라는 소설로 당선되어 문단에 첫발을 들여놓고 다음 작품들에 골몰(汨沒)해 있던 김동리는 그의 작품의 일이 바빠서 그랬든지, 아니면 그 '괴짜 구경하는 취미'라는 것이 영 없는 그의 청소년기의 성미 때문인지, 우리 보고만 가보라고 하고, 자기는 움쩍도 않고 그대로 주저앉아 있어 할 수 없이 함형수와 나 둘이서만 그를 만나러 가게 되었다.

그야 나한테도 구경에 잘 끌리지 않는 성미도 없진 않았지만 이상이 풍기고 있는 작품과 소문의 매력은 나를 그대로 가만히 있게 하지 않았던 것이다.

지금의 청계천로 4가에서 을지로 4가 쪽으로 가는 어느 질척질척한 골목길의 막바지에 깜장빛 널판자로 엮어 싼 양기와를 이은 집, 문간도 한 뼘의 마당도 없이 현관문을 열고 신발을 벗어놓으면 바로 그의 단칸방으로 들어가게 된다. 때마침 그는 부스스 일어나 앉았다. 소설 <날개>의 주인공 그대로 깜장 코르덴 양복바지에 깜장 '도꾸리 셔츠' 차림이었는데 세수도 면도도 잘은 않는 듯한 그의 두 손의 깜장 때 든 손톱들과 꺼치시한 수염 난 턱주가리의 인상의 틈에서도 그의 처참하리만큼 날카로운 눈빛과 푸른빛이 더 많은 단단하고 가지런한 흰 이빨들이 유난히 솟아 보였다.

≪대한일보≫ 1970년 1월 5일자에 실린 서정주의 〈이상 김해경의 추억〉

지금 소공동에서 범양사(汎洋社)라는 회사를 경영하고 있는 이성범(李成範)이 그때는 우리와 같은 문학청년이었고 또 이상한테 뭔지 매력을 느낀다 해서 같이 갔었는데 이상은 이때 초대면(初對面)의 우리 세 사람의 말들에 대해선 '예'와 '아니오'를 분명히 말하지 않았다.

이것은 우리가 말한 내용들이 정말 좋아서 그런 것이 아니라, 선배 고아나 병자가 후배 고아나 병자에게 흔히 하는 것 같은 일종의 측은한 느낌을 그 음조(音調)에 어딘가 띠고 있는 것 같아서 우리는 문득 낯을 붉히고 뜸해지곤 했다.

그러자 여섯 시쯤이나 되었을까, 이상은 자리 속에서 불쑥 일어났는데 아까 이불 속에서 입고 있었던 그대로의 위에다가 낡은 '바바리'만 하나 걸치고, 이곳 역시 낡을 대로 낡은 깜장 '해트'를 머리에 가벼이 얹고는 드르르 미닫이를 열며 앞장을 섰다.

우리는 문득 낯을 붉히고 뜸해지곤 했다

이상의 이 무렵의 그 밤의 산보(散步)라는 것은 한두 군데 술집에서 몇 시간을 놀다오는 그런 것이 아니라, 해 어스름으로부터 시작해서 이튿날 날이 훤하게 새는 그에게는 적극적인 것이었다.

그는 저 '화무십일홍(花無十日紅)이요, 늙어지면 못 노나니' 등의 가사를 가진 창부타령을 아주 멋들어지게 썩 잘 불렀고 또 술도 문자 그대로 유주무량(有酒無量)이지만 보기 싫은 주정은 단 한 번도 부려본 일이 없었고 또 무슨 그의 계율(戒律)인 듯이 술값은 어느 새인지 감쪽같이 모두 그의 부담(負擔)으로 해치워내고 있었다.

새벽 두 시쯤 우리는 지금의 반도호텔 근방의 어떤 선술집에 서서 있었다. 지금과는 아주 달라서 그때엔 여기도 지금의 계동(桂洞) 비슷한 기와집 마을

이어서 새벽 닭 소리가 여기저기서 교교(皎皎)히 들려오고 있었다.

이상은 술과 그의 노래를 문득 뚝 끊더니 그의 앞에 있는 주모(酒母)의 '스웨터'의 가슴 앞의 어떤 단추에 그의 바른손의 엄지를 갖다 대고 꽤 되게, 또 꽤 오래 계속해서 그걸 눌러대기 시작했다.

"히히히히, 이분이 왜 이러셔?"

어쩌고 주모는 처음 웃음으로 씻어 넘기더니 그건 드디어 꽤나 되게는 눌려졌는지 상당히 뜨악한 "아앗!" 소리가 나오고 "왜 이래, 이 사람이!"로까지 변했다.

나는 이 교교한 '새벽 닭' 울음 속에 이상의 땀에 축축한 너무나 진지한 이마를 보고 있는 동안 문득 전신이 오싹하게 소름이 끼쳐 옴을 어쩔 길이 없었다. 그의 주모 단추 누르는 열심한 것은 꼭 어느 문 잘 안 열리는 집 앞에 선 방문객의 초인종 눌러대는 모습과 같았고, 또 이건 누구 개인 집의 주인을 향해서가 아니라 하늘과 역사와 영원을 향한 그의 마지막 SOS 신호같이만 느껴졌기 때문이다.

(출처 = ≪대한일보≫ 1970년 1월 15일, '나와 詩人部落 前後' 중에서)

고향이야기[1]

서정주

"붉은 도화빛 도는 나의 고향, 질마재"

신장사 蘇生員

흔히 볼 수는 없는 일이나, 반도인(半島人)의 얼굴을 일일이 점검(點檢)하고 지내가면은 '홍, 이건 정말 토종(土種)이로구나' 하고 느끼어지는 사람이 만(萬)에 하나쯤은, 아니 적어도 십만(十萬)에 하나쯤은 반드시 있다.

유사이전(有史以前)에 그러니까 지금 우리들의 형체(形體)와는 판이(判異)

---

[1] 미당(未堂) 서정주(徐廷柱) 시인의 전집은 1972년 일지사에서 펴낸 ≪서정주 문학전집(5권)≫이 최초다. 이후 1983년 민음사에서 시만 따로 꾸려 ≪미당 서정주 시전집≫을 냈고, 11년 후 같은 출판사에서 1994년 3권짜리 ≪미당 시전집≫을 출판했다.
그리고 2015년 6월 말 '미당 탄생 100주년'을 맞아 은행나무출판사에서 5권 분량의 ≪미당 서정주 전집≫을 간행했다. 많은 연구자를 통해 여기저기 흩어졌던 미당의 시들이 하나로 모아졌으나 산문 발굴 작업은 아직 더뎌 보인다. 미당은 자신의 시적 토대를 '유년기의 질마재에 대한 추억과 가치화'(최현식)를 통해 구현했는데 이와 관련한 미당 산문에 대한 연구는 미진하다. 장르를 떠나 '시적 영원성과 유년기 기억의 절대화'는 미당 문학의 중요 테마이기 때문이다.
<고향(故鄕)이야기>는 미당 전집에 포함되지 않은 작품으로, 미당의 고향 질마재에 대한 미당의 동양적 예지를 흠뻑 느낄 수 있다. 시에서 접할 수 없는 미당의 절절한 산문 정신을 발견할 수 있다

하게 다른 사람들이, 텅-빈 산골짜기에서 땅강아지나 오랑캐 곰들을 벗으로 칡뿌리나 뒤져 먹고살고 있었던 것이라고 생각할 수는 없을까.

척 한번 보아서 어쩐지 그렇게만 느끼어지는 사람이 어쩌다간 있다.(이건 혹 나의 감관(感官)의 오해일는지도 모르겠으나)

신장사(장수—편집자註) 소생원(蘇生員)도 웬일인지 그렇게만 보여지는 사람 중의 하나이었다.(물론, 이것은 후에 우연히 그렇게 생각해 본 것이고, 소생원을 늘 면접(面接)하던 나의 소년시절에는 그저 이상(異常)하여서 말할 수 없는 일종(一種)의 신비감(神秘感)만을 느끼었을(뿐이었으나.) 중 줄에도 이르지 못하는 짧달막한 키에 후리후리한 몸집이 언뜻 보면은 없는 것 같으나 균형(均衡)은 째어 있고, 노오란 노오란 수염을 가슴 우에까지 많아 늘였으나 숱이 많지도 못하고, 젊어서도 늙어서도 나이는 한 사십으로만 보여지는, 꼬집어 주면 아프다고는 할 것 같으나 한 번 울어 본 일도 없는 것 같은 면모(面貌). 졸(拙)한 필치(筆致)로는 도무지 설명할 길이 없으나 하잘것없는 것이 수(壽)는 할 것 같은 소생원이었다.

소생원은 또 무슨 혈족(血脈)의 부름으로 그의 아내와 같은 아내를 찾아낸 것인지, 역시 작은 키에 후리후리한 몸집, 솜솜이 얽은 얼굴에 벙그러진 이, 무슨 돌멩이 가루를 먹은 듯한 음성(音聲)이 나는 것이, 봄에도 화롯(火爐)가에만 앉아 있었다.

그들에게는 소동(蘇童)이라는 아들이 단 하나 있을 따름이었다.

소생원은 밤이나 낮이나 신만 삼았다. 실낱같이 자는 시간과, 커다란 대통에 잎담배를 피우는 시간 외에는 언제나 신만 삼았다. 아니, 소생원에게도 밖에 나오는 시간이 전혀 없는 건 아니었으나, 그건 있다가 이야기하겠다.

질마재 70호(戶) 남녀노소의 신발을 한결같이 만들어 신기는 것만으로도
소생원은 충분히 훌륭하였다. 엽전(葉錢) 열다섯 닢씩만 주면은 누구의 신발
이건 삼아서 골 박아서 만들어 주는 것이었다.

추석 명절이 2~3일쯤 남아서, 새 신발을 맞추러 가는 게 내겐 어찌 그리
도 즐거웠던 것인지. 아버지에게 승낙을 얻어서 소생원네 집에 내려가면은
먼저 반가이 맞아 주는 건 털이 노오란 누렁이였다. 키와 몸뚱이에 비해서는
유난히도 큰 꼬리를 흔들면서, 나의 돈반[三錢]을 미리 들고 온 손을 마구
핥아 주는 것이었다.

소생원네 집 창문을 열고 들어가면 먼저 보이는 건 방 한가운데 천정(天
井)을 떠받고 섰는 과히 적지 않은 기둥이었다. 집이 서쪽으로 기울어지는
것을 막으려는 것으로, 그러니까 외양(外樣)으로 보면 소생원 네 집은 약간
옆으로 자라난 버섯 같았다. 아닌 게 아니라 지붕 위에는 가느다란 버섯도
많이 나 자랐다.

　　"꽃신을 심어 주례?"
　　하고 소생원이 골을 박던 손을 잠깐 멈추고 내게 물으면,
　　"왕골 꽃신을 심어 주례?"

하고 소생원네(마누라)가 역시 그 석분(石粉)을 마신 듯한 목소리로 화롯가
에서 내게 재쳐 묻는 양은 부부(夫婦)라고 하기보다는 어디 머언 청국(淸國)
뽕나무정이 같은 데에(거기를 그때 나는 제일 먼 곳이라 들었으므로) 나란히
자란 무슨 버섯 같은 식물(植物) 비슷하였었다.

소생원에게는 또 하나 이상한 버릇이 있어서, 가끔 허리띠의 회색(灰色)
주머니 속에서 까맣게 때에 전 생(生薑)을 꺼내어서는 천성으로 질근질근 씹

어 먹는 것이었다. 그 먹는 시간으로 따져 보면은 하루에 아마 스무 번쯤은 그렇게 하는 것이었다.

이걸 보고 있노라면, 마을에 가끔 오는 백발(白髮)이 하얗던 생장사 노총각(老總角)이 연상(聯想)되는 것이었으나, 생긴 품이 소생원은 생장사와도 아주 다른 사람이었다.

이러한 소생원네 방에 한참만 그대로 앉아 있으면 어데선지 물컥물컥 노린내가 나고, 벽에 걸려 있는 메투리(미투리-편집자註), 육날 메투리, 신골 망태, 박아지짝 거미집, 이런 것들이 모두 구역만 나 보이고 죽었으면 죽었지 나는 이런 버섯 속 같은 방에서는 한 시(時)도 살 수 없다 생각하는 것이었다. 겨드랑에서 나는 것인지 아랫도리에서 나는 것인지 이상한 노린내가 소생원에게서는 어찌도 풍기는 것이었던지. 역시 나는 뭐니 뭐니 해도 우리 아버지나 아저씨들처럼 밖에 나가서 밭도 갈고 김도 매고 베짱이 소리도 듣고 사는 것이 좋다고 생각하는 것이었다.

밖에 나오면 벌써 소생원의 하늘은 아니었었다.(이것도 후에 생각하면 나의 오해였던 모양이나)

집집이 대추 남겐(나무엔-편집자註) 풋대추가 붉게 붉게 물들어져 있고, 돌무데기 풀섶에서는 벳쟁이(베짱이-편집자註)가 툭툭 뒷발로 무엔지 차고 날아다니면서 쩍쩍쩍쩍 머언 하늘나라에서처럼 울어대는 것이었다.

×

하루는(추석도 지나간 후의 어느 날) '귀염다래'에 있는 할아버지 산소에 아버지를 따라서 성묘(省墓)를 갔었다.

성묘하는 철이 다아 끝난 후에 똥이 마려워서, 혼자 외진 골짜기로 빠져 나와 어느 바위 밑에서 쭈그리고 앉아 있으려니까, 어데서 어떻게 알고 온

서정주의 〈고향이야기〉

것인지 소생원네 집 누렁이가 씩씩거리고 내 옆에 와서는 떡갈나무 잎사귀를 한 움큼 쥐고 있는 내 손등을 핥으려 덤비는 것이었다.

  일어서서 나는 사면(四面)을 살피었다. 누렁이가 왔음에는 소생원네 집에서 누가 반드시 그 근처에 와 있음에 틀림없다고 생각이 든 까닭이었다. 어쩌면 기이(奇特)하게도 소동(蘇童)이가 명감이나 산포도를 따려 와 있는 것인지도 모른다고 생각이 든 까닭이었다. 그러나 소동이가 온 것은 아니었다.

  선운사(禪雲寺)라는 절로 가는 길의 낭떠러지 선바위 아래, 일어섰다가는 엎드리어 절을 하고 절을 하고는, 다시 일어서고, — 이러한 짓을 쉬지 않고 되풀이하는 사람이 있는 것이 솔나무 사이로 힐끗힐끗 보여서, 가 보니까 그게 소생원이었다.

먼빛으로 볼 때에는, 소생원에게도 무슨 절할 묘(墓)등이 다 있어서 우리처럼 성묘를 왔는가 생각했더니, 바짝 옆에 가서 보니까 묘등이 있는 것이 아니라, 바로 그 선바위[立岩]에다 대고 그렇게 지극(至極)히도 절을 해싸는 것이었다. 닭이 물을 마시듯, 하늘 한 번 우러러 보고는 절을 하고, 절을 하고, 절을 하고, 하는 것이었다. 누런 수염이 햇볕에 유체 누리게 보이는 것이었다, 무슨 원(願)이 있었던 것인지, 혹은 별다른 원도 없이 절하는 우리와는 다른 특별한 습성(習性)이었던지, 그건 알 수 없으나 그 후에도 2~3차 나는 이 선바위 아래 절을 하는 소생원을 볼 수 있었다. 그러나 소생원이 다른 일로 밖에 나오는 것을 나는 별로 본 기억이 없다.

선봉이네

선봉이네에게는 진한 꽃 자주 저고리를 입었으면 어울렸을 것이다. 그러나 항시 수수한 흰 저고리만 입고 다니는 것이었다.

사십이 다 된 선봉이네의 예쁜 곳을 똑 집어서 말하라면 나는 곧 대답할 수는 없다. 하여간, 몸이나 키가 보통 여자보다는 큰 편이었다. 수족(手足)도 큰 편이었다. 통통한 살이 찐 게 아니라, 향(香) 맑고 밝은 뼈다귀 위에 오히려 간단히 붙어 있었다.

잘된 남자를 생각하게 하는 대문이 있는 여인(女人)이었다. 늘 든든히 땅을 디디고 뚜벅뚜벅 걸어가는 걸 보면 정말 보담은 훨씬 커 보이었다.

이(齒)는 유난히도 가지런히, — 그러나 조금도 잘지 않은 것이, 얇고 좀 큰 편인 입술 속에서 어떤 때에만 보이는 것이었다. 행용은 굳이 닫혀 있었다. 희기보다는 푸른 이빨이었다.

푸른빛은, 또 너무나 숲이 짙은 머리 밑에 약간 넓어 보이는 이마와 얼굴에도 있었다. 굵다란 손가락의 손톱 끝에도 눈매에도 있었다.

눈썹이 그리 짙으지 않은 게 얼굴에 어울렸다. 기다란 속눈썹 밑에서 말할 때에도 생각은 머언 곳만을 바라보는, 눈에 어울렸다. 아무도 쉬이 가까이할 수 없었다.

어머니와 같이 우리 모두가 거기 가서 쉴 수 있는 모습을 전하고 있었다. 어쩌다가 술국이는 쥐게 되었는지 조금도 술장수 티라고는 없는 여인이었다.

이 여인의 이야기를 적을 수 있는 게 나는 기쁘다. 조히 생각을 기울이면, 맨 먼저 떠오르는 건 3월의 양광(陽光) 아래 동백꽃나무 밑에서 우두커니 서 있던 꼴이다. 밖에 나타내이지는 않으나, 머언 바다를 바라보며 아마 속으로는 어찌했으면 좋을지를 모르던 모양이다.

나룻목으로 가는 언덕 아래 길가에 있던 선봉이네 술집엔 뒤뜰에 수월찮이 너른 경사(傾斜)진 풀빛이 있었고, 두 그룬지 세 그루의 동백나무가 거기 있었다.

어느 3월이던지, 선봉이네 집 마당에서 아버지가 누구와 싸우다가 많이 맞았다고 하여서, 종형(從兄)과 둘이 아버지를 찾으러 갔었다. 가 보니 아버지는 겨우 이가 두 개가 빠지셨을 뿐, 맞은 것은 오히려 저편이어서 종형은 아버지를 모시고 집으로 돌아가고, 나도 가려고 하니까 뒤란 동백나무 밑에서 선봉이네가 "정주야" 하고 나를 부르는 것이었다. 싱거운 싸움이 무척은 심심하였던 모양이다.

어디서 사 왔는지 성성한 능금 두 개를 나에게 주며, 따뜻한데 여기 앉아서 기다리다가 '너희 5촌' 배 들어오는 것이나 보고 가지 않겠느냐고 하는 것이었다,

동백나무 위에선 빠알간 동백꽃이, 이 커다란 여인이, 머언 바다를 내어다보며 눈을 끔쩍이는 사이만큼 사이를 두고 조용히 조용히 낙화(落花)하는 것이었다,

나는 무심코 돌아다니며 그것들을 주워 모았다. 모아서는 선봉이네에게 갖다 주었다. 두 손으로 그득히 갖다 주어도 선봉이네의 손바닥으론 하나밖에 되지 않았다. 조용히 앉아서 한 손을 벌리며 오래간 만에 가느다란 입술을 벌려 웃어 보이는 것이었다. 아무 말도 없이 흰 치마에다 끄리는 것이었다. 선봉이네의 항시 쉬어 있는 두 손과 좀 넓은 듯한 손톱들이 오히려 나는 예쁘다고 생각하는 것이었다.

선봉이는 항시 낚시질만 다녔었다. 아주 추운 겨울과 비 나리는 날만 제(除)하고는 거의 매일과 같이 영남 낭떠러지 밑에 가서 살찐 숭어를 낚아 날렸다. 낚아다가는 회를 만들어 대개는 혼자서 술을 마시는 것이었다. 선봉이는 좀처럼 병(病)이 나는 일이 없었다.

그전에 어디서 형리(刑吏)를 하였단 말도 있고, 동학토벌대(東學討伐隊)를 따라다녔다는 말도 있고, 하여간 마을에서 총(銃) 놀 줄 아는 사람은 선봉이뿐이라는 풍문(風聞)이 있었다.

나이는 나의 기억에 남는 걸로는 45~6세, 귀밑에서부터 보기 좋게 자라난 검고도 꺼칫꺼칫한 쉬염을 달고, 아직 피가 돋는 듯한 얼굴이 젊어서는 꽤 단단하였던 모양이었다.

선봉이 내외가 우리 마을에 들어오기는 아마 내가 아기 적이거나 그보다도 좀 먼저였을 것이다. 언제 들어왔는지는 본 기억이 안 나나, 본래 그들이 질마재 사람들은 아닌 까닭이다.

질마재에 들어올 때에는 소반 한 닢도 없이, 큰놈이라는 아들 하나만을 데불고 와서, 나중에 자기들이 술집을 하게 된 그 집에 유숙(留宿)하고 며칠 동안은 세 사람이 밥을 사 먹었다는 것이다. 돈은 몇백 냥이나 가지고 왔던지, 나중에 그 집과 세간을 모조리 사 버렸다는 것이다.

선봉이네 내외가 남달리 의(誼)가 좋게 지낸다는 말도, 그러하고 의가 틀려서 싸운다는 말도, 나는 한 번도 들어 본 일이 없다. 아내는 아내대로 술국자를 안 들 때는 머언 바다만 내어다보고, 남편은 남편대로 낚시질만 다니는 것이었다.

도대체 밥 먹을 때 외에, 선봉이네 내외(內外)가 나란히 앉아 있는 것을 보기는 퍽 드문 일이었다. 절대로 한번 겸상을 하여 보는 일도 없이 따로따로의 상가에 앉아서, "국이 좀 싱겁네" 하고 끓인 술국이 좀 싱겁다고 선봉이가 말하면, "간장을 드릴까요?" 하고 처는 그저 간단히 받아넘길 뿐, 간장병을 손수 갖다 주는 일도 싱거운 쑥국에 그걸 쳐 주는 일도 절대로 없었다. 그렇다고 선봉이가 화를 내는 일도 절대로 없었다.

그러나 그렇지 않은 경우가 꼭 하나 있었다. 그건 좀처럼 아파서 누워 본 일이 없는 선봉이가 병이 날 때였다. 잘해야 1년에 한 번쯤, 선봉이가 앓던 병은 대체 무슨 형체도 모를 열병(熱病)이었다. 흔히 그건 여름이었다.

그렇잖아도 붉은 얼굴이 유체 벌겋게 달아가지고, 옅은 홑이불을 쓰고 방 아랫목에서 선봉이가 앓고 있을 때는 아내는 평시(平時)와는 완연히 딴 사람이 되는 것이었다. 웬일인지 자기의 얼굴도 약간 붉어져 가지고는, — 이상한 일이나 선봉이가 병을 앓을 때에만 선봉이네 아내의 얼굴에는 화기(花氣)가 돋았다. — 마을 아는 집으로 돌아다니며 접시꽃 뿌리와 앵속각(罌粟殼 · 양귀비 열매의 껍질-편집자註)을 구해 오는 것이었다.

접시꽃 뿌리를 끓인 물을 사기대접으로 하나 그득히 들고 들어와서는 선봉이의 머리맡에 공손히 앉아서 곱다고 하기보다는 차라리 훌륭한 그의 손으로 선봉이의 이마를 고요히 짚으며 가만히 소근거리는 것이었다.

"좀 일어나서 잡수어 보시오. 예?"

손수 그릇을 들고 입에다가 마시어 주며,

"어찌서 그러시오? 예? 어찌서 그러라우?"

혼잣말처럼 물어보면서, 역시 양 볼을 붉혀 가지고 선봉이가 완쾌(完快)하여 일어나기까지는 그 옆을 떠나지 아니하는 것이었다. 그것은 행용, 우리들의 아내에 비겨 본다면 아내 이상의 성실이었다. 좀 자세히 볼 줄 아는 사람의 눈에는 일종의 의무(義務)와 같이 보일 수도 있는 것이었다. 그러나 선봉이가 아주 나으면 선봉이 아내의 얼굴에서도 붉은 도화(桃花)빛이 스러지는 것이었다, 그러고는 여전(如前)의 자태(狀態)로 돌아가는 것이었다.

이러한 부부 사이에 자녀는 어떻게 해 3남이나 둘 수 있는 것이었던지, — 그러나 이사(移徙)올 때 데불고 온 '큰놈' 외에도 딸 하나와 아들 하나를 질마재에 와서 낳았다. 역시 자녀에게는 충실한 어머니였다.

선봉이네 내외에게는 대범(大凡) 아래와 같은 일화(逸話)가 있었다. — 간단히 말하면 선봉이는 선봉이네 아내의 본부(本夫)가 아니었다는 것이다. 본부는 딴 곳에서 살고 있었다는 것이다.

갑오년(甲午年)이라던가—을미년(乙未年)은 아닐 것이고, 아마 갑오년이라고 들은 것 같다. 시방 선봉이네 아내의 본부는 동학당(東學黨)이라던가 무어라던가 무슨 일을 했는지는 모르겠으나 그러한 하여간 좋지 못한 일단(一團)을 따라다녔었다고 한다. 들은 바에 의하면 한 20명쯤 지휘(指揮)했다는 말도 있다.

그게 공교롭게도, 그때 마침 청인(淸人)들과 합세(合勢)하여 동학을 토벌하러 나왔던 선봉이들의 분대(分隊)에게 잡힌 배 되어, 날만 밝으면 낭떠러지 아래에다 내세우고 총살(銃殺)의 형을 받게 되었다고 한다.

그날 밤이었다.

한 명의 소부(少婦)가, 토벌대의 진지(陣地)를 찾아왔었다. 굳이 닫힌 입술가에는 굳은 결의가 보였었다.

다아 술에 떨어져서 자고, 홀로 깨어 있는 선봉이에게 소부는 엎드려 비는 것이었다.

"갑돌(甲乭)이의 목숨 구하여 주옵시오. 저를 대신 죽이시고 제 남편 갑돌이의 목숨을 구하여 주옵시오…."

청인들과 같이 얼큰히 마신 술이 골수(骨髓)에 밴 선봉이의 눈에 먼저 보이는 건 범연치 않은 그의 미모(美貌)였다.

이렇게 해서 본부를 살린 선봉네는 선봉이를 따라서 질마재에까지 왔던 것이었다. 해마다 사노라면 나이는 또한 제대로 느는 것이어서, 나에게는 능금 두 개를 주던 때에는 벌써 30이 훨씬 지내었었고, 지금(至今)은 50이 넘은 연세(年歲)일텐데 불행히 연전(年前)에 작고(作故)하였다.

(출처 = ≪신시대(新時代)≫ 1942년 8월호, pp.128~134)

■ 소소설(少小說) ■

글의 길(일명 아내의 길)[1]

김동인

"남편이 무식하다고 남편을 박절하는 아내가 아니었다"

대대로 나라의 문형(文衡)을 잡아 밖으로는 나라를 빛나게 하고, 안으로는 가문을 빛나게 하는 명예 있는 김씨 가문에 이런 아들이 났다 하는 것은 부모 된 자의 여간 가슴 아픈 일이 아니었다. 아버지 되는 대제학(大提學) 김숙(金淑)이 몸소 경마를 잡고 성심으로 가르쳤지만 이 가특한 아들 안국(安國)은 3개월간의 아버지의 성심에도 불구하고 '천지(天地)'는 하늘 천 따 지, 단

---

[1] 한국 현대문학사에서 1920년대 후반기부터 30년대는 역사소설의 전성기였다. 무엇보다 신문 연재소설을 통해 통속적 읽을거리로 역사를 매개한 소설이 많았다. 이광수의 ≪마의태자≫(1927) ≪단종애사≫(1929) ≪이순신≫(1932) 등이 대표적이다.
　춘원(春園)의 '영원한 맞수'였던 김동인 역시 이 시기 들어 역사소설을 쓰기 시작했다. 대원군을 그린 ≪젊은 그들≫(1931)과 ≪운현궁의 봄≫(1934) 등이 대표작이다. 동인은 1930년대 후반 들어 과거 영웅소설의 기본 틀로 '사담(史譚)'이라는 일종의 장르를 통해 많은 역사물을 남겼다. 1935년 12월 ≪야담≫지를 직접 발간하면서 사담에 깊숙이 빠져들었다. 사담은 역사적 사실에 상상력의 옷을 입혀 교훈적 내용을 담으면서 민족정신을 일깨우려는 복선을 깔았다.
　<글의 길(일명 아내의 길)>은 김동인 전집에 실리지 않은 역사소설들이다. 먼저 <글의 길>은 조선 중종 때 대제학을 지낸 김안국(金安國)의 유년시절을 소설화한 작품이다. 아내를 잘 만난 김안국이 글 모르는 바보에서 책벌레가 된다는 내용이다.

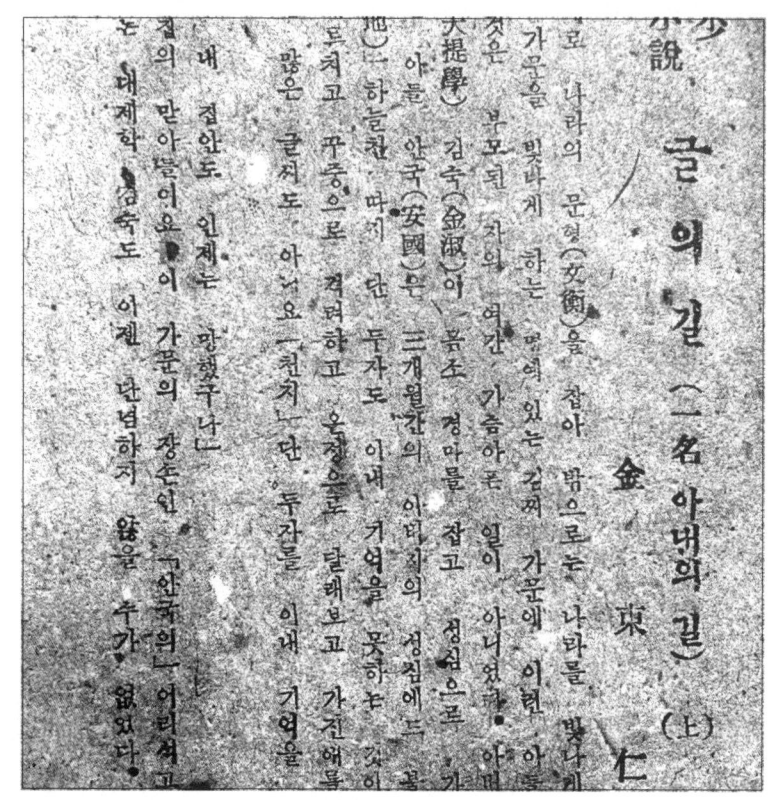

김동인의 〈소소설 글의 길〉

두 자도 이내 기억을 못하는 것이었다. 성심으로 가르치고 꾸중으로 격려하고 온정으로 달래 보고 갖은 애를 다 써 보았지만 많은 글자도 아니요, '천지'란 두 자를 이내 기억을 못하는 것이었다.

"아아, 내 집안도 인제는 망했구나."

이 집의 맏아들이요 이 가문의 장손인 '안국'의 어리석고 둔함에 아버지 되는 대제학 김숙도 이제 단념하지 않을 수가 없었다. 그리고 둘째 아들 안세(安世)로 하여금 가독(家督)을 잇게 하기로 하고 맏아들 안국은 안동(安東) 땅에 나려가 있는 종제(從弟)에게 맡겨서 시골로 내려쫓아 버렸다. 부모 된

자로 차마 하지 못할 일이지만, 가문의 명예를 위하여 맏아들 '안국'과는 아주 인연을 끊은 것이었다.

서울 아버지의 슬하에서 시골 오촌숙(五寸叔)의 품으로 옮아온 '안국' 소년, 부모 그리운 줄은 모르고 부모 무서운 줄만 알던 장난꾸러기 소년 시절이다. 시골 나려와 내 아버지의 무서운 감독이 없어지고 보니 장난만 나날이 더 심해 갔다. 공부 같은 것은 꿈에도 생각지 않는다.

오촌숙도 '안국' 소년에게 글을 가르치려고는 애당초에 생각부터 안 했다. 서울 무서운 아버지의 아래에서도 공부를 안 한 애가 여기 와서 어찌 공부를 하랴. 처음부터 공부시킬 생각은 엄도 내지 않고 제 하는 대로 내버려두었다.

세월은 흘러서 '안국' 소년도 차차 나이가 찼다. 아무리 공부는 안 한 애라 하나 나이가 차면 장가는 가야 할 것이다. 오촌이 알고 있는 안동 읍에 좌수(座首)로 있는 이유신(李有信)이라 하는 사람에게 마침 과년한 딸이 있었다.

이유신은 집이 가멸(富)었다. 신분이 시골 읍의 좌수로 있으며 당당한 대제학 댁 맏도령인 안국 소년과 혼인하기는 서로 가벌이 대상부동하지만 가벌은 그렇다 하되 당자 되는 신랑 안국 도령이 기역자 왼다리도 모르는 판무식이며 지체를 따질 거리가 못 되었다. 그래서 사람을 내세워서 이유신에게 청혼을 하여 보았다.

대재학 김숙 댁으로부터 청혼을 받은 유신은 스스로 생각해 보았다. 이쪽은 돈냥은 있다 하더라도 그 밖에는 아무 것도 보잘것없는 시골 향리(鄕吏)에 지나지 못하거늘, 저쪽은 당당한 일국의 재상으로 세력 금력 벌력(閥力)이 도저한 댁에서 어찌하여 나 같은 사람에게 청혼을 하는가. 혹은 당자 되는 신랑이 절름발이거나 병신이나 아닌가. 그래서 알아보니 인물도 준수하고 몸도 튼튼하고 아무 흠 잡을 데가 없으나 오직 판무식인 점과 글공부를 싫어하는 것이 흠절이었다. 시골 좌수의 집안이 대제학 판서의 집안과 혼인을 한다 하면 무상의 광영이다. 몸이 병신이거나 서(庶)족이라면 할 수 없지만 무식쯤은 혼인을 거절할 이유가 되지 못하였다. 이리하여 이 좌수는 김안국을 사위로 삼기로 하였다. 오히려 명문에 딸을 준다고 하여 감지덕지하여….

―이렇듯 대제학 댁 맏며느리가 되고 김안국의 아내가 된 이 좌수의 딸은 비록 규중의 여자나마 오빠들이 공부하는 곁에서 동냥글을 배우고 약간 문리(文理)에 통하게 되자 학문에 취미를 느껴 애써 배우고 연마하여 규중인 여자로는 쉽지 않은 문학대가였다.

부모의 명령으로 남자를 맞았다. 대제학 댁의 맏아들이라 하므로 남보다는 좀 빼어난 사람이거니 생각하였다.

그러나 급거 남편이랍시고 무식하다고 오고 보니 판무식―기역자 왼다리도 모르는 형편이었다. 그러나 이씨는 남편이 무식하다고 남편을 박절 부박한 여자가 아니었다. 일단 남편으로 허하였으니 무식해도 내 남편이요 나약해도 내 남편이었다. 남편이 무식하거든 나도 따라 무식해져서 남편과 짝이 맞게 되든지 남편을 협조하고 북돋우어 무식한 남편으로 하여금 장차 무식을 면하도록 내조해 주든가―이것이 아내 된 자의 도리다. 어버이의 명령으로 일단 마음을 허락한 남편이라 무식하다 해서 어찌 이 남편을 버리랴.

어떤 날 남편 되는 안국은 목침을 베고 누워 있고 아내는 그 곁에서 바느질을 하면서 한가한 시간을 소일하기 위하여 (계속)

(출처 = ≪신소녀(新少女)≫ 1947년 6월호)

■ 사담(史譚) ■

월하명적(月下明笛)[1]

김동인

1

대야성(大耶城) 공격에 관한 모책을 끝낸 뒤에 막하 장수들을 모두 돌려보내고 도원수 윤충(允忠)이 자리에 든 것은 밤이 꽤 깊어서였다. 백제 의자왕(義慈王) 11년 8월. 거의 만월에 가까운 달은 도원수 윤충의 진에 고요히 나려 비추고 있다.

자리에 들기는 들었지만 머리가 쇄락하여 얼른 졸음이 오지 않았다. 대야성은 소문 높은 웅성(雄城)—물론 군사의 힘을 다하여 공격하면 함락할 것이요, 그만한 자신이 없는 바는 아니다. 그러나 할 수 있는 껏, 자기의 군사는 꺾지 않고 성을 뽑을 재간이 없을까.

---

[1] <월하명적>은 백제 의자왕 시절 윤충(允忠) 장군에 대한 얘기다. 윤충은 대야성(大耶城·경남 합천에 있던 신라 때 성) 전투에서 신라를 상대로 대승한 장군이다. 윤충은 김춘추의 사위인 성주 김품석(金品釋)에게 항복을 권한다. 김품석은 죽죽(竹竹) 등 부하 장수의 반대에도 항복한다. 그러나 죽죽을 따르는 장수들은 끝까지 결사항전을 벌여 전멸 당한다는 이야기.

전쟁이 있어서 한 개 성을 뽑기 위해서는 군졸들을 마치 흙이나 물과 같이 아낌없이 함부로 쓴다. 그러나 돌이켜 생각하면 그 군졸들도 한 개 사람으로서 집에 돌아가기만 하면 부모·처자가 가지런히 있는—자기네 장수들과 다를 데가 없는—'사람'이다. 마치 흙이나 물처럼 함부로 쓰던 그 군사들도 모두 그들의 집에서는 그들이 살아 돌아오기를 기다리는 부모·처자가 있을 것이다.

그러면 이 군사들을 할 수 있는 껏 꺾지 않고 목적을 이룰 재간이 없는가.

아까도 본 바다. 윤충 장군이 막하 장수들을 데리고 진중을 순시할 때의 일이다. 그때 어떤 졸병 하나가 외따로 나무 아래 혼자 앉아서 싱글벙글 웃고 있으므로 그 병졸을 붙들어다가 연유를 알아보니 병졸의 품에서는 한 장의 편지가 나왔다. 그 편지는 그의 젊은 아내에게서 온 것으로서 내용은 말할 것도 없는 끓는 듯한 정열의 문자였다.

명일이라도 전쟁이 시작되면 마치 구렁텅이를 메우는 데 흙을 갖다 붓듯 병졸의 몇 백명쯤은 어느 구석에서 어떤 주검을 하는지 알지도 못하게 없어져 버릴 것이다.

그러나 그 병졸 몇 사람에게는 모두 몇 명씩의 '기다리는 사람'이 있을 것이다. 그리고 그들은 한결같이(여기서는 흙 한 줌 같이 낭비하는 그 생명을) 그대로 행여나 하고 살아오기를 기다리고 있을 것이다.

나라의 일이라 하는 것은 적잖은 것이라 한 군사 개개의 생명까지를 고려하자면 그것은 불가능한 일일지도 알 수 없다. 그러나 그것을 흙과 같이 낭비하지 않고도 어떻게 하여 이 대야성을 뽑을 재간이 없을까.

부스럭,

어디서 수상한 소리가 들렸다.

생각에 잠겼던 윤충은 처음 소리는 듣지 못하였다. 그러나 두 번째 부스럭 소리가 날 때는 알았다.

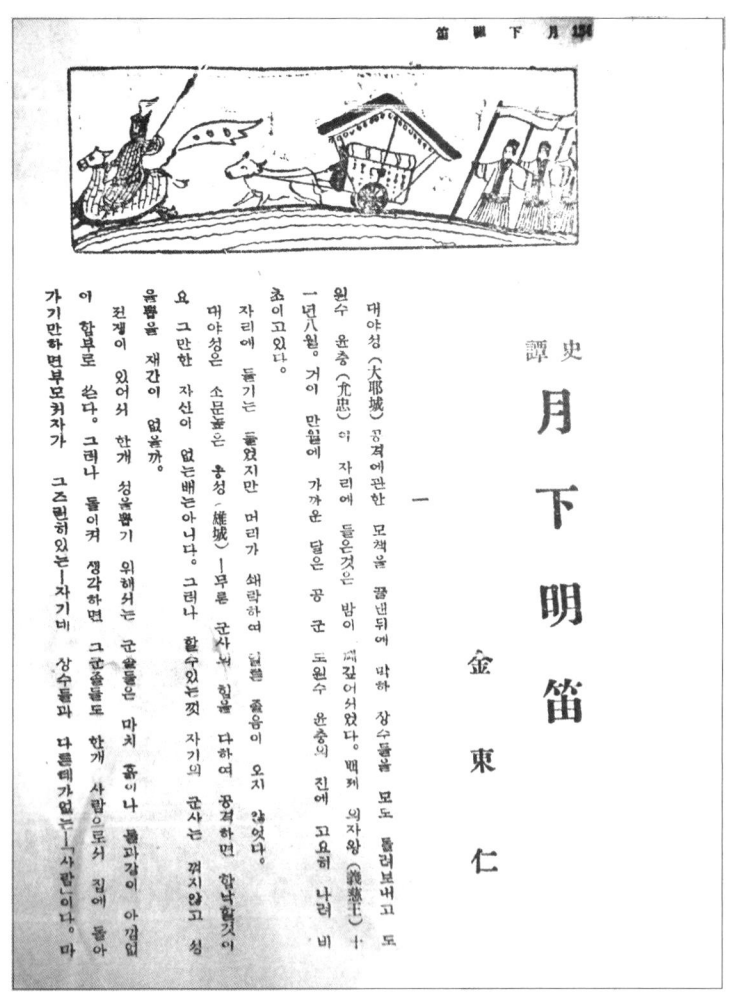

김동인의 〈사담 월하명적〉

'?'

머리를 베개에서 들고 잠시 귀를 기울여 보았다. 그러나 다시는 들리지 않았다. 그래서 바야흐로 머리를 다시 베개에 놓으려 할 때에 또 부스럭 하는 소리가 들렸다. 뿐더러 그 뒤를 연하여 덜컥 하는 소리도 들렸다(다음에 이어지는 42개 글자는 인쇄상태가 나빠 판독이 어렵다.-편집자註). 장군이 자리에서 일어나서 겨우 옷을 정제한 때에 진 밖에 사람의 아뢰는 소리가 들렸다.

"장군께 아뢰옵니다."

무선 부장의 음성이었다.

"무에냐?"

"신라인인 듯한 자 하나가 장군 진 밖에 배회하는 것을 붙들었습니다."

"불러들여라."

이윽고 병졸 두 명이 횃불을 잡고 들어오고 그 뒤로 결박진 신라 백성 하나가 부장에게 끌리어 들어온다.

"앉아!"

발길에 채여서 쓰러지는 신라 백성을 보니 서른 살쯤 되었을까 한 젊은이였다.

"불을 밝혀라."

"네에."

장군은 굽어보았다. 백제군 통솔자인 자기 진옥 밖에 배회하더라는 괴상한 인물이라 호걸풍이 있으리라 하였던 애기에 반하여 평범하고 소심하고 간특한 얼굴의 주인이었다.

"신라인이지."

"네에."

"무얼 하러 여기서 배회했느냐?"

이 질문에 대하여 그는

"장군님께 내통할 말씀이 있사와 왔습니다"고 한다.

"내게? 이 윤충 장군에게?"

"네이."

"무엇이냐. 어디 말해 봐라."

"소인은 검일(黔日)이라는 백성으로서 이 대야주 도독(都督) 김품석(金品

釋)이 당하에 있는 사람이온데―."

"무얼?" 그냥 계속하려는 말을 윤충은 중도에서 끊었다.

"네가 검일이냐?"

"네에, 소인아―."

"내 말에 대답만 간단히 해라. 네가 분명히 검일이냐?"

"그러하옵니다."

"내게 할 말이 있다지?"

"네이."

"내통이지?"

"네이."

"그럼, 백제 장군 윤충은 공로를 몰라보는 사람은 아니다. 네 공로를 상주는 뜻으로 너를 백제 재상의 예에 의거해서 후히 장례를 치러 주마."

악연하여 눈을 든 검일은 윤충 장군의 추상같은 표정에 몸서리치면서 벌떡 일어나려 하였다. 그러나 일어나지 못하였다. 윤충 장군의 오른손 가까이 놓여 있던 손창(手槍)은 바야흐로 일어나려는 검일의 가슴에 가서 박혔다.

2

밝은 날 아침, 언약에 의지하여 군졸들의 경례 아래서 검일의 주검을 땅에 묻은 뒤에 백제 군사는 대야성 포위의 새 전술을 폈다. 식량과 음료수를 성내에 들일 길을 막기 위하여 물샐틈없이 대야성을 포위하였다. 그런 뒤에는 싸움을 돋우지도 않고 그 전세대로 그냥 지구전의 차비를 대여버렸다. 양식 떨어지고 물 없는 대야성이라 불일 항복할 것은 정한 이치다. 수일만 이 대로 지내노라면 한 군사도 꺾지 않고 대야성을 넉넉히 얻을 것이다. 그 사이에 김품석의 난정 때문에 군비가 아주 없는 대야성 내에서는 이 백제 원정군에게 대할 만한 장수도 병졸도 없었다. 겁먹은 성민들이 몰래 엿보고는 도로 도망하고 하는 뿐이었다.

이리하여 사흘을 백제군은 대야성을 포위만 한 채 낮잠으로 날을 보내고 있었다. 사흘째 되는 날 드디어 대야성 성문이 열렸다. 그리고 그 문으로서는 대야주 도독의 사자 한 명이 백제 진중으로 말을 달려왔다. 도독 김품석이 사자를 시켜서 백제진에 통한 뜻은 다른 것이 아니었다. 그 사자 서천(西川)이 윤충 장군에게 드린 말이란 것은—.

"도독 이하 만민의 생명만 해하지 않으면 성을 들어서 항복하겠습니다" 하는 것이었다. 거기에 대해서 윤충은 "우리의 목적은 성을 얻는 데 있지 사람을 죽이는 데 있잖으니까 성만 손에 들어오면 필요없는 살육은 안 하겠다"고 대답하여 도로 돌려보냈다.

그 이튿날 어제 열렸던 성문은 다시 열렸다. 그리고 그 성문으로는 많은 수레가 나와서 백제 진중으로 왔다. 그러나 그것으로 성이 함락된 것이 아니었다. 마지막 수레가 성문 밖으로 나오기가 바쁘게 성문은 다시 닫히고 성 위에는 높다랗게 신라 깃발이 올려 걸리어 바람에 펄럭인다.

장군진 고좌에 앉아서 이것을 바라보다가 윤충 장군은 의아히 눈살을 찌푸렸다. 성문으로 나온 수레는 응당 김품석 일행일 테다. 도독이 우리 진으로 오는 이상은 대야성은 당연히 항복이다. 그럼에도 불구하고 성문이 도로 닫히고 새로이 신라 깃발이 나부끼는 그 연유를 알 수가 없다.

3

"신라국 대야주 도독 김품석은 대백제국 윤충 장군께 아뢰옵니다."

김품석이 장군진에 이르러서 조아려 국궁하고 서서 이렇게 할 때에 장군은 힐난하는 눈치로 굽어보았다.

"인부는?" "인부는 빼앗겼습니다."

"빼앗기단?" "사지(舍地·벼슬이름)로 있는 죽죽(竹竹)이라는 어리석은 자가 반란을 일으켜서 지금 대야성은 역적의 손아래 들어갔습니다."

"그럼 항복이 아니요?"

"소관들은 항복하옵니다 마는 성은 죽죽의 위협에 못 이기어 어리석게도 천군께 대항을 하려는 모양이옵니다."

"아까 그대는 자칭 대야성 도독이라 하는 모양인데 인부 없는 도독이 어디 있겠소? 풍문에 듣건대 도대체 그대는 도독으로 있어서 임무에 충실치 않고 술과 놀이를 즐기며 유부녀 겁탈이 일쑤이며 오늘날과 같은 국난의 때에 있어서도 그대가 만약 도독의 임무에 충실하려면 성을 베개 삼아 우리 화살 아래 목숨을 바치든가 그렇지 않으면 성을 들어 항복해서 성내 백성의 곤란이라도 면케 하든지 할 생각은 하지 않고 오로지 제 목숨만 살려 보려고 혼자 피해 나온 심사가 가증해 백제장군 윤충의 칼은 가증한 사람을 보면 저절로 날뛰니 아마 그대로 보전치 못할까 보오."

이리하여 애걸하며 울며 부르짖는 김품석 이하 고관들은 모두 백제군사의 피제물이 되었다.

4

　성내에는 우물을 새로 파서 음료수의 곤액에서도 인전면하였다고 한다. 성민들은 모두 일심단결하여 자기네가 굶으면서도 죽죽과 밑 그 기하로 들어간 군졸들의 군량을 공궤할 결심이라 한다.
　말하자면 결사의 군졸과 결사의 성민들이었다. 인제는 쉽사리 항복하지 않을 것이다. 뿐더러 그날 권항사(權降使)로서 부장(副將) 모선을 성내로 죽죽에게 보내어 보았는데 죽죽은 거기에 대한 대답으로서 모선의 목을 잘라 그것을 높이 성류(城樓)에 걸어서 백제 장졸들에게 보였다.
　여기서 윤충 장군도 마지막 수단을 쓰지 않을 수가 없었다. 한 병졸이라도 꺾이기가 싫어서 평화롭게 항복을 받아 보려 했지만 죽죽의 기개를 보면 최후의 한 사람이라도 살아 있을 동안은 항복을 하지 않을 모양이다.

5

　팔월 열엿새.
　구름 한 점 없는 하늘에는 둥그런 밝은 달이 솟아올랐다. 그새 오래를 두고 공격령이 내리지 않기 때문에 클클해 하던 백제 군졸들은 명일이 총공격이라는 바람에 떠들썩하였다. 명일의 공격을 위로하고 겸하여 명일의 승리를 미리 축하하는 뜻으로 주륙을 진중에 내려서 이 밝은 달 아래서 백제 군졸들 사이에는 커다란 잔치가 열렸다.

이 잔치가 한참 무르익을 때에 윤충 장군은 홀로 진을 빠져나왔다.

그새 오래 감춰 두었던 투심을 명일은 풀 날이라고 요정(了定)하여 기뻐하는 자기네 진을 벗어나서 홀로 달 밝은 벌판을 대야성을 향하여 한 걸음 두 걸음 더듬었다.

저편 맞은편에 푸르른 달 아래 고요히 누워 있는 대야성—지금 달 아래 평화로운 듯이 누워 있는 저 성안에 대체 백성들이 얼마나 될까. 내일은 총공격을 한다고 통고를 하였는지라 그들도 각오하고 있을 것이다. 성을 도망하고 싶은 자는 도망하라고 동문의 포위는 풀어 두었으니 얼마나 도망들을 하려는가.

우러러 보매 가을 기러기가 하늘을 난다. 그 울음소리가 성내에도 들릴 테지. 큰 고난의 아래 서 있는 성내 백성들에게는 그 소리가 얼마나 처량히 들린다.

차차 차차 더듬는 동안 어느덧 첩성 아래까지 이르렀다. 벌써 자기네 진에서는 꽤 거리가 먼지라 군졸들의 환호성도 간간 바람결에 들려올 뿐이다. 돌아보면 멀리 자기네 진에서는 횃불들만 어지러이 펄럭일 뿐이다.

즉 어디선가 이상한 음률이 들렸다.

'?'

장군은 귀를 기울였다. 저(笛)를 부는 소리였다.

어느 얼빠진 자가 저를 불고 있나. 이 폭풍우를 감춘 불길한 밤에 불길함도 모르고 저를 불고 있는 얼빠진 자가 어디 있나.

눈을 들어 보니 어느덧 그는 서문 가까이까지 이른 것이었다. 저의 소리는 서문 누각에서 오는 듯하였다.

달 아래 부는 저—명일 이를 소란을 모르는 듯이 부는 저—더구나 백제진을 정면으로 향한 서문누각에서… 장군의 발은 호기심에 차차 서문 아래로 갔다.

아래 가서 우러러보니 달빛 아래라 분명히는 안 보이나 신라기(新羅旗)와 함께 나부끼는 것은 분명히 죽죽의 깃발인 모양이고 그 아래는 청년 장수 하나가 앉아서 저를 불고 있다.

그 저에서 울리는 명랑(明朗)한 음조에 윤충 장군의 가슴은 떨렸다.

밝은 날 이 성에 내릴 폭풍을 그인들 모를 까닭이 없다.

그것을 뻔히 알면서도 이 달 밝은 한밤을 저를 불어 새우는 그 심경. 저에서 울려나는 그 명랑한 음조는 마음에 근심 있는 사람의 내일 바가 아니다. 저의 음조는 부는 사람의 호흡의 반영이라 가슴에 근심 있는 사람이 부는 소리는 탁음이 다분히 섞인다. 그런데 이 저에서 나는 소리는 물과 같이 맑고 물과 같이 거침이 없다.

누구일까 보아하니 젊은 장수. 그가 과연 죽죽일까?

아까 김품석에게 죽죽의 일을 들을 때는 죽죽은 만용밖에는 없는 어리석은 무부로 알았다. 그러나 지금 저를 부는 장수가 죽죽이라 할진대 그는 의기와 담력의 주인이라 안 할 수가 없다.

달 아래 들려오는 명랑한 저 소리에 장군은 망연히 귀를 기울이고 서 있었다.

썩고 썩은 대야성 안에도 사람이 있었구나 하는 생각이 통절히 마음에 서리었다.

진으로 돌아와서 대야성 망명민에게 물은 결과로서 그 사람이 죽죽이라는 것을 알았다.

6

이튿날 공격군에게 내린 명령에는 기이한 주문이 몇 가지 섞여 있었다. 저항 안 하는 백성은 건들이지 말 것. 적병(賊兵)이라도 할 수 있는 껏 생금(生擒)을 목표로 할 것. 우리 군사를 몇십 명 희생을 할지라도 적장 죽죽만은 반드시 생금할 것—이런 주문이었다.

이런 주문 아래서 투지만만한 백제 병졸들은 동서남북 문으로 물밀 듯 대야성 안으로 밀려들어갔다.

그리고 그날 석양녘에는 각 문 누각 위에는 백제 깃발이 하나 바람에 위세 좋게 휘날렸다.

7

대야성 함락의 첩보를 듣고 윤충 장군은 막료들을 데리고 말을 달려서 성안으로 들어가는 참에 서문을 맡았던 장수가 달려오면서 보고를 하였다—.

"신라 병졸 한 명도 생금을 못하였습니다."

"응? 왜?"

여기 대답하는 뜻으로 그는 그 근처에 넘어져 있는 신라군의 시체를 손가락질하였다.

그 근처에도 넘어져 있는 몇 개의 신라군 시체. 보매 그 모두가 사람의 고깃덩어리들이었다. 팔죽지에서 떨어져 내린 팔들도 그냥 단단히 칼을 잡고 있으며 한 몸에 살과 창과 칼을 맞고도 못 살린 시체 등이 있는 것으로 보아서 그들의 목숨이 그냥 붙어 있는 동안은 적극적 반항을 계속한 것을 알 수 있다.

그것을 잠시 둘러본 뒤에 장군은 다시 물었다—.

"그러면 죽죽도 죽었겠구나."

"네이. 장수가 누군지 군졸이 누군지 그것을 구별하려다가는 우리 군사가 도로 전멸당할 뻔하였습니다. 상(傷)한 맹호와 같이 달려드는데 그것을 가를 수도 없고 신라 장졸은 한 사람 남기지 않고 모두 전멸했으니까 아마 죽죽도 죽었을 줄 아옵니다."

"그런가."

가엾게도 머리를 끄덕였다. 그러나 기다란 숨이 나왔다.

윤충 장군은 적장 죽죽의 시체를 찾으라는 명을 백제군에게 내렸다.

죽죽의 시체는 어떤 행길에서 발견됐다. 그 참담한 시체에 백제 장졸은 머리를 돌리지 아니치 못하였다.

오른팔은 어디서 언제 잘렸는지 그의 팔죽지에도 안 달리고 그 근처에도 보이지 않는다. 칼은 아직 남은 왼손으로 잡고 그냥 단단히 잡은 채 주검을 하였는데 그 칼도 부러지고 그 위에 톱과 같이 이가 생겼다. 자빠져 누워 죽었는데 그의 갈라진 배에 비쭉이 나온 밸에는 흙이 묻은 것으로 보아서 밸을 밖으로 흘리고서도 그냥 넘어지며 엎어지며 싸움을 계속한 것이 분명하였다.

그의 치명상은 두개골 파쇄였다. 그것도 여러 사람의 칼을 일시에 맞은 양으로 여러 갈래로 칼자리가 나서 부서졌다.

이 용감한 청년 장수의 주검을 굽어볼 동안 윤충 장군 이하 백제 장졸의 눈에서는 안 내려야 참을 수 없이 눈물이 흘렀다. 지금 악물고 있는 저 창백한 입술이 어젯밤 달 아래서 그렇듯 명랑히 저를 불었던가. 어제의 그 명랑하던 음률이 공중에 흩어져서 자취도 없어짐 같이 그때 그렇게 명랑히 달을 노래하던 그의 생명도 하늘에 지체없이 사라져 버렸는가. 하염없이 하염없이 늙은 눈 좌우로 흐르는 눈물을 씻을 줄도 모르고 윤충 장군은 묵묵히 서 있었다.

8

  백제 장졸 전체의 조상 아래 신라 대야성을 죽음으로 지킨 용감한 군인들의 주검은 그로부터 사흘 뒤에 가장 엄숙히 가장 구슬프게 한 구덩이 속에 들어갔다.

        (출처 = ≪사해공론(四海公論)≫ 1935년 8월호)

■ 시 ■

대하(大河)[1]

박인환

큰물이 흐른다

역사와 황혼을 품안에 안고

인생처럼

그리고 지나간 싸움처럼

구비 치며 노도(怒濤)하며

내 가슴에 큰물이 흐른다.

신비도 증오도

피라미드도 불상도 그 위에 흐르고

---

[1] 박인환은 생전 앤솔로지 형태의 동인시집 ≪새로운 도시와 시민들의 합창≫(1949)을 펴냈지만 개인시집으론 1955년 간행된 ≪박인환선시집(朴寅煥選詩集)≫이 유일하다. 그러나 출판사의 화재로 시중에서 구하기 어려웠다고 한다.
사후 유족들이 시인의 작품들을 추가로 모아 ≪목마와 숙녀≫(1976)를 펴냈다. 이 시집은 10만 부 이상 팔린 베스트셀러가 되었다. 이후 시인에 대한 관심을 반영하듯 작품 발굴이 꾸준히 이뤄졌고 시인의 30주기(週忌)인 1986년 ≪박인환전집≫(문학세계)이 나왔다. 20년 뒤 50주기가 되는 2006년 ≪사랑은 가고 과거는 남는 것·박인환 전집≫(예옥)이 나오고 2008년 다시 ≪박인환전집≫(실천문학)이 간행됐다. 각기 다른 출판사에서 세 차례나 전집이 출간된 경우는 극히 이례적이다.
박인환의 시 <대하>는 전집에서 빠진 작품이다. <대하>는 스케일이 큰 시다. 전쟁의 참혹한 상처를 도도한 역사의 물결로 승화하려 한다.

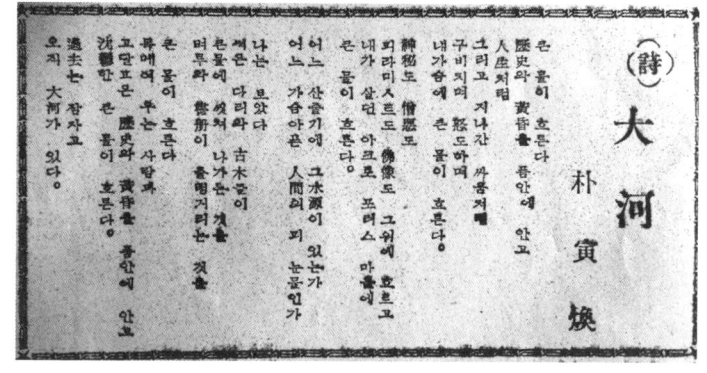

박인환의
<대하>

내가 살던 아크로폴리스 마을에
큰물이 흐른다.
어느 산줄기에 그 수원이 있는가
어느 가슴 아픈 인간의 피눈물인가
나는 보았다
썩은 다리와 고목들이
큰물에 씻겨 나가는 것을
벼루와 서책이 출렁거리는 것을
큰물이 흐른다
목메어 우는 사람과
고달픈 역사와 황혼을 품안에 안고
침울한 큰물이 흐른다.
과거는 잠자고
오직 대하가 있다.

(출전 = ≪國都新聞≫ 1956년 1월 29일)

가을[1])

심훈

내 누구에게 주려고 글을 쓰는가
내 누구에게 들려주고자 노래를 부르는가
새침한 가을바람 안 가슴을 파고들고
벌레소리 이마를 쪼며 밤을 새우는데
내 무엇을 기다리길래 눈을 감지 못하는가?
창경원의 호랑이 호통을 친다

---

1) 심훈의 작품 전집은 지금까지 3차례 간행됐다. 36세의 짧은 삶을 살았지만 시, 장·단편 소설, 수필, 평론, 영화평, 일기 등 수많은 작품을 남겼다. 심훈의 중형 심명섭(沈明燮)이 광복 후 동생의 유고를 묶어 ≪그날이 오면≫(1949년)이란 시집을 내놓았다.
    1953년 한성도서(漢城圖書)에서 처음으로 ≪심훈전집≫(전7권)을 출간했고 1966년 탐구당에서 ≪심훈문학전집≫(전3권)을 꾸렸다. 탐구당편(版) 전집은 심훈 30주기 기념이다.
    심훈 작품에 대한 서지 작업은 그동안 진전을 보지 못한 상태다. 심훈 관련 문학연구 성과도 미흡하다. 중앙대 국문과 김민정 교수는 2015년 9월 18일 충남 당진시청에서 열린 '제1회 심훈문학연구소 심포지엄'에서 "지금까지 발표된 심훈 관련 학위 논문 수는 44편에 불과하다"고 말했다. 심훈 문학만을 다룬 논문은 2편이고 박사 논문은 7편뿐이다.
    <가을>은 ≪조선일보≫ 지면에 실린 시로, 심훈이 ≪조선일보≫ 기자 시절(1928~1931년) 발표됐다. '붓대를 꺾어 던지고' 길바닥에 '새빨간 글씨'로 시를 쓰자는 시인의 저항의식이 잘 드러나 있다.

심훈의 <가을>

쇠창살 하나 물어 떼지는 못하여도
우렁찬 목소리에 나무가 떨며 앞산이 울고
사자란 놈은 눈 딱 감고 뒹구는 마음의 여유나 있으련만
내게는 무엇이 있느냐 오오 무엇이 남았느냐?

붓대를 꺾어 던지고 ××× × (검열로 삭제된 것으로 추정된다-편집자註)
바꾸어 잡자
거리 거리에 열린 것이 × 끝을 기다리나니
길바닥에 시(詩)를 쓰자 새빨간 글씨로 ―
동무여 그리하여 시집의 제명을 붙이자
≪피로 쓴 가을의 노래≫라고 (1929.8.27)

(출처 = ≪조선일보≫ 1929년 8월 28일)

작가 유정(裕貞)론 – 그 1주기를 당하여1)

안회남

"인간 유정은 비참했으나, 작가 유정은 찬란"

유정이 일찍 잡담 끝에 "인류의 역사는 애(愛)의 투쟁"이라고 말하였습니다. 지금 그의 소상(小祥)을 당하여 작가 유정의 생애를 회고하며 이 말을 생각하게 될 때 이것은 그대로 그의 자신에 완전히 들어맞는 것이 아닌가 합니다.

항상 가난하고 텅 빈 자기의 생활을 그는 사랑하는 정열을 가지고 화려하게 장식하려 했던 것입니다. 그렇기 때문에 그에게는 아직 나이 어린 시절의

---

1) 김유정기념사업회가 1994년 펴낸 두 권짜리 ≪김유정 전집≫에는 생전 유정이 썼던 소설과 수필이 모두 실려 있다. 스물아홉에 요절한 김유정은 4년(1933~1937)이라는 짧은 창작기간 30여 편의 소설과 10여 편의 수필을 남겼는데 사후 유고(遺稿)가 발견됐다는 기록이나 증언은 없는 상태다.
≪김유정 전집≫에는 안회남, 김문집, 이석훈, 채만식, 모윤숙, 강로향, 박태원 등 동료 문인들이 유정의 죽음을 애도하는 회고 글이 다수 실렸다. 이들 중 유정과 가장 가까운 문인은 휘문고보 동문인 안회남이다. 안회남의 중편 <겸허-김유정전>은 문학연구자들 사이에 회자했으나, <작가 유정론-그 1주기를 당하여>는 알려지지 않았다. 물론 김유정기념사업회가 펴낸 ≪김유정 전집≫에도 실리지 않았다.
≪조선일보≫ 신춘문예로 등단한 소설가 안회남은 1944년 일제의 징용으로 규슈(九州)로 끌려갔다가 8·15광복 후 귀국해 좌익단체인 조선문학가동맹의 소설부 위원장(시부 위원장은 김기림, 평론부 위원장은 양주동)을 지냈다. 월북한 뒤 1960년대 중반에 숙청당한 것으로 알려졌다.

옛날부터 별세하던 마지막 날까지 그 대상으로서 언제든지 연애하는 여성이 없었습니다.

그러나 그것은 동무로서 방관하고 제삼자의 입장에서 비판하여 본다면 참 너무도 딱하고 불행한 것들뿐이었습니다. 그에게 있어서는 정히 투쟁이었고 피 흘리는 싸움이었습니다.

그러면 유정은 이겼는가, 졌는가, 나의 생각으로는 이러한 경우에 있어서 연애에 실패하는 것이, 즉 싸움의 패전을 의미하는 것이라고 믿지 않습니다. 그는 사랑에는 성공하지 못하였으나 투쟁에는 이겼다고 봅니다.

그것은 유정이 언제든지 연애를 획득하려 하는 행동보다 연애를 창조하려는 정열이 앞섰기 때문입니다. 그가 한 번 실연(失戀)하면 거기에는 반드시 사람의 가슴을 치고 감격시키는 비장한 실연의 걸작품이 창작되는 것이었습니다.

생각하면 그의 말한 바, 애의 투쟁의 전적은 나로 하여금 머리를 숙이게 합니다. 아무 이기와 공명도 없이 빤히 가능치 못하고 실패할 것을 알면서도 그는 실행하였습니다. 그것은 우선 자기의 양심에조차 추호라도 사실을 은폐하거나 기만하려 하지 않는 노력이 무엇보다도 컸기 까닭이었습니다. 그것은 흡사히 무서워하지 않고 십자가에 못 박히려는 심정이었습니다.

시종(始終)이 여일(如一)하게 그는 이토록 경건하고 비세속적이었으며 그의 정신적 유혈은 온 생활을 청정하게 씻고도 오히려 남음이 있어 또한 허무하고 빈약한 그의 삶을 스스로 의의 있게 채색하였다고 생각합니다.

'단테'는 '베아트리체'의 외쪽사랑에서 중세기 암흑시대의 일대 광휘인 ≪신곡(神曲)≫을 생산하였거니와 우리의 요절한 작가 유정에게도 이러한 면영(面影)이 있어 그의 생애와 작품은 진실과 정열로 가득 차 있는 것입니다. 그에게 풍족한 생활과 행복된 연애가 있지 못했던 것은 인간 유정을 위

≪조선일보≫ 1938년 3월
29~31일에 게재된
안회남의 <작가 유정론>

하여 몹시 아픈 일이고, 또 그러한 가운데에서 걷어지는 수확을 보지 못했음도 아쉬운 일이로되 그가 그렇게 빨리 가지만 않았어도 우리는 얼마든지 보다 더 위대한 문학을 그에게 기대하여 보람이 있었을 것이라고 압니다. 이러한 의미에서 사랑의 보수(報酬)는 사랑한다는 마음과 태도 그 자체라고 누가 말하였지만, 유정의 생애가 이것을 실증하고 잘 교훈하고 있는 것입니다. 시인 '테니슨'은 연애하다가 실패하는 것은 당초부터 연애하지 않은 것보다 훨씬 훌륭한 것이라고 하였으며 어떠한 사람은 실연은 오히려 연애에 성공하는 것보다도 나은 것이라고 극언하였습니다.

이 말의 정곡(正鵠)은 여기서 따질 바 아니나 여하간 유정은 불행한 연애

속에서 늘 그것을 헛되이 하지 않고 거룩하며 신비한 자양(滋養)으로 섭취하여 스스로 연애의 고귀한 보수를 받아서는 그것을 오로지 문학의 세계에로 흡수한 것입니다.

<소낙비> 1등을 가지고 눈부시게 문단에 등장하여 작년 3월 28일 그가 영면한 날까지 3년 내외의 세월을 유정은 말할 수 없이 비참하였고 작가 유정은 말할 수 없이 찬란하였습니다.

부모도 가정도 없이 병마에 신음하는 그를 위하여 전 문단인이 총출동으로 연복(捐福)하는 금전(金錢)을 모아본 것도 우리에게는 처음 있는 일이었으며, 그만치 짧은 시일에 장편소설 한 개, 중편 한 개 및 30여 편을 산(算)하는 단편소설을 내어 질적으로는 물론 양적으로도 그렇게 우리를 경탄하게 한 것도 그가 비로소 처음이었습니다.

유정은 언제든지 가난하고 병고에 시달렸으며 언제든지 한 여성을 숭배하고 연모하였으며 언제든지 문학을 생각하고 소설을 제작하였던 것입니다. 그의 생활이 빈한하면 할수록, 공허하면 할수록 그는 더욱더 순결한 정열로 사랑의 투쟁을 계속하였고 그의 연애가 불행하면 할수록, 비장하면 할수록 더욱더 그의 싸움의 열혈은 문학으로 주입되었나니 유정은 실연하고 불행한 덕택으로 오히려 그토록 훌륭한 작가가 되었다고 말하여도 그것이 그냥 역설로만 들리지 않는 것입니다.

그러나 애의 투쟁이 원동력이 되어 그의 문학의 투쟁을 유도하였으나 그것이 작품의 재료로 직접 사용되는 법은 퍽 적었습니다.

다시 말하면 그의 작품 속에는 자기 자신을 이야기한 소위 신변소설이라는 것이 거의 없다는 것인데 그의 생애가 그렇게 주관적 색채로 농후한데도 불구하고 그의 예술은 아주 완전히 객관화된 것을 의미하는 것으로 유정이 대단(大端) 우수한 작가의 소질을 가졌다는 것을 가장 잘 표명하여 주는 사실입니다. 당최 조그마한 세계에 구애되지 않고 얼마든지 넓고 길게 굴신(屈伸)할 역량 아래에서 된 것으로 인간적으로는 그렇게 '센티멘탈'하고 '로맨틱'하면서도 작가적으로는 전연 상이한 성격을 나타내어 어디까지든지 '와일드'하고 호흡이 억센 것입니다.

처녀작 〈산골 나그네〉나 당선작 〈소낙비〉나 금번 《현대조선문학전집》 속에 수록된 〈봄봄〉〈총각과 맹꽁이〉 등등 어느 것을 잡아보나 크고 당당하고 야성적입니다. 생각건대 조선의 향토색과 민속을 제멋대로 가장 잘 표현한 작가가 그였으며 이 땅의 언어와 문장이 가지는 고유한 전통에다 제일 곱고 멋진 재조(才操)를 부려 완성한 문인이 유정입니다.

그는 한때 순진후박(純眞厚朴)한 소년이 인생의 초년병으로 어지간한 신고(辛苦)를 겪은 다음 아주 삶에 대한 회의파(懷疑派)로 전락한 시대를 겪었습니다. 그때 그는 자기의 고향인 강원도 산골에 들어가 산중의 초부(樵夫)들과 '들병이'라는 이를테면 조선의 '집시'를 따라다니며 막걸리나 마시고 그들의 노래나 배워 부르고 하며 그러한 풍습에 철저하게 젖었었습니다.

원래가 그의 성격은 조선 정조(情調)에 예민한 인물이지만 이 시절에 그냥 흠뻑 그의 작품에 그려진 것 같은 세계에 침투하고 그들의 생활과 심리를 잘 관찰하게 되었을 것이라고 생각합니다. 사실 그의 모든 작품은 도회인으로서는 상상도 할 수 없는 진기한 이야기와 특이한 분위기로 가득하여 있는 것입니다. 아마 '들병이'라는 부녀(婦女)들의 생활과 풍속이 소개된 것도 유정의 작품이 효시일 것이며 '들병이'라는 한 개의 단어가 말의 상식으로 우리 문단에 널리 전파된 것까지가 유정의 작품에서 비롯된 것이라고 생각합니다.

그는 병상에 누워 신음하는 몸이면서도 쉬지 않고 싸웠습니다. 우리의 눈에는 동정할 만한 인간 유정보다도 오직 작가 유정이 찬란한 것이나 당자(當

者) 유정에게 있어서는 문학적 성공을 기뻐하게 될 보다 아마 인간적으로 자기가 당하는 비애가 더욱더 애끓게 아팠던 모양입니다.

너무나 약하고 너무나 쪼들려서 항상 슬픈 비극에 사로잡혀 있는 몸이었기 때문에 자기의 인격으로서 훌륭함과 생활상으로 지극히 청순함과 문학적으로 광채 있는 것을 스스로 조금밖에는 인식하지 못하고 늘 자기의 하잘 것 없는 꼴만이 마음에 걸렸던 상 싶습니다. 그래서 싸우고 노력하여 아름다운 유혈로 그것을 장식하여 놓으면 놓을수록 그 정신적이요, 비물질적인 것이 더욱 보잘 것 없고 텅 빈 것만 같아서 초조하였던 것입니다.

나중에 그는 흡사 물에 빠진 사람이 지푸라기라도 붙잡으려고 하는 따위의 심정을 갖게도 된 것이 아닌가 합니다. 말하자면 그것은 단판씨름이었습니다. 그의 생전에서도 이러한 기적을 희구했던 몇 가지 예를 들 수 있지만 그의 예술에 있어서도 가령 생명까지를 돌보지 않고 죽기 얼마 전까지 역작을 계속 발표하여 온 것 역시 허둥지둥하여 어떻게 하면 삶의 무상함과 생의 공허함을 막아볼까 하는 안타까운 행동이었던 것이라고 봅니다.

이때에 와서 유정에게는 자기 자신에게 무슨 이익 되는 것을 찾는 것보다 사람으로서 가치가 있느냐 없느냐 하는 문제가 일층 절실하게 되었던 것입니다. 즉 행복스러운 인생보다도 나는 인제 절망이요, 그것을 바랄 수 없으니 그저 의의 있는 인생을 발견하리라는 태도였던 것입니다.

그러나 초조한 그에게는 이러한 것까지 그리 탐탁하게 여겨지지 않은 모양이었습니다. 유정이 세상을 떠나기 조금 앞서서 문병을 갔더니 그의 책상 위에는 '겸허(謙虛)'라는 두 글자가 커다랗게 씌어서 붙어 있었습니다. 모든 것을 욕망하였던 인간이 아무것도 얻지 못하였을 때의 일일 것입니다. 오직 절망이요, 그냥 허무한 그 속에 ○○(판독불가 = 편집자註)히 귀의하겠다는 무저항의 한 개 종교의 세계였으며 진실하고 착한 사람만이 도달하는 최후의 가장 깨끗하고 거룩한 경지일 것입니다.

이러한 사람이 참 인간이고 이 같은 인물이 단 한 개의 소설을 썼어도 그가 정말 예술가입니다. 나는 그때 아무 말도 않고 그 '겸허' 두 글자를 바라다보고 앉았었으나 속으로는 유정을 불쌍히 여기고 존경하였던 것입니다.

(3월 28일 記) (출처 = ≪조선일보≫ 1938년 3월 29, 31일)

■ 소설 ■

노동―사(死)―질병[1]

리상화 역(譯)

이 이야기는 『남아메리카 인디안』 사람들 사이에 있는 옛날이야기다―.

---

[1] 이상화의 이름이 '리상화'로 적혀 있는 번역소설 <노동―사(死)―질병>은 1926년 1월 2일자 ≪조선일보≫에 실렸다.
　대구에 살던 이상화가 서울 계동 32번지로 상경한 것은 15살 때인 1915년. 경성중앙학교에 입학한 시인은 3년간 공부한 뒤 대구에 내려가 1919년 3·1운동 대구거사 모임에 참여한다. 그러나 거사 직전, 주요 인물이 일제에 검속되자 다시 서울 서대문구 냉동 92번지로 피신한다.
　1922년 고향 친구인 소설가 현진건의 소개로 백조 동인이 되어 ≪백조≫ 창간호에 시 <말세의 희탄>, <단조>, <가을의 풍경> 등을 발표한다. 그해 시인은 프랑스로 유학하기 위해 일본으로 건너가 도쿄 외국어 전문학원인 아테네 프랑세에 입학, 이듬해 3월 수료한 것으로 전해진다.
　하지만 관동대지진으로 위험을 느껴 시인은 다시 서울로 돌아와 시작에 전념했다.
　이상화는 1925~26년 번역소설을 잇따라 신문과 잡지에 발표했다. 1925년 1월 워싱턴 어빙의 단편 <단장>(≪신여성≫ 19호), 폴 모랑의 <새로운 동무>(≪신여성≫ 19호)를 번역했다.
　시인의 외국어 실력이 어느 정도인지 알 수 없으나 영어와 프랑스를 번역할 정도의 실력이 있었던 것으로 추정한다.
　시인은 1926년 1월에 폴 모랑의 <파리의 밤>을 번역해 ≪신여성≫에 발표한다. 번역소설 <노동―사―질병>은 <파리의 밤>을 발표한 시점에 ≪조선일보≫에 투고한 것으로 보인다.
　1926년은 시인의 필력이 가장 왕성하던 시기다. 그의 대표작 <빼앗긴 들에도 봄은 오는가>를 ≪개벽≫ 70호에 발표했고 카프기관지 ≪문예운동≫의 주간을 맡았던 때도 1926년이다.
　<노동―사―질병>은 원작자가 누구인지, 원문이 영어로 된 것인지 불어로 된 것인지 알 수 없다. 다만 시인은 '『남아메리카 인디안』 사람들 사이에 있는 옛날이야기'라고 밝히고 있다. 또 글의 행간 속에 계급주의 사상이 담겨 있다.

×××

　이 세상을 만든 이는 맨 처음 사람을 조금도 일하지 않도록 그렇게 편안하게 만든 것이었다.
　그래서 집도 쓸데없고, 옷도 음식도 쓸데없을 뿐 아니라 더군다나 병이란 것은 어떤 것인지도 모르게 적어도 백 살까지는 다들 살게 하였다.
　얼마 뒤에 사람들이 어떻게 사는가—, 하는 궁금한 생각이 나서 한번 구경을 와 보았다. 사람들은 즐겁고 편안하게 살지 않고 제가끔 맘대로만 하노라고 서로 싸우던 나머지 그만 이 세상살이를 즐겨하기는커녕 돌이켜 그리 탐탐스럽지 않다고 원망하는 소리로만 부르짖었다.
　그는 『이건 사람들이 제 맘대로만 살려고 하기 때문』이라고 해서, 이런 일이 없도록 하자면 일을 하지 않고 살아갈 수가 없도록 하여야겠다고 해서 그렇게 만들어 버렸다. 그러자 사람은 춥고 배고픈 것을 피하기 위해서 집을 짓느니, 땅을 파느니, 곡식을 심느니, 그 놈을 베어 들이느니, 하는 노동이란 것을 하게 되었다.
　그가 생각하기는 『제가끔 따로 떨어져서는 연장도 못 장만할 테고 재목도 가져올 수 없을 것이고 집을 세우는 것도, 곡식을 심는 것이나 베어 들이는 것도, 실을 켜는 것이나 베를 짜는 것도, 옷 만드는 것도, 혼자로는 할 수 없을 것이다. 그러니 이렇게만 시켜두면 필경은 서로 어우러져서 서로 돕기만 하면 온갖 것을 더 많이 얻을 수도 있고 갑절 만들어 낼 것을 알게 될 것이다』고 한 것이었다.

×××

≪조선일보≫ 1926년 1월 2일에 게재된 이상화의 번역소설 <勞動-死-疾病>

오랜 뒤에 다시 그는 사람의 사는 꼴이 이제는 재미로운가 어떤가— 하고 와 보았다.

재미롭기는커녕 이전보담도 더 참혹한 살이를 하고 있었다. 하는 수 없이 어우러져서 일은 하고 있지마는 제가끔 달리 떼를 지어서 다른 떼의 하는 일을 빼앗으려고 서로서로 남의 것을 없애버리려고 하였다. 이렇게 싸우는 동안에 공연히 세월과 힘을 없애면서도 사람의 살이는 아무 보잘 것 없이만 되었다.

그는 이럴게 아니라 『죽음』이란 것이 언제 올는지 모르고 죽도록 하여야겠다고 해서 사람이 그만 제가 언제나 죽을지 짐작을 하던 그 지혜를 잃어버리게 하였다.

『저희들도 언제 죽을지 모른다』는 것을 알게만 되면 그리 오래도 못 가질 가엾은 사욕으로 싸우기만 하다가 한평생을 부질없이 보낼 까닭이 무엇이냐-고 해서 서로 사이좋게 지낼 것이다.』
 그러나 사람의 생각은 그가 짐작하던 것과 같지 않았다.
 요사이는 사람들이 어째 사는가 해서 또 세상으로 와 보았다. 하지만 사람의 살이는 아직도 마찬가지였다.
 힘센 놈은 사람이란 언제 죽을지 모른다 – 는 것을 핑계로 삼아 저 보담 약한 놈을 제 맘대로 부리노라고 죽인다고 위협을 하고 또는 죽이기도 하였다. 그러다간 가장 힘센 놈과 그 자손들과는 일은 하지도 않고 도로 아무 할 일 없어서 몸살을 치는 판에 약한 놈은 제 몸이 지치는 된 일을 하지 않을 수 없게 되어서도 한번을 맘대로 쉬어 보지도 못하던 판이었다. 이래서 사람은 더욱이 참혹하게 되어가던 것이었다.
 여기서 그는 자기의 제일 마지막 수단으로 사람에게 병이란 것을 써보아서 세상을 고쳐보려고 하였다.
 『아무 할 것 없이 병이 언제 들지 모르게만 해두면 성한 놈은 앓은 놈을 가엽게 여겨서 간호할 것이다. 왜 그러냐 하면 언제든지 제 몸이 앓을 때에 남의 간호를 안 받을 수 없다는 그 생각을 비로소 가지게 될 테니까-.』
 그는 이렇게 생각하였다. 그리고 그는 세상을 떠나갔다.

× × ×

 그러나 오랜 뒤에 다시 와 볼 때에 병이란 것을 가지게 된 사람의 살이는 차라리 옛날을 그릴 만큼이나 그렇게 더 참혹하였다.
 사람을 서로서로 화합하게시리 자기가 깨쳐준 그 병으로 말미암아 사람은 돌이켜 나누어지게 되었던 것이었다. 힘이 많아서 남을 마구잡이로 부릴만한 놈은 제가 병들었을 때는 좋아하거나 싫어하거나 저보다 약한 놈을 다-

부리고서도, 경우가 바뀌어 연약한 놈이 앓고 있을 때는 간호는커녕 위로 같은 것도 하지 않았다. 그럼으로 힘센 놈들을 간호만 하던 그 약한 놈들은 맥이 풀어지고 힘이 빠져서 얼른 제 몸을 돌아볼 사이도 없고 어떠냐고 하는 놈도 한 놈 보지를 못 하였다. 돈 있는 놈들이 성한 사람이 앓는 놈을 보면 마음이 시들퍼 져서 우리의 재미성을 부순다고 해서 가엾게 병든 가난뱅이들은 따뜻한 마음으로 치료를 시키려는 그 아내나 가장이나 아들이나 딸의 간호와 위로를 받을 수 없는 외우진 집에다 갔다둠으로 마지못해 하는 간호와 억지로 하는 위로에 시달리고 앓다가 그만 불쌍하나마 죽지 않을 수 없게 되어 버리거나 한평생을 그렇게 괴롭게 지내던 것이었다. 그뿐이랴! 어쩌면 이 병은 남에게 옮아간다고 해서 앓는 사람을 보려도 않고 필경은 간호한다는 놈까지 가까이 오지를 않던 것이었다.

『이렇게 해 보았어도 사람이 저희들의 복다운 세상과 재미로운 살이가 어디에 있는지를 모를 것이면 가진 고생에 지쳐서 저희들이 깨치게 하는 수밖에 없을까 보다.』

이 세상을 만들었다는 그도 이렇게 단념을 하고는 사람을 내버리고 말았다.

(출처 = ≪조선일보≫ 1926년 1월 2일자)

■ 창작 ■

사장(沙場)의 순간1)

석정(夕汀)

×

M읍처럼 좁은 곳이 없건만 그래도 봄이 되면 놀랄 만큼 사람이 많이 모이는 곳은 M읍일 것이다.

---

1) 신석정 시인의 전집(총 5권)은 지난 2009년 국학자료원이 간행했다. 습작소설 느낌이 물씬 풍기는 창작 <사장의 순간>은 1927년 6월 7일자 ≪조선일보≫에 실렸다. 물론 전집에 빠졌다.
석정의 시와 산문이 ≪조선일보≫에 실린 경우는 많지만 단편소설이 실린 경우는 희귀하다.
석정의 시가 어떻게 ≪조선일보≫에 대거 실렸을까. 시인의 문중과 유족에 따르면, 당시 ≪조선일보≫ 학예보 기자로 성해(星海) 이익상(李益相·1895~1935)이 재직했는데 석정과 인척관계였다고 한다. 석정의 사촌누나가 성해와 결혼했다는 것이다.
성해는 전주사범을 나와 ≪조선일보≫ 기자를 거쳐 총독부 기관지 ≪매일신보≫의 편집국장을 역임했으며, 사회주의 이념을 담은 <흙의 세례> <광란> 등을 발표하며 소설가로 활동했다.
두 사람의 관계로 보아, 석정의 여러 작품이 성해의 손을 거쳐 ≪조선일보≫에 발표된 것으로 추정할 수 있다. 그러나 시인의 후손들은 "시인이 성해 선생에게 부담을 줄까 우려해 1924년 <기우는 해>를 ≪조선일보≫투고할 때 본명 대신 '소적(蘇笛)'이란 필명을 써 자신의 존재를 숨겼다"고 말했다. 원본 의미를 살리면서 현대어 맞춤법 표기에 따라 수정했음을 밝혀둔다.

그것은 M읍에서 5리 남짓한 곳에 황해안의 작은 포구인 S포(浦)가 바로 거기에 있는 까닭이다. M읍 서북편에 그 넓은 벌을 차지하고 있는 커다란 목장(牧場)이 있는 것도 한 이유일는지 모르지만….

×

며칠을 두고 드세게 불던 남풍 끝에 구슬피 날리던 비도 갠 뒤 S포구의 앞바다엔 파란 물결이 잔잔하고 멀리 백사장이 그린 듯이 똑똑히 보이는 하루였다.

날마다 모여드는 사람이 으레 작은 장을 이루는, S포구에는 며칠을 두고 내린 비가 끝난 뒤라 한꺼번에 모인 사람이 마치 미리 귓속말을 하는 것처럼 모여서 우글우글하는 것은, 보는 사람으로 퍽이나 흥성스러웠다.

멀리 한 척 또 한 척 나오는 어선은 갠 하늘의 파란빛과 아울러 내리쬐는 햇볕에 유달리도 하얗게 빛나고, 흰 돛이 연방 가까워질수록 뱃노래에 섞인 북소리는 바다 위로 걸어오듯이 고요히 흘러와서는 선창가에 철썩거리는 물소리와 조화되고 마는 것이었다.

아득히 뜬 흰 돛이 연방연방 가까워지면 가까워질수록 S포구의 해안에 모여든 생선장수의 떠드는 말소리가 늘어가고 그렇게 모인 사람도 오히려 부족하다는 듯이 이 골목 저 골목에서는 몰려나오는 사람이 끝없을 것 같다.

그렇게 사람이 몰려온 지 얼마 되지 않은 때였다.

S포구의 가운데 골목에서 거무스름한 사람을 가운데 둘러싸고 아이와 어른 할 것 없이 벌떼 모양으로 몰려나오기는!

그렇게 몰려나오는 사람들을 나도 그대로 보아 넘길 수 없었다.

'어쩐 일일까?' 하는 호기심은 나를 적이 그곳으로 끌고 가려고 하였다.

그러자 일시에 해안에 섰던 사람들의 시선은 그곳으로 몰리고 쫓아가는

≪조선일보≫ 1927년 6월 7일에 실린 신석정의 <사장의 순간>

사람도 적지 않았다.

×

"야, 한 잔 먹자. 심심한데."
"어디로 데리고 갈거나."

그렇게 벌떼처럼 몰려오는 그들을 쫓아가서 마주 오는 그 많은 사람들 사이에는 이런 말이 서로 오가기 시작했다.

"그런데 눈이 멀었을 수가 있나."

또 한 사람이 인제야 무엇을 알아낸 듯이 이렇게 중얼대자 "그러니까 더 맛이 있지" 하고 기다리는 한 사람의 말이 끝나자, 그들의 가운데에 파묻혀 오던 거무스름한 사람을 나는 쳐다보았다. 아니나 다를까? 등에는 해적(海笛)을 메고 왼손으로는 지팡이의 한편 끝을 단단히 잡고 오는 눈먼 판수였다. 옷은 땅에나 입었는지 다 헤어져서 제법 흰 살덩이가 여기저기 내다보이고 앞가슴에는 작지 않은 주머니를 차고 있었다.

그는 그의 작은 '안내자(案內者), 그가 데리고 다니는,' 이를 따라서 마치 죄나 진 사람처럼 아무 말 없이 선창 저편 흰 모래 깔린 곳으로 가서 자리를 잡았다.

그때 수많은 사람 가운데 있던 내가 나도 모를 만큼 거의 본능적으로 따라가게 된 것을 나는 알았다.

열서너덧 살쯤 되어 보이는 그의 작은 안내자는 자리를 둥글게 잡고 그 주위에는 모인 사람이 작은 성을 쌓고 있었다.

"배가 곧 들어오겠지요?"

"아직, 멀었으니 어서 하시오."

판수의 묻는 말에 대답을 하는 어린 안내자의 눈에는 몹시도 바쁜 빛이 떠돌고 있었다. 그러고 나서 어서 했으면! 하고 퍽 기다렸다.

등에 멘 해적을 끌어 앉은 판수의 주름 잡힌 얼굴은 묻지 않아도 그의 과거를 역력히 말하는 것 같았다.

해적의 가는 줄에 활이 걸려서 오가는 동안 떠들던 사람들은 갑자기 조용해지고 그의 입에서는 작은 혀가 합주(合奏)를 하는 것이었다. 그 고운 멜로디가 연방 깊어가면 깊어갈수록 그 소리를 따라서 나의 앞에는 그 어느 딴 세상이 전개(展開)되는 것만 같았다. 마치 이른 아침에 넓은 벌판을 감돌던 안개가 차츰차츰 사라지는 것과 같이….

그리고 나의 마음은 전개되는 그 나라를 끝없이 내달리고 그곳에서 헤매는 나를 나는 발견하였다.

판수도 이제 제 흥에 겨웠다는 듯이 고개를 기웃거리고 흥! 하는 그의 콧소리와 아울러 궁상맞게 그의 감긴 눈이 깜빡거리자 이 구석 저 구석에서는 웃음소리가 일어나기 시작했다.

어린 안내자가 "돈이야! 돈" 하고 부르짖자 한편에서부터 돈을 던지는 소리가 들렸다. 모래에 떨어지는 돈 소리가 사뿐사뿐 하고, 어떤 놈은 바윗돌에 맞아 땡그랑 할 때마다 해적을 켜는 판수의 입 가장자리엔 적이 가는 웃음살이가 춤추고 있었다.

×

해적은 계속된다.

사람들은 조용하게 그의 손을 쳐다볼 뿐이다. 어떤 때는 가늘고 또 길고

턱없이 올라가다가는 넌지시 내려오는 그 고운 곡조가 그의 손재주 부르는 대로 흘러나올 때 사람들은 죽은 듯이 침묵을 지키고 있었다.

그리고 그 판수는 어느 동화(童話)를 빌려 말하자면, 마치 어느 무인절도(無人絶島)에서 방금 이 바다를 건너온 것 같고, 저 해적은 그 섬에서 물새와 동무삼아 하던 것이거니 하는 생각이 나의 머릿속을 번개같이 지나간 뒤 그 소리는 더 말할 수 없이 귀엽고 그리운 것이었다. 이런 생각이 지나간 뒤 그 판수를 쳐다볼 때 아무리 보아도 그는 이 세상 사람 같지 않고 세상 사람이라고 부르기도 싫었다.

×

"돈이야! 돈" 하고 부르짖는 작은 안내자의 말소리가 나자 "물이야! 물! 물!" 하고 떠드는 사람이 있었고 물은 얼마 아니하여 판수의 자리 잡은 사장(沙場)까지 점령하게 되었다. 사람들은 우-하니 일어서서 수군수군 하다가는 돛대가 빽빽이 들어선 선창가로 슬슬 몰려가기 시작했다.

"그놈 먹어싸데."
"아니 죽었어도 귀신이 다 됐던 걸."

헤어지는 그들 사이에는 이런 말소리가 들릴 뿐이요, 누구 한 사람 돈 한 푼 던지고 가는 이는 없었다. 그들이 그렇게 갑자기 헤어지는 틈에 곱게 전개되던 예의 딴 세상도 헤어지는 그들과 같이 사라지고 마는 것이었다. 사장(沙場)의 순간! 그야말로 영영 오지 않을 순간이었다.

선창가에는 둥둥치는 북소리, 사공이 외치는 소리, 빽빽이 들어선 사람들의 떠드는 소리, 철석쿵 철석쿵 하는 물소리, 이런 교향악이 한창 길어졌다.

　모래를 부스스 떨고 일어나서 이제 할 수 없다는 듯이 선창으로 향하게 된 판수의 얼굴은 산사(山寺)에서 들리는 저녁 종(鐘)소리 그것보다도 더 구슬픈 웃음을 지었다. 그것은 마치 얼빠진 세상 놈들을 비웃는 것도 같고 안타까운 제 신세를 한탄하는 것도 같았다. 그러나 얼음장같이 서늘한 그 웃음의 뜻을 아는 사람은 없었다. 그리고 그 뜻을 알려는 사람도 없었다.(끝)
1927년 6월

(출처 = ≪조선일보≫ 1927년 6월 7일)